Wege zu Baumriesen

Michel Brunner

Wege zu Baumriesen

20 Rundwanderungen zu alten Bäumen der Schweiz

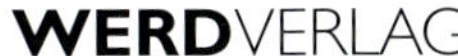

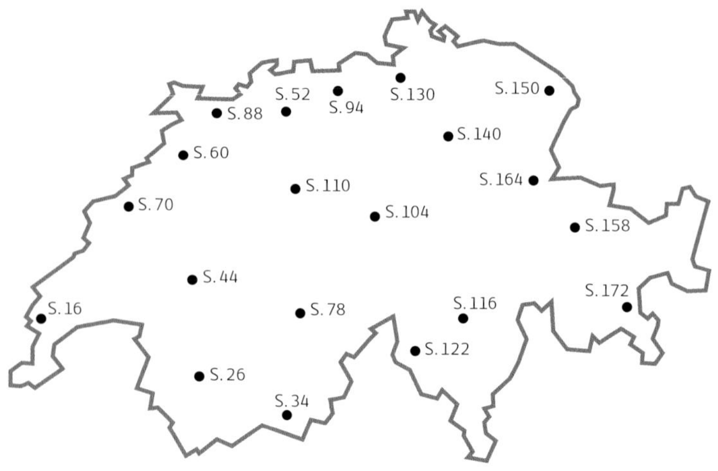

Für die grosszügige Unterstützung
geht ein «bäumiger» Dank an
Bundesamt für Umwelt BAFU, Abteilung Wald
Swisslosfonds Kanton Obwalden

4., aktualisierte Auflage 2014

IDEE, TEXT UND FOTOS Michel Brunner
LEKTORAT Natascha Fischer, Linda Malzacher
KONZEPT UND GESTALTUNG Tania da Silva
SATZ Claudia Neuenschwander
KARTEN Schweizer Wanderwege, Bern

ISBN 978-3-85932-654-5
www.werdverlag.ch

Inhalt

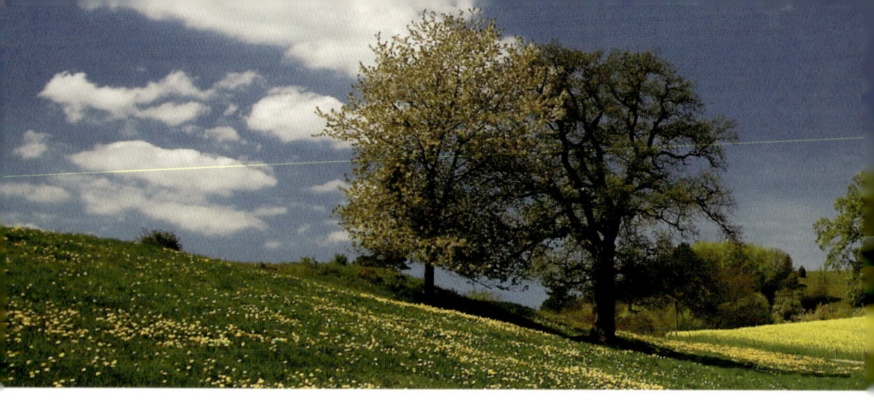

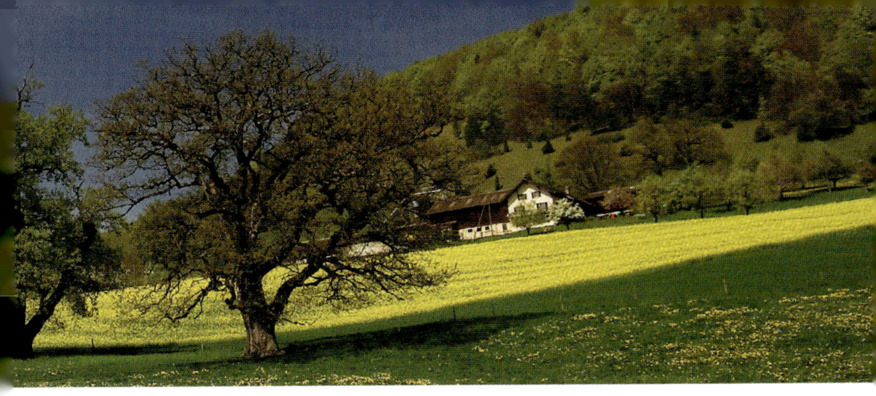

Ostschweiz

Wissenswertes

Schwierigkeitsgrade

Die Schwierigkeitsbewertung in diesem Buch orientiert sich an der SAC-Wanderskala, welche von T1 (Wandern) bis T6 (schwieriges Alpinwandern) reicht. Die beschriebenen Touren bewegen sich zwischen T1 und T3. Die Schwierigkeitsangaben beziehen sich auf günstige Verhältnisse, also auf gutes Wetter, trockenes Gelände und klare Sicht. Bei Nebel, Regen oder gar Schneefall nehmen die Anforderungen rasch zu.

T1 Wandern

Weg/Gelände: Weg gut gebahnt. Falls nach SAW-Normen markiert: gelb. Gelände flach oder leicht geneigt, keine Absturzgefahr.
Anforderungen: Keine. Orientierung problemlos, auch ohne Karte möglich.

Wanderungen T1

Von Riederwald nach Soyhières und Liesberg (S. 88)
Von Effingen nach Linn zum Zeiher Homberg (S. 94)
Von Luthern nach Ahorn (S. 110)
Von Eglisau nach Buchberg (S. 130)
Vom Hirzel nach Menzingen (S. 140)
Von Walzenhausen nach Oberegg (S. 150)
Von Maienfeld zur Heidihütte und nach Jenins (S. 164)

T2 Bergwandern

Weg/Gelände: Weg mit durchgehendem Trassee und ausgeglichenen Steigungen. Falls markiert: weiss-rot-weiss. Gelände teilweise steil, Absturzgefahr nicht ausgeschlossen.
Anforderungen: Trittsicherheit, Trekkingschuhe sind empfehlenswert. Elementares Orientierungsvermögen.

Wanderungen T1/T2

Von La Chèvrerie nach St-Cergue (S. 16)
Von Broc zum Lac de Montsalvens und hinunter in die Jaunschlucht (S. 44)
Von Balsthal auf die Alp Bremgarten und den Oberberg (S. 52)

Wanderungen T2

Von der Riffelalp auf den Gornergrat und zum Riffelsee (S. 34)
Von der Griesalp über den Abendberg ins Kiental (S. 78)
Von der Älggialp nach Stollen und zur Schwandalp (S. 104)
Von Giumaglio nach Arnau und Berzona (S. 122)
Von Reichenau und Tamins zur Alp Laschein bei Felsberg (S. 158)
Von Pontresina auf den Muottas da Schlarigna und hinunter zum Lej da Staz (S. 172)

T3 Anspruchsvolles Bergwandern

Weg/Gelände: Am Boden ist meist noch eine Spur vorhanden, ausgesetzte Stellen können mit Seilen oder Ketten gesichert sein, evtl. braucht man die Hände fürs Gleichgewicht. Falls markiert: weiss-rot-weiss. Zum Teil exponierte Stellen mit Absturzgefahr, Geröllflächen, weglose Schrofen.
Anforderungen: Gute Trittsicherheit, gute Trekkingschuhe, durchschnittliches Orientierungsvermögen, elementare alpine Erfahrung.

Wanderungen T2/T3

Kleiner Baumknigge

Beim Besuch eines Baumes müssen wir uns immer vor Augen halten, dass wir Gäste sind, die sich selbst eingeladen haben. Aus Respekt gegenüber Tieren und Pflanzen sollten wir deshalb wissen, wie wir uns in der Natur korrekt zu verhalten haben. Dieser kleine Baumknigge gibt eine Anleitung.

Zu vermeiden ist ...

... das Betreten der trittempfindlichen Baumwurzeln und der Stammbasis
... das Erklettern der Bäume oder das Hangeln an Ästen
... das Beschädigen der Borke, das Schnitzen in die Rinde oder sonstige Baumverletzungen
... die Mitnahme von Pflanzenteilen als Souvenir
... das Liegenlassen von Abfall
... das Entfachen von Feuer ausserhalb von Feuerstellen
... das Pflücken von geschützten Pflanzen oder Pilzen
... das Stören von Tieren durch Lärm, Hund oder Jagen

Allgemeine Information

Als Ergänzung zur Tourenplanung nachfolgend einige wichtige Telefonnummern und nützliche Websites:

Wetter

Wetterbericht	**162** (mehrmals täglich aktualisiert)
Alpenwetterbericht	**0900 552 138**
Wetter im Internet	www.meteo-schweiz.ch www.nzz.ch/wetter

Notruf

Rega	**1414**
Polizei	**117**
Feuerwehr	**118**

Links

www.sbb.ch
www.postauto.ch

Zeichenerklärung

T1/T2	Schwierigkeitsgrad (siehe S. 8)
	Wanderzeit
	Distanz
	Höhendifferenz
	Standort Laubbaum [Nr.]
	Standort Nadelbaum [Nr.]
	Standort Laubbaumgruppe [Nr.]
	Standort Nadelbaumgruppe [Nr.]

Wichtige Hinweise

S. 15 «Zum Gelingen der Wanderung»

Vorwort

Mit diesen Baumwanderungen wollen wir den Blick um 180 Grad wenden: Während eine Bank normalerweise unter einem Baum steht, um Spaziergänger und Wanderer die Aussicht von dort geniessen zu lassen, verweisen wir in diesem Buch explizit auf die Reize im Rücken der Bank. Der Blick zurück ist auch eine Sicht auf vergangene Epochen, von denen ein alter Baum berichten kann. Hand aufs Herz, wie viele Male haben wir in die Weite des Horizonts gestarrt, statt das Antlitz eines alten, imposanten Baumes vor Ort zu betrachten? So gesehen müsste man die Ruhebänke oft um 180 Grad drehen, um uns die eigentliche Sehenswürdigkeit eines solchen Rastplatzes vor Augen zu führen.

Wir bewegen uns nicht auf dem «Holzweg», wenn Bäume uns im Wege stehen und auf Schritt und Tritt die Sicht versperren. Ziel dieses Wanderführers ist es deshalb, bewusst um einen Baum herumzugehen und ihn als Bestandteil der Umwelt wahrzunehmen. Denn es ist der Mensch, der Beine hat und zum Laufen geboren wurde. Ein Geschenk, das wir auf diesen einzigartigen Baumfährten dankbar nutzen.

Alle Rundwanderungen sind absichtlich so gestaltet, dass der Startpunkt mit dem öffentlichen Verkehr gut erreichbar ist und man das Auto zu Hause lassen kann. Einberechnen muss man natürlich die An- und Abreise, weshalb eine Übernachtung in der betreffenden Region durchaus sinnvoll sein kann. Im Bildband «Baumriesen der Schweiz» wurden über 200 Bäume mit ausführlichem Hintergrundwissen und Kenndaten porträtiert, die aus dem Archiv von «pro arbore» stammen. Dieses Buch bietet nun die Möglichkeit, einige davon persönlich aufzusuchen und unzählige bisher unbekannte Spitzenreiter kennenzulernen.

Michel Brunner
www.proarbore.com

Einleitung

Der Baum als Ursprung

Wenn heute von Naturschutz die Rede ist, denkt man primär an grossflächige, zusammenhängende Schutzgebiete, in denen eine Vielzahl von Tieren und Pflanzen neben- und miteinander ungestört lebt. Dieses Buch zeigt, dass auch ein Einzelobjekt wie ein bemerkenswerter Baum durchaus schutzwürdig ist. Ein einzelner Baum bildet für viele Tiere und Pflanzen ein eigenes, in sich geschlossenes Ökosystem. Er bietet durch seinen hohlen Stamm und hohle Äste nicht nur wichtige Wohnstätten für Kleintiere und Insekten, sondern bereichert die Biodiversität ganz allgemein, da er durch seine Raumdimension eine grosse Spannweite an unterschiedlichen Lebensräumen schafft. Bäume werden denn auch von Untermietern bestmöglich genutzt. Selbst parasitäre Insekten, Pflanzen und Pilze können eine positive Auswirkung auf das Leben eines einzelnen Baumes haben. Gewisse Moose sorgen für eine erhöhte Luftreinheit, und Pilze zersetzen überflüssig gewordene Holzteile, schaffen dadurch neuen Humus und stehen oft in einer symbiotischen Beziehung zum Baum. Das ganze Leben innerhalb und ausserhalb des Baumes untersteht einem autarken Kreislauf.

Für unsere Urahnen verkörperte der Baum die Welt und den Kosmos: Kräftige Wurzeln verankern den Stamm, die Achse der Welt. Auf dem ersten Astkranz hausen die Menschen, in der Krone die Götter, wo Sonne, Mond und Sterne kreisen. Diese Weltvorstellung findet man in fast allen Kulturen. Sogar als «Mutter der Menschen» betrachtete man den Baum, aus dessen Holz die Menschen «entstammen».

Der Baum als Experiment

Ausser der Artenvielfalt ist aber auch die Altersvielfalt einer Baumart ein grundlegender Bestandteil einer lebendigen Landschaft. Das Recht von Tier und Pflanze, von Geburt bis zum natürlichen Tod naturgerecht leben zu dürfen, ist keineswegs selbstverständlich. Was wir in unseren Wäldern und auf dem Feld grösstenteils sehen, sind Jungbäume, die wirtschaftlichen Anforderungen genügen müssen. Altbäume, deren morsche Stämme am Boden verrotten, sind Mangelware. Umgekehrt ist die Verjüngung mancher Wälder für den Förster, der ohnehin schier unmögliche Zielprojekte bewältigen sollte, eine grosse Herausforderung. Häufig fehlen die natürlichen Feinde des Wildes, welches sich ungehindert an den aufkommenden Sprösslingen gütlich tut. Was in gewissen Teilen Europas über Generationen vernachlässigt wurde, soll nun in einer kaum realistischen Zeitspanne wiedergutgemacht werden. Die Bedürfnisse der Gesellschaft wandeln sich dabei schneller, als der Wald wachsen kann, weshalb viele Wälder einer Versuchsfläche aus angefangenen Forstexperimenten ähneln. Urwälder, die über Jahrtausende bestehen und sich nur natürlichen Veränderungen wie Klimaschwankungen oder Naturkatastrophen anpassen mussten, existieren so gut wie keine. Um einen urwaldähnlichen Waldzustand neu zu schaffen, braucht es viele Baumgenerationen.

Der Baum als Ressource

Unsere Urahnen hatten eine reale Vorstellung davon, wie gross und alt die unterschiedlichen Baumarten werden konnten und dass selbst Grosssträucher über Wachstumspotenzial verfügen, das man ihnen heute nicht mehr zutraut. Zu Zeiten, als die Mittel zur Errichtung imposanter Bauwerke noch beschränkter waren, war die Ehrfurcht vor diesen Gewächsen entsprechend gross und ihre Verehrung naheliegend. Bäume boten Schutz, dienten als Nahrungslieferanten und waren als Propheten für Wetterprognosen und jahreszeitliche Veränderungen wichtiger Bestandteil des Alltags. Die Verwendung von Holz zum Entfachen von Feuer und als Baumaterial half dem Menschen, gegen die Unbill der Natur zu bestehen. Der wirtschaftliche Nutzen entfernte ihn jedoch allmählich von der Verehrung der Bäume, auch wenn manche alten Kulte in abgewandelter Form bis heute erhalten geblieben sind.

Die Wälder wurden schon früh vom Menschen beeinflusst und beherrscht, und in der Landschaft wuchs bald nicht mehr, was natürlich dort gestanden hätte, sondern was für die Bevölkerung von

Nutzen war. Totholz und Altholzinseln sind längst keine Selbstverständlichkeit mehr, sondern allenfalls in Naturschutzreservaten zu finden. Die Beobachtung des natürlichen Lebenskreislaufes eines Baumes lässt auf ein komplexes regionales Ökosystem schliessen. Die Fokussierung auf das Wachstum eines Individuums ist letzten Endes eine Feldforschung und erschliesst neue Ideen zum Umgang mit Baum und Natur. Heute gehen die Bestrebungen in die Richtung, dass auch der Mensch sich wieder im natürlichen Ökosystem eingliedert, um so einem globalen Kollaps entgegenzuwirken. Im Recht eines Baumes, alt und natürlich sterben zu dürfen, liegt ein grosses Potenzial. Zum einen wird dadurch standortgerechtes, genetisch ausgereiftes Saatgut weitergegeben, zum anderen wird bei Unterbindung menschlicher Eingriffe die natürliche Optimierung der Evolution fortschreiten können, um überlebenswichtige, strategische Veränderungen zu entwickeln. Gerade die Problematik der Klimaveränderung erfordert Sensibilität und Geschick, damit solche Wandlungen nicht negativ beeinflusst und gewisse Arten nachhaltig geschädigt werden. Auch in Zukunft wird der Baum wertvolle, noch unbekannte Lösungsansätze in Medizin, Wirtschaft und Technik beziehungsweise Bionik und Biomechanik liefern. Alte Bäume sind deshalb wie die Biodiversität eine wichtige Ressource, die wir erhalten sollten, um daraus schöpfen zu können, sollte dies in geraumer Zeit nötig werden.

Der Baum als Idee

Hat ein Baum sich einmal an einem Ort niedergelassen, geht er nicht mehr auf Wanderschaft. Er ist standortgebunden und kann in brenzligen Situationen nicht einfach davonrennen wie Menschen oder Tiere. Im Laufe der Evolution hat der Baum jedoch mannigfaltige Finessen entwickelt, um gegen diverse Konfrontationen bestehen zu können. Er verfolgt das Ziel, das Beste aus seiner Lage zu machen und sich nach Möglichkeit fortzupflanzen. Die beharrliche Anpassung an das Umfeld ist seine Überlebensstrategie. Die Baumform spricht oftmals von den Kämpfen der Anpassung, gerade in den Bergen, und erzählt viel über die Umstände, unter denen ein Baum aufgewachsen ist. Nicht jeder durfte auf demselben guten Nährboden aufwachsen, und nicht jeder gedeiht an einem begünstigten Standort und kann sich frei nach Lust und Laune entwickeln. Manche schuften ein Leben lang, um zu werden, was sie sind – oft nur Kümmerlinge, deren Überlebenswille aber siegte und sich irgendwann vielleicht einmal auszahlen wird. Da ein Baum immer gestaltungsoptimiert wächst, das heisst, nur an den statisch notwendigen Stellen Holz ansetzt und somit trotz gewaltiger Dimensionen ein Leichtbaudesign darstellt, hat man begonnen, die Formensprache der Baumarchitektur für alltagsgebräuchliche Konstruktionen anzuwenden. In einer Zeit, in der umweltfreundliche Produkte je länger, je wichtiger werden, strebt die Bionik danach, solche Finessen aus der Natur nachzuahmen, um so bei geringerer Energie eine erhöhte Leistung zu erzielen.

Der Baum als Hoffnung

Die Wertschätzung des modernen Menschen gegenüber der Natur beginnt sich zu ändern. Der Lauf der Zeit hat viele Fragen geklärt, aber auch neue aufgeworfen und Ungewissheit und Ängste mit sich gebracht, die wir mit Forschung nur teilweise beseitigen konnten. Komplexes Wissen über die einzelnen Arten ist heute vorhanden und archiviert. Einen Baum von Beginn seiner Existenz bis zu seinem Tod studieren zu können, erfordert oft Jahrhunderte, manchmal gar Jahrtausende. Auch die Rückführung von Landschaften in einen ursprünglichen Zustand braucht Geduld und verlangt, dass Generationen von Menschen dasselbe Ziel verfolgen. Wenn wir bereit sind, die Natur ohne unsere aktive Mithilfe walten zu lassen, wird sich unser Landschaftsbild allmählich wandeln. Begradigte Flussläufe finden ihren mäandrierenden Bewegungsraum zurück, aufgeforstete Monokulturen werden durch die Praxis der naturnahen Forstpolitik überwachsen, und agrartaugliche Flurflächen verwandeln sich wieder zu florafreundlichen Wiesen. Der Kontrast zwischen Zivilisation und Natur wird grösser, die Palette auf beiden Seiten umso reicher. Noch sind wir in der Konzeptionsphase solcher Landschaftswandlungen. So werden beispielsweise Naturschutzgebiete unter dem Namen «Wildnispark» oder «Naturzentrum» beworben. Wildnis und Park sind aber unbestreitbar zweierlei Paar Schuhe und repräsentieren Komplementäre. Auch der Begriff «Naturzentrum» ist widersprüchlich, denn die Natur verfügt über kein Zentrum. Eine vollkommene Symbiose zwischen Mensch und Natur wird es wohl nicht mehr geben. Mit unserer Toleranz gegenüber der Schöpfung erblüht aber auch die Natur zu neuer Kraft und dankt es uns mit einer gesunden Umwelt, die kommenden Generationen nachhaltig erhalten werden kann. Die folgenden Baumwege sollen eine Idee davon geben, wie bereichernd alte Individuen für unseren Lebensraum und den von Tieren und Pflanzen sein kann. Hoffen wir, dass diesen Kleinoden Sorge getragen wird und sie uns so lange wie möglich erhalten bleiben.

Zum Gelingen der Wanderung

Da Bäume im Gegensatz zu anderen Wanderzielen oftmals nicht direkt am Wanderweg stehen, ist das Auffinden teilweise etwas schwierig. Hilfreich ist es, den Text vorgängig durchzulesen und Hinweise zu notieren. Die abgebildete Karte ist nützlich, da darin die Baumstandorte mit Baumpiktogrammen eingezeichnet sind, ersetzt aber die Mitnahme von detaillierten Landeskarten nicht. Es ist empfehlenswert, die Route mit ihren Bäumen im Voraus in der Landeskarte einzuzeichnen. Wichtige Orientierungshilfen sind Waldränder und das abgebildete Höhenprofil. Ein Kompass kann zwar von Nutzen sein, ist aber in den meisten Fällen nicht von Nöten. Gerade wenn die Sonne scheint, haben wir den Vorteil, immer zu wissen, in welche Himmelsrichtung wir gehen. Wir wissen, dass die Sonne um die Mittagszeit im Süden steht, demzufolge unser eigener Schatten nach Norden zeigt, sich links Westen und rechts Osten befinden. In den Vormittagsstunden muss man den Schatten dementsprechend gedanklich nach links versetzen und nach dem Mittag nach rechts. Zu beachten ist, dass der Schatten im Sommer einen längeren Bogen beschreibt.

Selbst ein Baumriese garantiert leider nicht, dass er über Jahrhunderte an Ort und Stelle stehen bleibt. So kommt es leider allzu oft vor, dass Bäume gefällt werden oder sie von alleine umstürzen. Der Autor dankt für solche Mitteilungen.

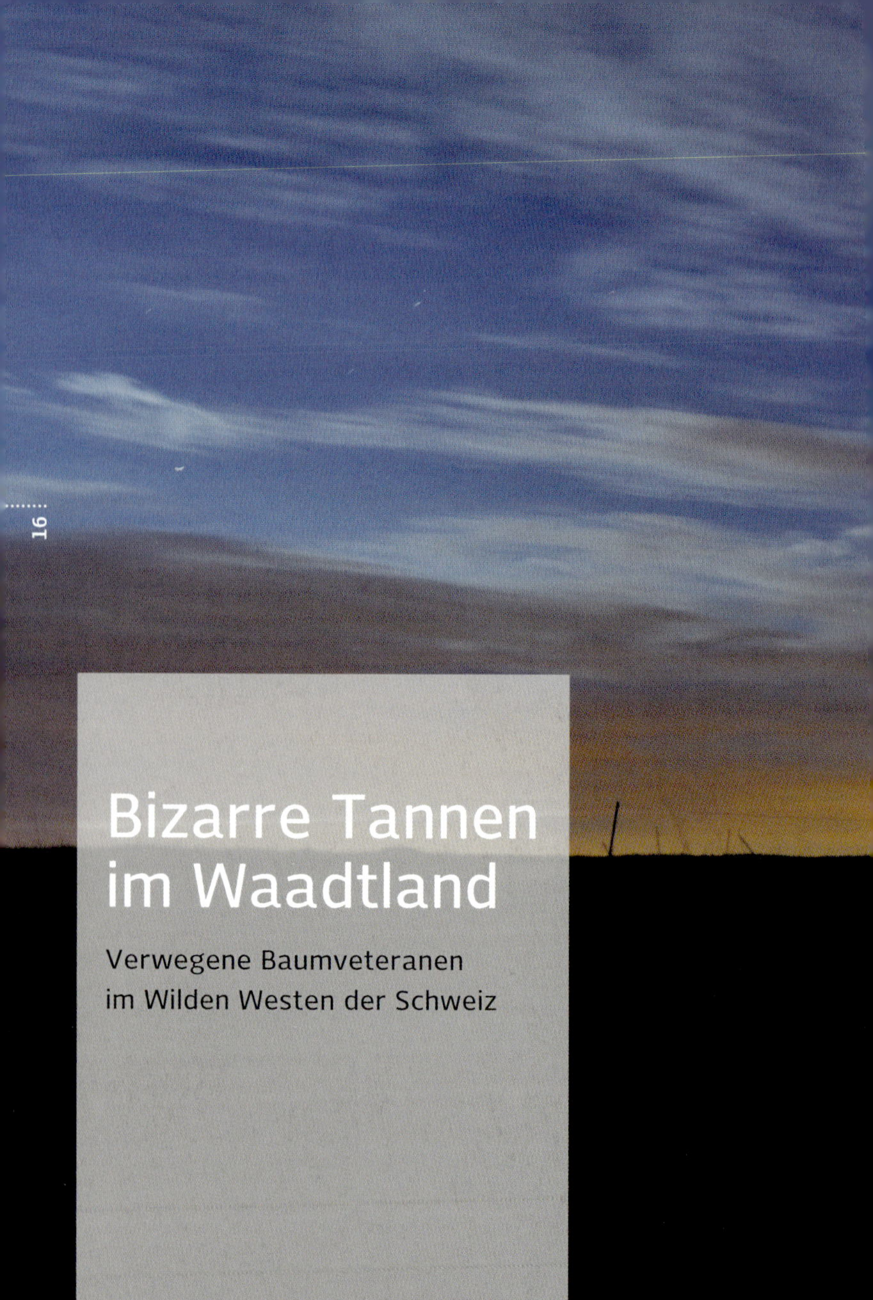

Bizarre Tannen im Waadtland

Verwegene Baumveteranen im Wilden Westen der Schweiz

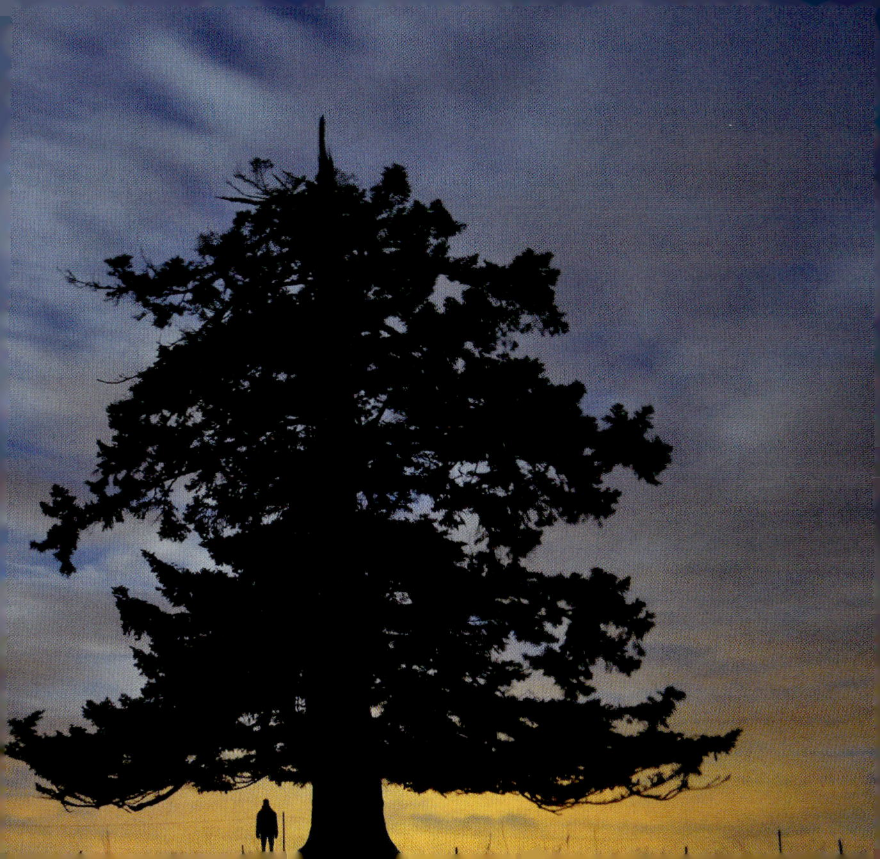

Von La Chèvrerie via Mont Roux nach St-Cergue VD

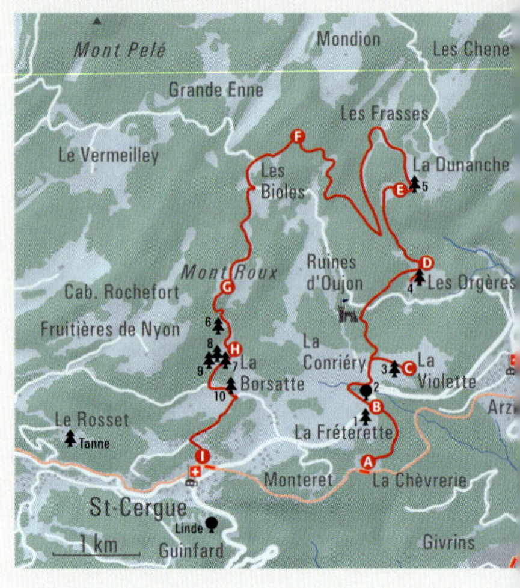

T1/T2

4,5 h

15,7 km

1180 m

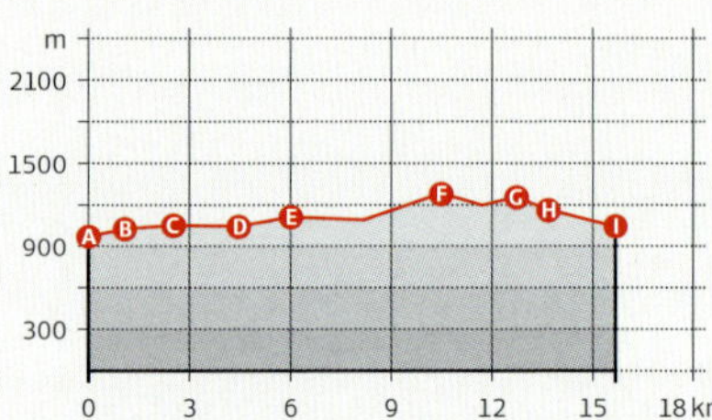
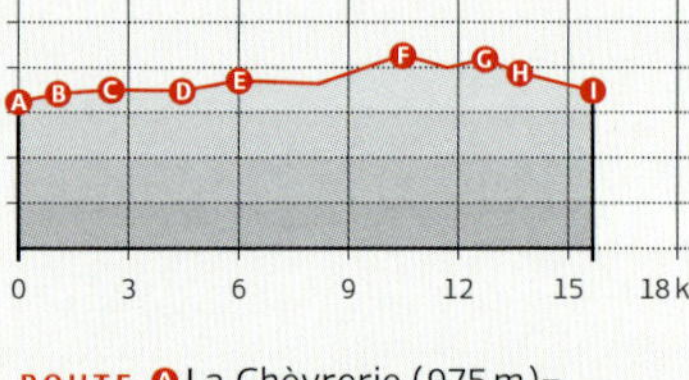

ROUTE Ⓐ La Chèvrerie (975 m)–Ⓑ La Fréterette (1029 m)–Ⓒ La Violette (1054 m)–Ⓓ Les Orgères (1049 m)–Ⓔ La Dunanche (1115 m)–Ⓕ Les Bioles (1285 m)–Ⓖ Mont Roux (1258 m)–Ⓗ La Borsatte (1165 m)–Ⓘ St-Cergue Bahnhof (1044 m)

WANDERZEITEN 4,5 Std. mit 590 m Auf- und 515 m Abstieg

TOURENCHARAKTER/SCHWIERIGKEIT
T1/T2. Einfache Wanderung bis Les Orgères und ab Les Bioles. Asphalt, hauptsächlich aber Naturwege. Dazwischen kleine Pfade oder freie Begehung auf Weiden. Gelbe Wegweiser (nur dürftig vorhanden)

BÄUME Ausser zu einer Linde [2] bei La Raisse kommen wir zu alten Tannen. Praktisch jede von ihnen wurde vom Blitz heimgesucht, hat aber dank ihrer eigenwilligen, mehrästigen Kronenform bis heute überlebt [1, 3–10]

VARIANTE Im Winter bietet sich die Möglichkeit, eine Teilstrecke mit Schneeschuhen zu bewandern. Von St-Cergue nach La Borsatte ist ein Schneeschuhweg neuerdings sogar ausgeschildert. Entsprechende Ausrüstung wie Schneegamaschen und -schuhe sind erforderlich

BESTE JAHRESZEIT Ganzjährig

UNTERKUNFT/VERPFLEGUNG
Hotels und Restaurants in Nyon und St-Cergue

KARTEN Landeskarte der Schweiz, 1:50 000, Blatt 260 «St-Cergue»; 1:25 000, Blätter 1241 «Marchairuz» und 1261 «Nyon»

ANREISE/RÜCKREISE Mit der Bahn nach Nyon, von dort mit der Schmalspurbahn nach La Chèvrerie und zurück von der Station St-Cergue

INTERNETLINK www.sbb.ch

Ein Baum, der Blitz und Feuer übersteht

Diese Tour eignet sich nur für geübte Kartenleser. Oft verlassen wir den ohnehin dürftig gekennzeichneten Wanderweg, gehen über offene Juraweiden und orientieren uns an den Waldrändern auf der Karte. Die Mitnahme von geeignetem Kartenmaterial ist für das Gelingen der Wanderung unabdingbar, ein Kompass empfehlenswert.

Zu Beginn fahren wir mit der Schmalspurbahn «NStCM» vom Bahnhof Nyon Richtung St-Cergue. Parkmöglichkeiten sind keine vorhanden, deshalb empfiehlt es sich, das Auto zu Hause stehen zu lassen. An der Station La Chèvrerie, wo unsere Wanderung beginnt, hält der Zug nur auf Verlangen, weshalb man daran denken muss, rechtzeitig den Halteknopf zu drücken.

Ein Schotterweg führt uns von La Chèvrerie von den wenigen Wohnhäusern hoch zu einem Strässchen, das oben im Wald verschwindet. Am Waldrand verlassen wir das Strässchen und biegen rechts auf einen Waldweg ein, dem wir uns links haltend folgen, bis wir zu einer gefährlichen Strasse bei La Fréterette kommen. Bevor wir diese überqueren, winkt uns links auf der Weide bereits eine mächtige Tanne [1] zu, siehe Bild S. 25. Der Haupttrieb dieses Baumes wurde vom Blitz zerstört; ein gewaltiger Seitenast hat daraufhin die Kronenfunktion übernommen. Diese mehrästige Kronenform findet man in Europa nur noch selten. Hier in St-Cergue und in Arzier konnten sich aber einige «Schirmtannen» behaupten. Solche Tannen, auch «Schermtannen» oder «Gogant» genannt, bilden durch ihre breitwüchsige Form oft einen schützenden Schirm. Allerdings werden gerade Tannen, die mit ihren Pfahlwurzeln häufig im Grundwasser stehen, mit Vorliebe vom Blitz getroffen.

Tannen leiden ungern unter Trockenheit, weshalb sich auf der Nadelunterseite zwei ausgeprägte Wachsstreifen befinden, die dafür sorgen, dass die Feuchtigkeit nicht zu rasch verdunstet. Neben der Tanne in La Fréterette steht eine etwas jüngere, die auf ihren horizontalen Seitenästen vertikale Nebentriebe gebildet hat, die so aussehen, als wüchsen eigenständige Bäume auf den Ästen. Die Tanne ist eine der wenigen Koniferen, die durch schlafende Adventivknospen neue Triebe bildet und mit Astverlust gut umgeht.

Sakraler Weg und Kerzenständer von profaner Grösse

Etwas links auf der anderen Strassenseite führt uns ein Feldweg mit Fahrverbot an einer alten Linde [2] vorbei. Bald mündet er in eine Asphaltstrasse, der wir links einige Meter folgen, bis rechts ein Feldweg hochführt. Wir gelangen zum Waldrand, wo sich eine kleine Feuerstelle befindet. Hier machen wir einen kurzen Abstecher und gehen auf dem Feldweg in östlicher Richtung zur Alp La Violette. Kaum fünf Minuten später steht rechts von uns auf freiem Feld eine auffällige Wettertanne [3], siehe Bild S. 16. Vom Blitz gekürzt und vom weidenden Vieh im untersten Bereich geschert, wirkt sie wie eine Ballerina auf einem Bein mit angehobenem Rocksaum. Wenn sich auf der Weide Kühe befinden, sollte man sich aus Rücksicht mit der Fernsicht begnügen. Wir kommen noch früh genug dazu, eine Tanne aus der Nähe zu betrachten.

Zurück an der Feuerstelle, folgen wir dem kleinen Weg rechts in den Wald. Das Waldweglein ist rechter Hand bald mit Tafeln versehen – wie wir lesen, handelt es sich um den «Spirituellen Weg», der unsere Route streift. Wir bleiben aber auf dem mittleren Weg, denn Historik erwartet uns an der nächsten Lichtung: Hier liegen die «Ruines d'Oujon »; eine Tafel vor Ort liefert alle geschichtlichen An-

KANDELABERÄSTE Ob die Form eines «Gogants», wie man vermutet, tatsächlich nur wegen eines Wipfelbruches durch Vögel, Trockenheit und Wipfeldürre entsteht, ist fraglich. Die Kandelaberäste entspringen meist hoch am Stamm, weshalb eine Beäsung von Wild und Vieh ausgeschlossen werden kann. Womöglich ist sie eine natürliche Spielart, die sich in der Region um St-Cergue behaupten konnte und hier geradezu endemisch vorkommt. Man findet diese Wuchsform allerdings auch andernorts, nirgends aber so ausgereift wie hier. Der Vorteil eines mehrästigen Wuchses liegt auf der Hand: Bei einer Kandelabertanne sind mehrere Blitze nötig, um den Baum tödlich zu beschädigen.

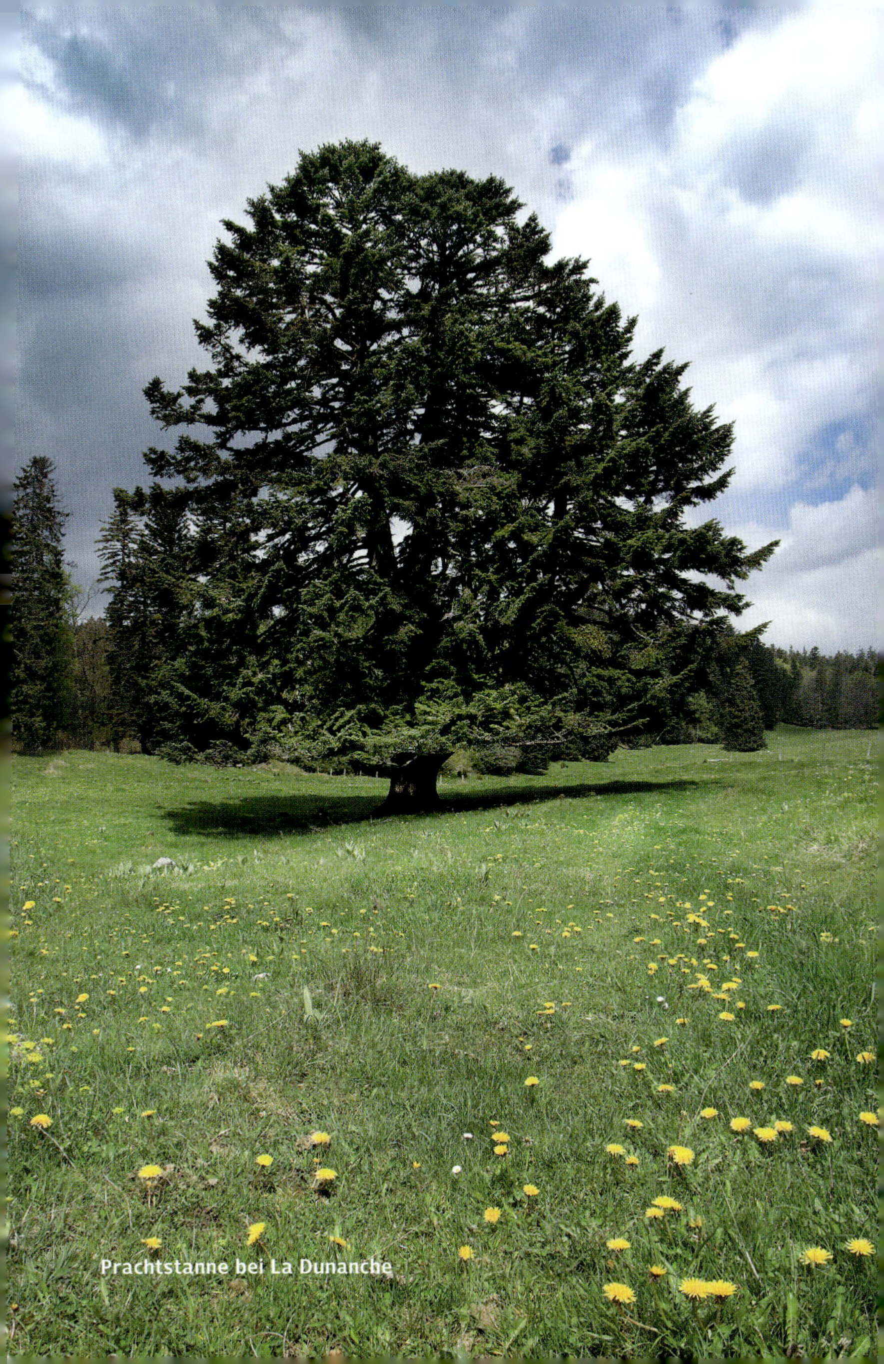
Prachtstanne bei La Dunanche

gaben dazu. Der Ort ist auf jeden Fall bedeutsam. Der Wanderweg Richtung Les Frasses kreuzt eine Waldstrasse und teilt sich später. Der rechte Weg führt uns hinunter zur Alp Les Orgères. Unten auf freiem Feld wächst eine perfekte Kandelabertanne [4], ein Baum, wie er im Bilderbuch steht. Zehn mächtige Dolden entwachsen dem Stamm in derselben Höhe und gehen, zusammen mit den ebenfalls vom Blitz zerstörten Haupttrieben, parallel in die Höhe. An diesem monumentalen Kandelaber standen bereits mehrere Kerzenspitzen in Flammen. Eine Blitzrinne zieht sich sogar spiralförmig von einer Dolde bis hinunter zum Stamm. Mit solchen Wunden, die nur selten ganz verheilen, können Tannen aber offenbar gut leben.

Ameisen und geopathologische Störzonen

Ab dem Hof in Les Orgères wird die Route schwieriger, denn wir verlassen die Wege und wandern die Weide hoch, immer nahe dem rechten Waldrand, bis die Steigung abflacht. Im oberen Teil treffen wir auf einen grösseren Pfad, der rechts nach unten in den Wald führt und uns nach einigen Gehminuten in eine schmale Lichtung bringt. Nach der Talkrümmung entdecken wir weiter oben zwei solitäre Tannen, eine mit vier kräftigen Haupttrieben [5], siehe Bild S. 21. Auch sie wurde bereits vom Blitz getroffen. Eine Rast ist hier nicht empfehlenswert, denn wer am linken Waldrand entlanggeht, bemerkt bald die grosse Anhäufung von Ameisenbauten und Maulwurfhügeln. Diese folgen offensichtlich einer Linie. Zufall oder Absicht? Vielleicht befinden wir uns hier in einer geopatholo-

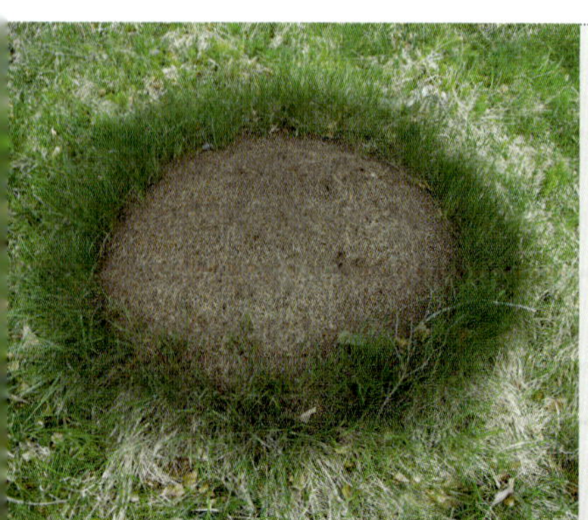

ÖKOLOGISCHES GLEICHGEWICHT
Ameisenhaufen sind im Jura immer wieder anzutreffen. Dass die Ameise das ökologische Gleichgewicht eines Waldes stabilisiert, dürfte mittlerweile den meisten bekannt sein. Trotzdem gibt es immer wieder Menschen, die Ameisen provozieren und ihre Wohnstätte mutwillig beschädigen. «Leben und leben lassen» sollte für alle gelten.

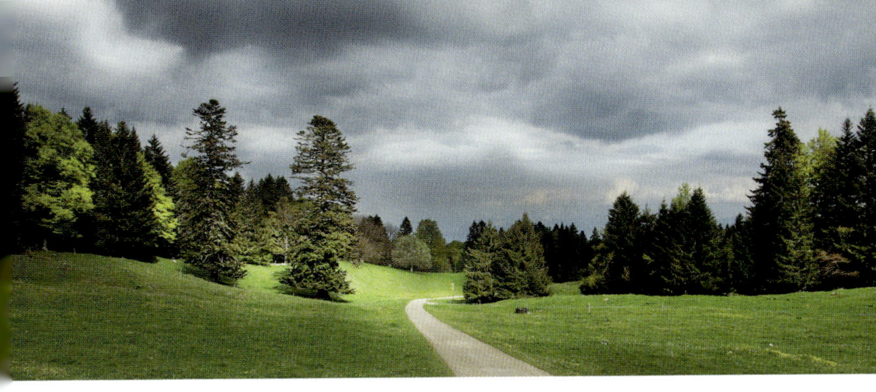

Spotlight auf die grosse Tanne

gischen Störzone, wie sie die Radiästhesie beschreibt. Erdstrahlen und Wasseradern können diese angeblich hervorrufen und bei manchen Menschen negative Auswirkungen auf den Körper haben. Es gibt offenbar Tiere, die solche Reizstreifen lieben. Dazu sollen Katzen, Maulwürfe und Ameisen gehören. Gewisse Autoren glauben, dass Ameisenhaufen, die wie hier einer Linie folgen, oft an Orten liegen, wo sich unter der Erde geologische Risse befinden und womöglich natürliches Gas austritt. Weshalb Ameisen solche Standorte bevorzugen sollen, ist aber unklar. Der ausgeprägte Drehwuchs einer abgebrochenen Tanne, die hier zu finden ist, würde die Theorie bestätigen, dass Bäume in solchen Störzonen zum verstärkten Torsionswuchs neigen. Wir halten uns jedenfalls lieber nicht zu lange auf und gehen zur nördlich verlaufenden Waldstrasse, der wir nach links folgen.

Eigenartige Kulturgüter bei Les Bioles

Bei Les Frasses zweigt der Wanderweg links nach Süden und taucht wieder in den Wald, bis die nächste Abzweigung uns rechts auf einen verwilderten Waldweg führt, dem wir uns links haltend folgen. Bei der nächsten Talöffnung, am roten Kuhgatter, schlängelt sich danach ein gepflegter Kiesweg bis in eine Höhe von 1284 m. Die Abzweigung links, nach Südwesten, dürfen wir nicht verpassen. Als Anhaltspunkt achten wir in einer unscheinbaren, schmalen Wald-

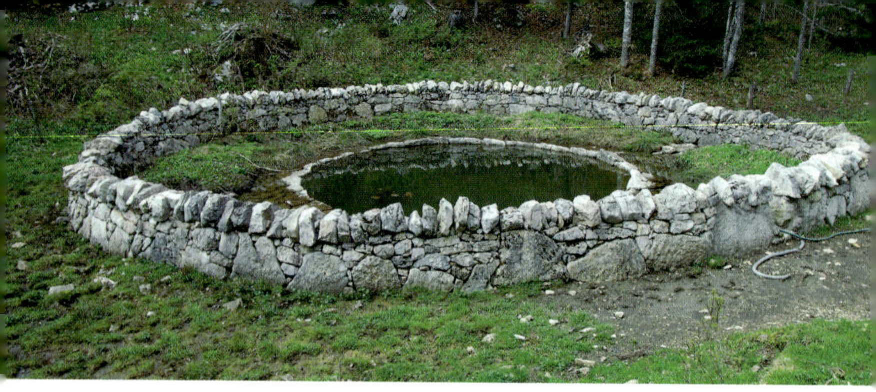

«Puits» sind alte, eingefasste Wassermulden

lichtung, etwas entfernt vom Weg, auf eine kreisrunde Trockenmauer, die an das Werk eines Landartkünstlers erinnert. In dieser Steinmauer umfasst eine zweite ein Wasserreservoir für das Vieh, «Puits » genannt. Solche Wassermulden wurden vermutlich bereits vor dem Mittelalter ummauert, um sie vor der Verschmutzung durch Vieh und Wild zu schützen. Mit einer einfachen Pumpe wird heute das Wasser für die Tiere herausbefördert.

Vorbei am «Puits» überwinden wir im Wellengang die beiden nächsten Kuppen und kommen kurz darauf zu einer anderen Kuriosität. Ein Loch klafft diesmal nicht im Boden, sondern rechts in einer Felswand. Die natürliche Höhle – «Eglise des Bioles» genannt – wurde offenbar künstlich ausgebessert, wie die Steinstruktur verrät. Dadurch entstand ein Resonanzkörper, der unsere Schritte vor dem Eingang akustisch verstärkt. Wasser tropft auf den sandigen

LEGENDÄRER TANNENSTANDORT

Unterhalb des Hofes La Borsatte stand einst die bekannteste Tanne der Schweiz. Bereits im 19. Jahrhundert war sie so populär, dass man den Weg von St-Cergue bis hierhin ausschilderte, wie vergilbte Tafeln und Wegweiser noch heute zeigen. Leider wurde die Tanne durch Blitze beschädigt. Heute erinnert nur ein verkohltes Holzteil [7], das im Mai von Vergissmeinnicht umwachsen wird, an den Standort. Etliche Postkarten zeigen die Tanne in ihrer ganzen Pracht. Sie war der Stolz der Region. Während die berühmte Tanne ausgesprochen regelmässige Kandelaberäste aufwies, stand wenige Meter daneben eine zweite, einstämmige, die umso dicker war. 1919 hatte sie in Brusthöhe 6,75 m Umfang, 1925 waren es bereits

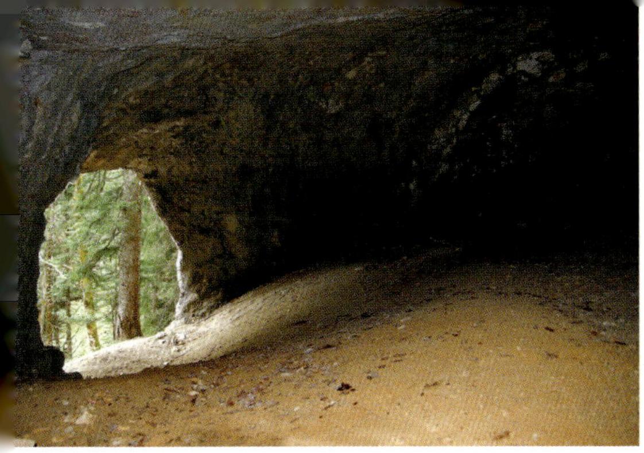
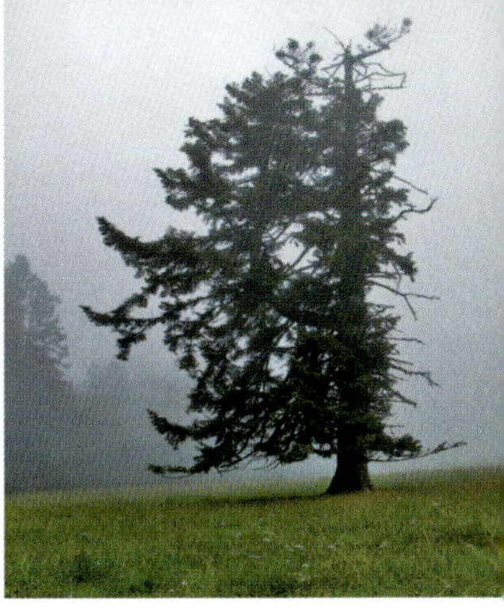

«Eglise des Bioles» und zerzauste Tanne in La Fréterette

Untergrund. Der kühle Unterschlupf – vermutlich eine ehemalige Einsiedelei – eignet sich hervorragend, um den mit Lebensmitteln gefüllten Rucksack zu plündern, immerhin haben wir bereits über die Hälfte unserer Wanderung abgeschritten. Nach der Rast verlassen wir die Höhle so, wie wir sie angetroffen haben.

An der nächsten Verzweigung bei der Strasse folgen wir links dem Wanderweg, bis er kurz danach rechts nach Mont Roux zeigt. Kleine Flachmoore, Solitärbäume und bei gutem Wetter der Blick vom Mont Roux auf den ganzen Genfersee bereichern die Strecke. Von hier folgen wir den gut gekennzeichneten Wegen nach La Borsatte und St-Cergue Gare. Auf der nächsten Weide steht eine stattliche «Schirmtanne» [6] als Vorbote eines der ehemals bedeutendsten Tannenstandorte (siehe Infobox unten). Von hier ist es nicht mehr weit bis zum Bahnhof von St-Cergue.

7,15 m, bei einem Stamminhalt von 54 m³. Leider wurde auch diese Tanne vom Blitz zerstört. Ausser einem Strunk [9], der heute versteckt in einer kleinen Baumgruppe steht, ist von ihr ebenfalls nichts mehr übrig. Erstaunlich ist aber, dass die jüngste, die man liebevoll als Bébé mit dem Namen «Le Benjamin» bezeichnete, überlebt hat [8]. Zwar hat auch sie Blitzschaden erlitten, gedeiht aber nach wie vor und gehört mit fast 7 m Umfang zu den dicksten Tannen Europas. Selbst «Le Benjamin» geriet allerdings in Vergessenheit, wie andere «Gogants» auch. Dazu gehört eine freistehende Tanne [10] wenige hundert Meter weiter unten in Richtung St-Cergue. Sie hat eine hochgestreckte Krone mit einem Stammumfang von 6,70 m.

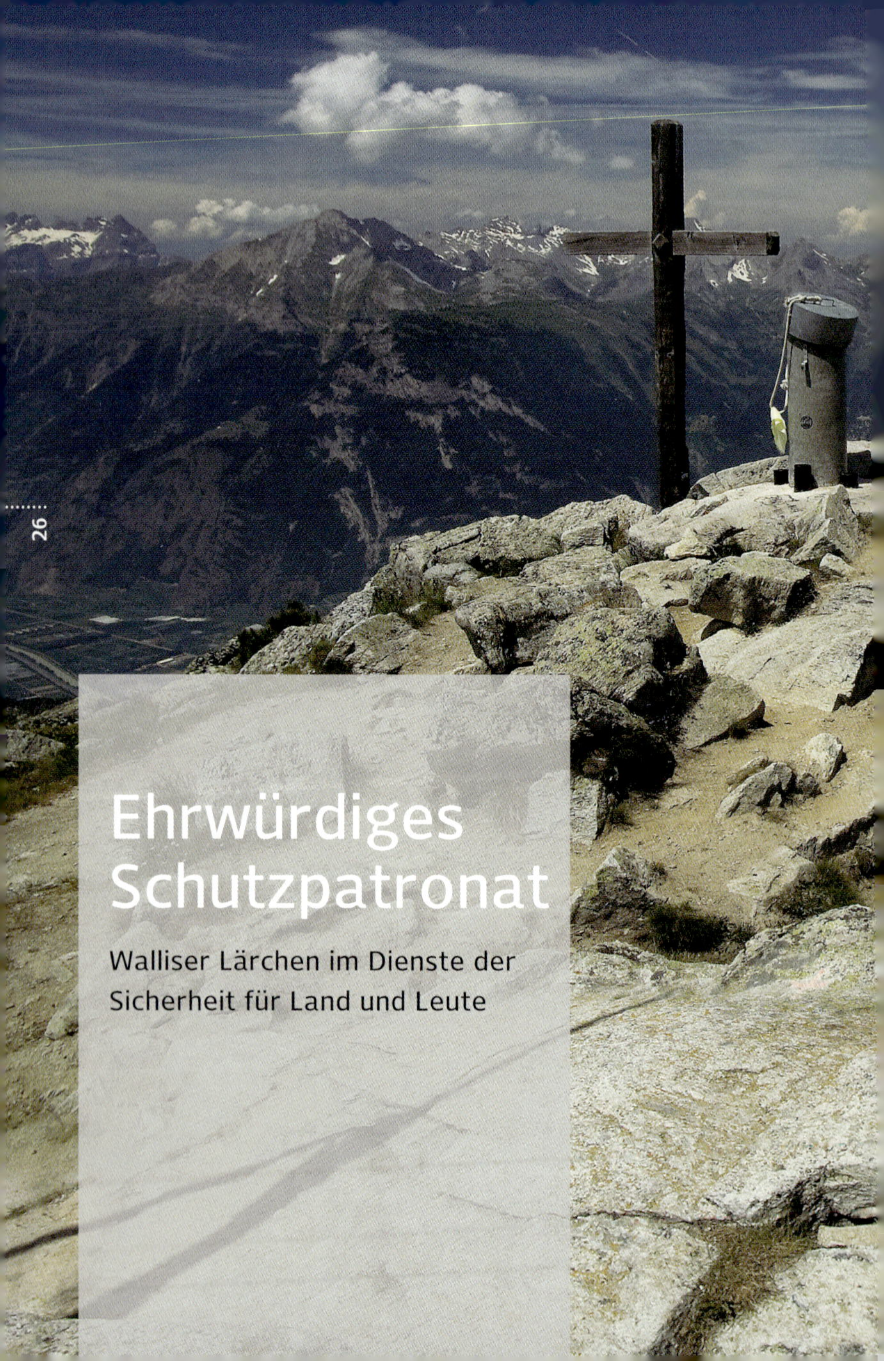

Ehrwürdiges Schutzpatronat

Walliser Lärchen im Dienste der Sicherheit für Land und Leute

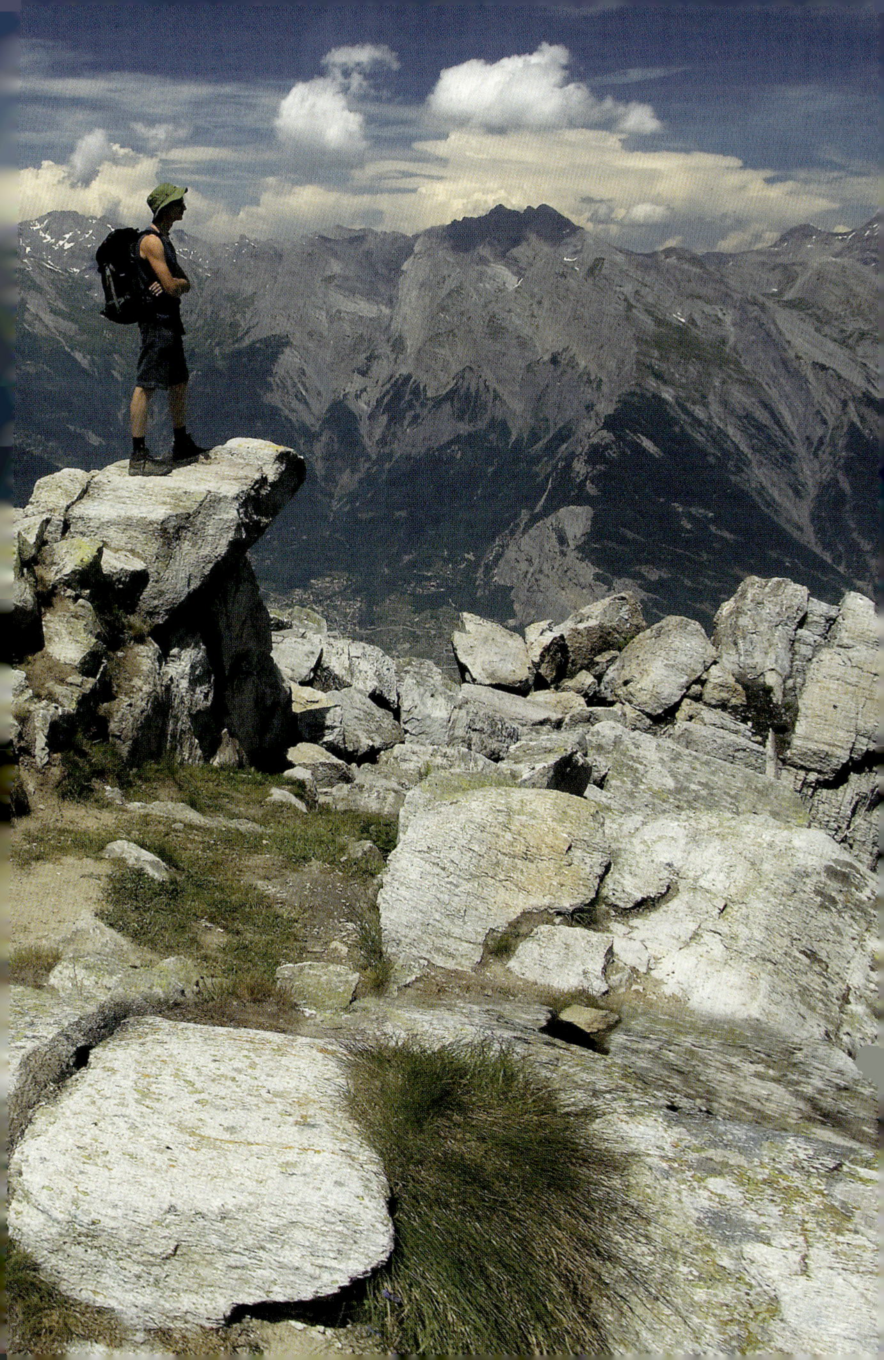

Von Tracouet via Dent de Nendaz nach Prarion VS

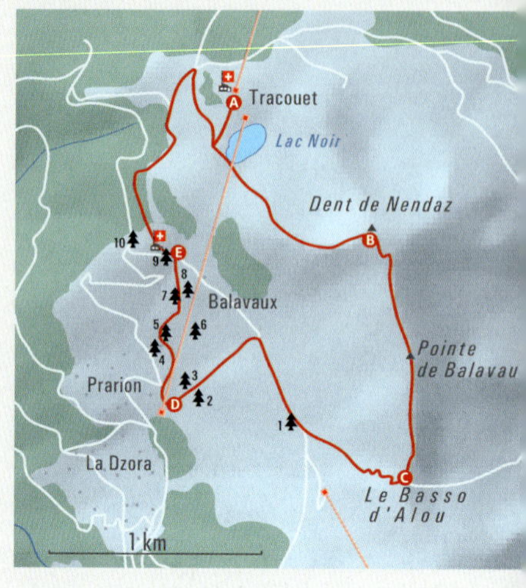

T2/T3

3,5 h

7 km

1470 m

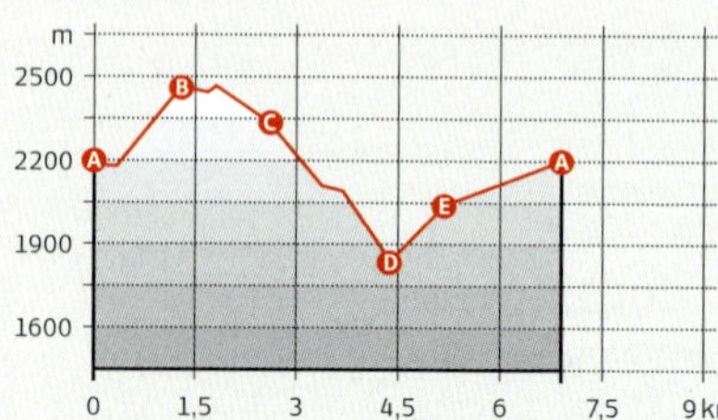

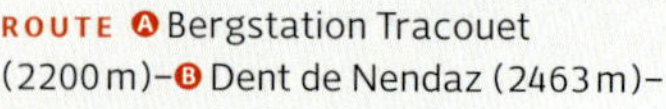

ROUTE Ⓐ Bergstation Tracouet (2200 m)–Ⓑ Dent de Nendaz (2463 m)–Ⓒ Le Basso d'Alou (2337 m)–Ⓓ Seilbahnstation Prarion (1839 m)–Ⓔ Cabane de Balavaud (2042 m)–Ⓐ Bergstation Tracouet (2200 m)

WANDERZEITEN 3,5 Std. mit jeweils 735 m Auf- und Abstieg

TOURENCHARAKTER/SCHWIERIGKEIT T2/T3. Stellenweise steiler Weg auf den Dent de Nendaz, wo minime Kletterpartien nicht zu vermeiden sind. Ein etwas südlich verlaufender Weg ist leichter. Der Grat erfordert ebenfalls etwas Geschicklichkeit. Wiesen- und Naturwege, teilweise freie Begehung auf der Weide, wo die wichtigsten Anhaltspunkte die Seilbahnstation und ihre Masten sind. Gelbe Wegweiser und rotweisse Bergwegweiser

BÄUME Prarion besitzt nicht nur einige der mit Abstand dicksten bekannten Lärchen der Welt, sondern mit über 250 alten Exemplaren auch die grösste Ansammlung alter Lärchen. Trotzdem sind die Lärchen hier so gut wie unbekannt geblieben und stehen nicht unter Schutz [1–10]

BESTE JAHRESZEIT Juni bis Oktober

UNTERKUNFT/VERPFLEGUNG «Restaurant de Tracouet» bei der Gondelbahn Tracouet und Restaurant «Cabane de Balavaud» (siehe Internetlink). Hotels in Haute-Nendaz oder Sion

KARTEN Landeskarte der Schweiz, 1:50 000, Blatt 273 «Montana»; 1:25 000, Blatt 1306 «Sion»

ANREISE/RÜCKREISE Mit dem Zug nach Sion und dem Postauto nach «Haute-Nendaz, Station télécabine», von dort weiter mit der Gondelbahn auf die Bergstation «Tracouet»

INTERNETLINK
www.cabane-balavaud.ch

Die apotropäische Kraft eines Baumes

Nirgends auf der Welt existieren so viele alte Lärchen wie im Wallis. Die Lärche ist den Berglern das, was den Leuten in den Niederungen die Linde bedeutet. Sie besitzt schützende Eigenschaften, wurde verehrt und diente über Jahrhunderte als natürliche Lawinenverbauung.

Seit der Personenverkehr durch den Neat-Tunnel am Lötschberg verkehrt, ist das Wallis der Nordschweiz näher gerückt. Unsere Aufmerksamkeit gilt der südlichen Bergwelt oberhalb von Sion. Berühmt ist die Region vor allem wegen ihrer Suonen (französisch *bisses*, siehe Infobox S. 30). Diese alten Wasserleitungen dienen seit langer Zeit der Bewässerung u.a. von Himbeer- und Aprikosenplantagen, die im sonnenverwöhnten Wallis gedeihen.

Am Bahnhof Sion besteigen wir das Postauto nach Haute-Nendaz, zur «Station télécabine». Dort satteln wir um auf die Gondelbahn nach Tracouet und kehren den hässlichen Hotelkomplexen den Rücken zu. In der Hälfte der Strecke verläuft unter uns die «Bisse de Saxon», mit 32 km die längste Suone des Wallis. Bis 1963 bewässerte sie die Dörfer Nendaz, Isérables, Riddes und Saxon, wurde zwischenzeitlich trockengelegt und später teilweise restauriert. Neben ihr verläuft ein bekannter Wanderweg.

Einheimische Bergmammutbäume

Von der Bergstation Tracouet wandern wir am Lac Noir vorbei, lassen die natürliche Baumgrenze, die durch Arven gebildet wird, unter uns und ersteigen die westliche Krete des Dent de Nendaz. Einige Tritte sind so hoch, dass wir die Hände zu Hilfe nehmen und in Felsspalten Halt suchen müssen. Ein Weg, der etwas südlicher verläuft, ist zwar etwas länger, dafür einfacher. Die Verschnaufpause auf dem 2463 m hohen Gipfel ermöglicht bei klarem Wetter den Alpenblick ins Rhonetal und auf die gegenüberliegenden Berge. Städte, Agglomerationen und Dörfer verschmelzen am Talboden allmählich zu einer Metropole.

Der Gratweg leitet uns auf den Gipfel Pointe de Balavaux. Mit der Regelmässigkeit einer Pyramide stürzen die Hänge auf beiden Seiten des Weges ab. Der durchaus familiengängige Weg ist nur an einzelnen Stellen ausgesetzt und erfordert etwas Geschicklichkeit. Sandige Böden bieten teilweise wenig Halt, und Steinfelder fordern zum Balanceakt auf. Unangenehmerweise hat sich eine Arve auf den Grat verirrt und versperrt mit ihren vom Wind niedergedrückten Ästen den Weg, so dass man über diese klettern muss.

An der nächsten Abzweigung, von Le Basso d'Alou nach Prarion, geht es im Zickzack hinab, bis man zur horizontal verlaufenden Kiesstrasse kommt. Auf dieser folgen wir dem Wanderweg Richtung Balavaux und wandern noch vor dem Hof bei der nächsten Hangeinbuchtung querfeldein zur weiter unten gelegenen Sesselliftstation Prarion. Darunter befindet sich übrigens die «Bisse de Saxon» mit der bekannten Wanderwegstrecke. Bei der Durchquerung der Weide zur Sesselliftstation müssen wir allenfalls auf Vieh Rücksicht nehmen, da zeitweise Rinder über die offene Weide getrieben werden. Die meiste Zeit über ist das Begehen aber problemlos. Nur wer sich von grossen Bäumen emotional hinreissen lässt, gerät hier ins Schwanken. In alle Himmelsrichtungen verteilt steht hier ein mächtiger Baum nach dem anderen, so dass man sich kaum entscheiden kann, in welche Richtung man gehen soll. Was hier an Bäumen auf der Weide steht, erinnert mehr an einen Sequoia-Nationalpark in Kalifornien als an einen Bergwald, wie man ihn sich in Mitteleuropa gewohnt ist.

SUONEN Die Trockenheit im Wallis erforderte eine künstliche Bewässerung der Felder, weshalb man in Nendaz Wasser aus dem Fluss La Printse ableitete. Die Wasserleitungen, Suonen, wurden entweder in den Felsen gehauen, in den Boden gegraben oder mittels Holzkanälen weitergeführt. Dass man dafür Lärchenholz verwendete, ist kein Zufall. Die Lärche ist ein Kernholzbaum, und ihr harzreiches Holz verwittert kaum. Einige Scheunen aus Lärchenholz sind tausend Jahre, eine Quellfassung in St. Moritz sogar doppelt so alt. Sonne und Wasser verfärben das anfangs rötliche Holz rabenschwarz. Die Qualität des Holzes verschlechtert sich aber während der Jahrhunderte kaum, weshalb es auch für Schindeln taugt.

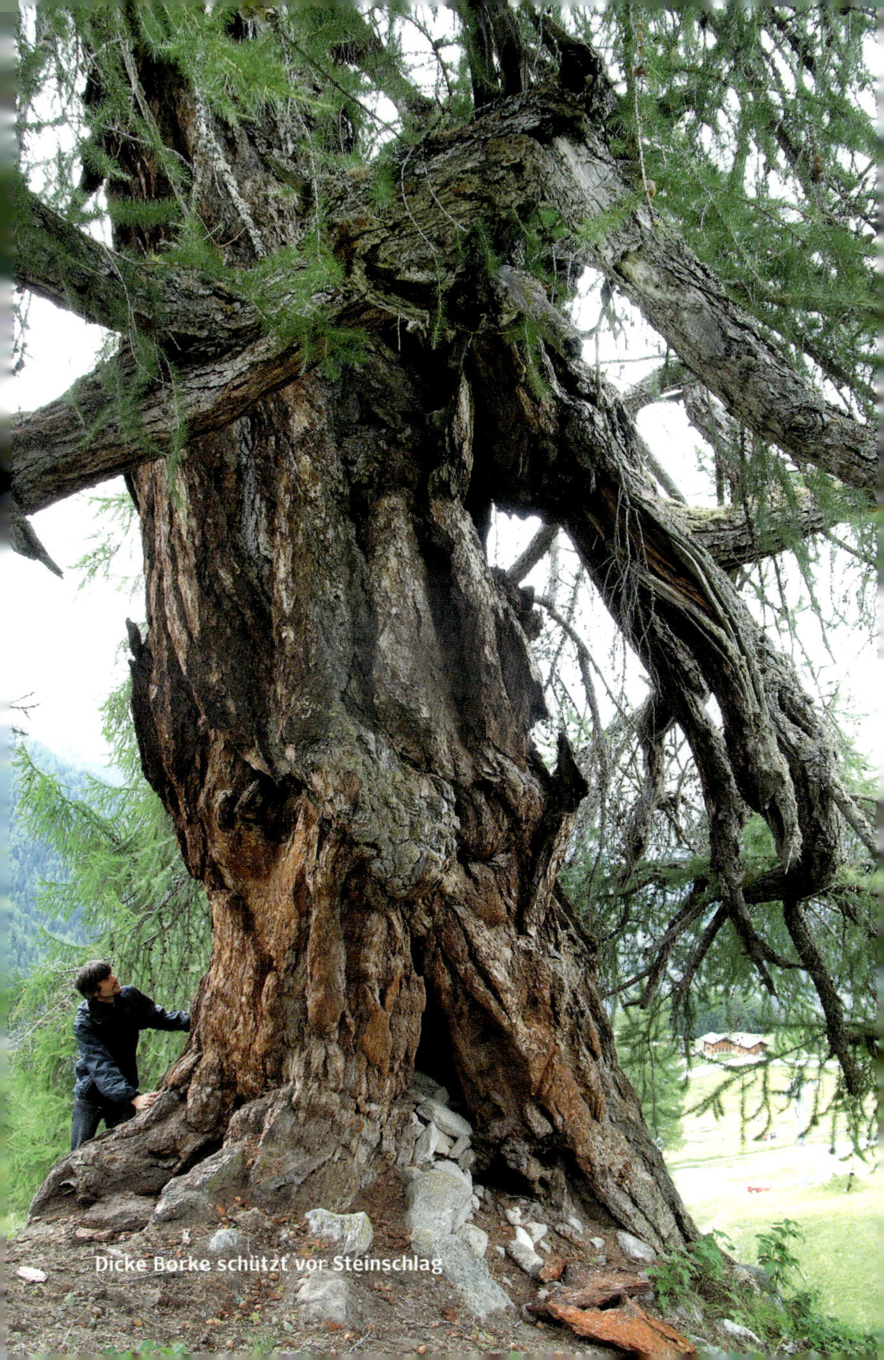
Dicke Borke schützt vor Steinschlag

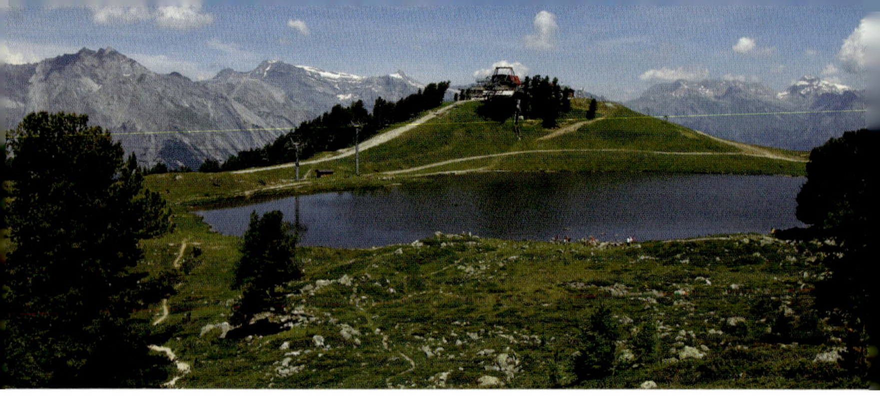

Bergstation Tracouet und Lac Noir liegen an der Baumgrenze

Nirgends sonst findet man auf so engem Raum so viele gewaltige Lärchen. Einige von ihnen gehören zu den mit Abstand dicksten der Welt, mächtiger als die bekannten Lärchen im Ultner Tal in Italien.

Lebendige Prallböcke

Bei dieser Anhäufung alter Lärchen handelt es sich um einen ehemaligen Schutzwald. Das bedeutet, dass die Bäume bewusst als natürliches Hindernis zwischen den Geröllhängen und der Alpsiedlung darunter stehen gelassen wurden. So konnten sich die Lärchen im Verlauf der Jahrhunderte zu regelrechten Prallböcken entwickeln. Einige der Bäume sind, wie man mit Kernbohrungen feststellte, 800 bis 900 Jahre alt und haben eine 30 cm dicke Borke entwickelt, die sie optimal gegen Lawinen und Steinschlag schützt. Ihre massiven Stämme dämpfen die Wucht eines Schneebrettes und durchbrechen die Fliessrichtung und Struktur einer Lawine, wodurch diese ihre zerstörerische Kraft verliert. Die Druckwellen, die durch die Verdrängung von Luft durch eine Lawine entstehen, können so stark sein, dass ganze Bäume entwurzelt werden. Die Lärche ist aber so gut im Boden verankert, dass sie solchen Druckwellen oft standhält. Wenn sie fällt, dann nur durch einen Bruch im unteren Stammteil, der Wurzelteller bleibt im Boden. Einige der Lärchen wurden sogar von grossen Feuern angefackelt. Glücklicherweise schützte die dicke Borke aber die innere Rinde.

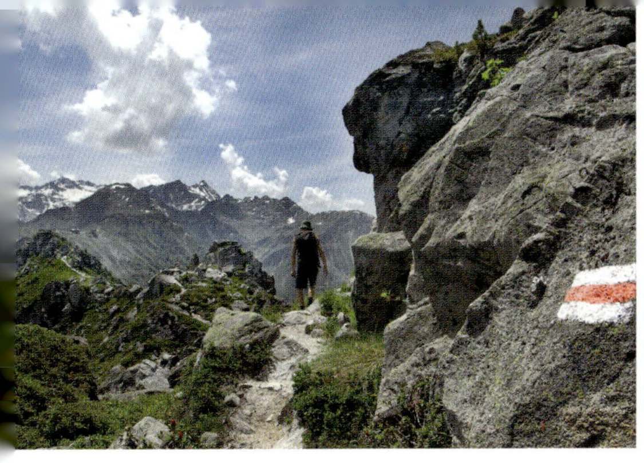

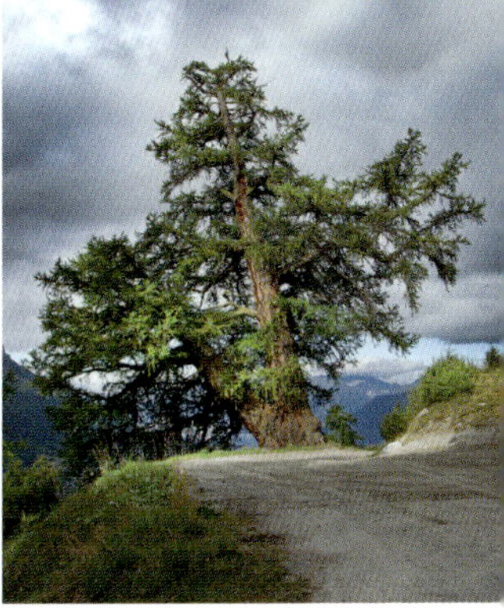

Höhenweg und alte Lärche an der Serpentine

Um die beiden dicksten Exemplare zu finden, geht man vom untersten Punkt des Sesselliftes den Masten entlang nach oben. Das eine [5] steht unweit von Prarion etwas links neben der Sesselbahn und hat, bei 10,70 m Stammumfang, einen geschätzten Stamminhalt von etwa 45 m³. Ganz anders gewachsen ist das andere [6], eine Lärche etwas weiter oben auf der anderen Seite der Sesselbahn. Ihr Stammfuss misst 11,90 m und besteht aus einem riesigen Knollen, mit dem sie sich so gut wie gegen jeden noch so grossen herunterkollernden Felsbrocken schützt. Noch weiter oben auf der linken Seite findet man eine Lärche [7] mit herrlichem Kronenwuchs und darüber eine [8], bei der ein Starkast abgebrochen ist und man somit in das farbige, fast sakral anmutende Stamminnere schauen kann. Lärchen haben übrigens ihre Starkäste immer auf der talwärts liegenden Seite, um die Äste vor Lawinen und Steinschlag zu schützen. Dies sehen wir auch, wenn wir den Pfad nehmen, der auf der linken Seite weiter oben beginnt. Wir folgen diesem nach links hoch, bis eine Lärche [9] mit ausgesprochen dickem Starkast an einer Serpentinenstrasse erscheint. Von hier folgen wir der Strasse immer in Richtung Tracouet. Unterhalb des Restaurants «Cabane de Balavaud» befindet sich nochmals ein sehenswertes Baumexemplar [10], dessen Wucht erst auffällt, wenn man es am Stamm betrachtet. Danach kommen wir wieder in die Höhe, wo Arven die Waldbestände dominieren, und marschieren am Lac Noir entlang hoch zur Gondelbahn in Tracouet.

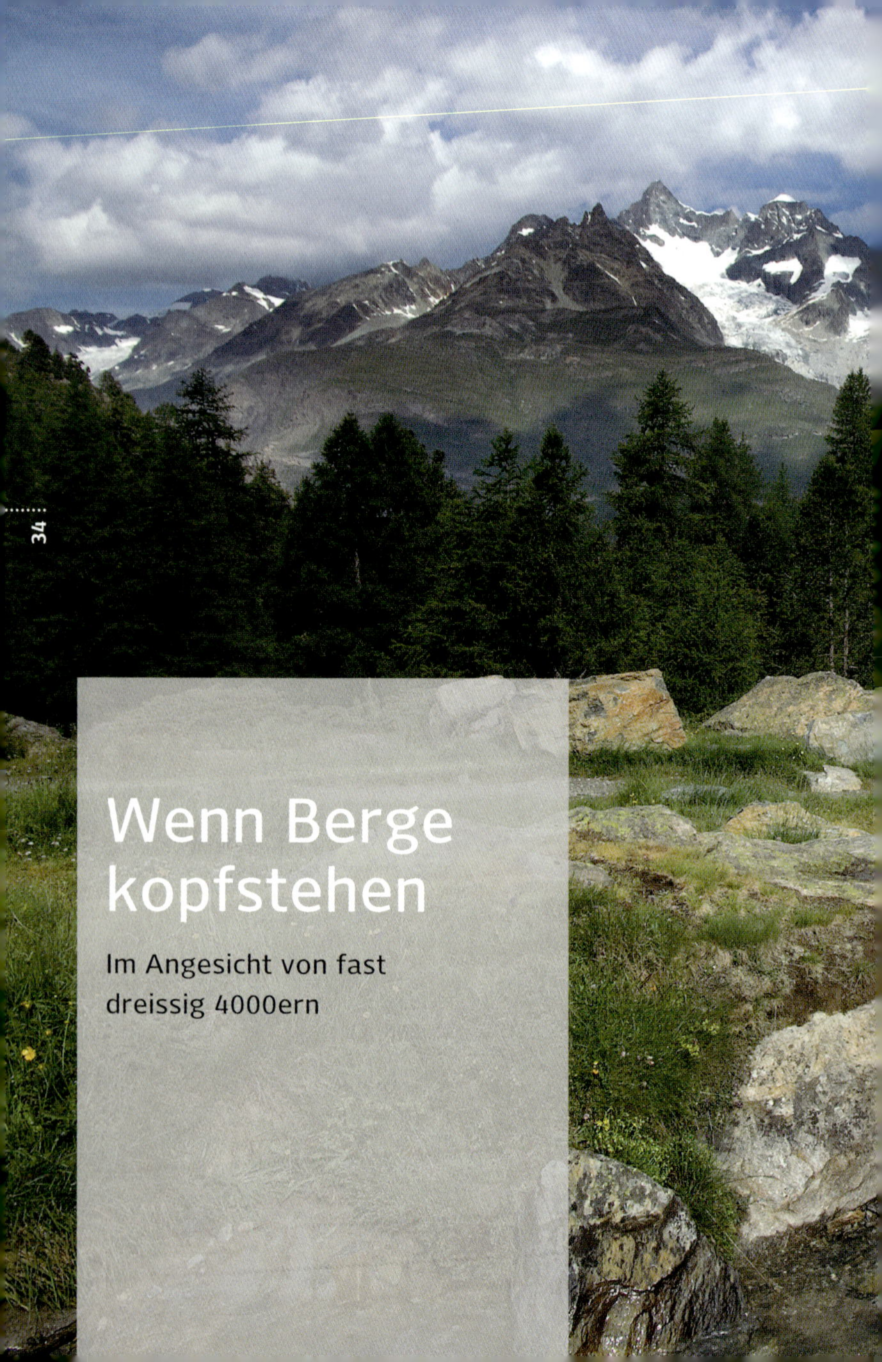

Wenn Berge kopfstehen

Im Angesicht von fast dreissig 4000ern

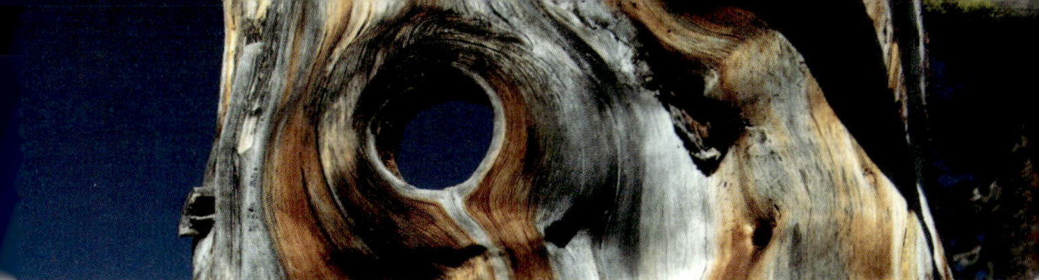

BAUMRIESEN DER SCHWEIZ

Von über 1000 untersuchten Baumriesen der Schweiz zeigt Michel Brunner die mächtigsten, ältesten und kuriosesten. Lernen Sie die «sanften Giganten» von einer neuen, faszinierenden Seite kennen.

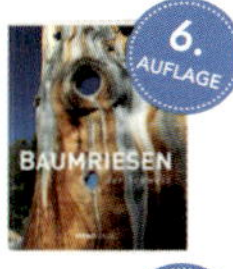

Baumriesen der Schweiz
CHF 59.– / EUR 47.–
© 2009, 24 x 30 cm, 240 Seiten, gebunden
ISBN 978-3-85932-629-3 (dt.)

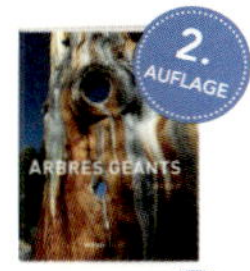

Arbres géants de Suisse
CHF 59.– / EUR 47.–
© 2014, 24 x 30 cm, 240 Seiten, gebunden
ISBN 978-3-85932-720-7 (frz.)

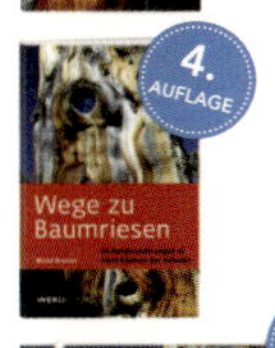

Wege zu Baumriesen
20 Rundwanderungen zu alten Bäumen der Schweiz
CHF 29.90 / EUR 23.90
© 2011, 12,5 x 18 cm, 192 Seiten, broschiert
ISBN 978-3-85932-654-5 (dt.)

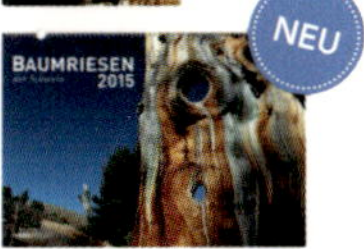

Baumriesen der Schweiz 2015, Monatskalender
CHF 19.90 / EUR 16.–
© 2014, 42 x 29,7 cm, 13 Blätter, Spiralbindung
ISBN 978-3-85932-728-3 (dt./frz.)

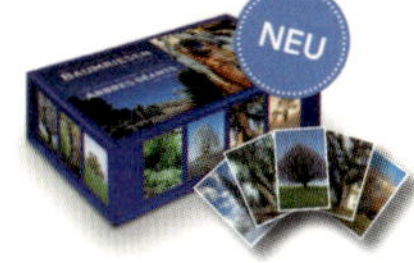

Baumriesen der Schweiz, Postkartenbox
CHF 39.– / EUR 31.–
© 2014, 11,5 x 17 x 5,5 cm, 100 verschiedene Postkarten, Box
ISBN 978-3-85932-729-0 (dt./frz.)

WERDVERLAG

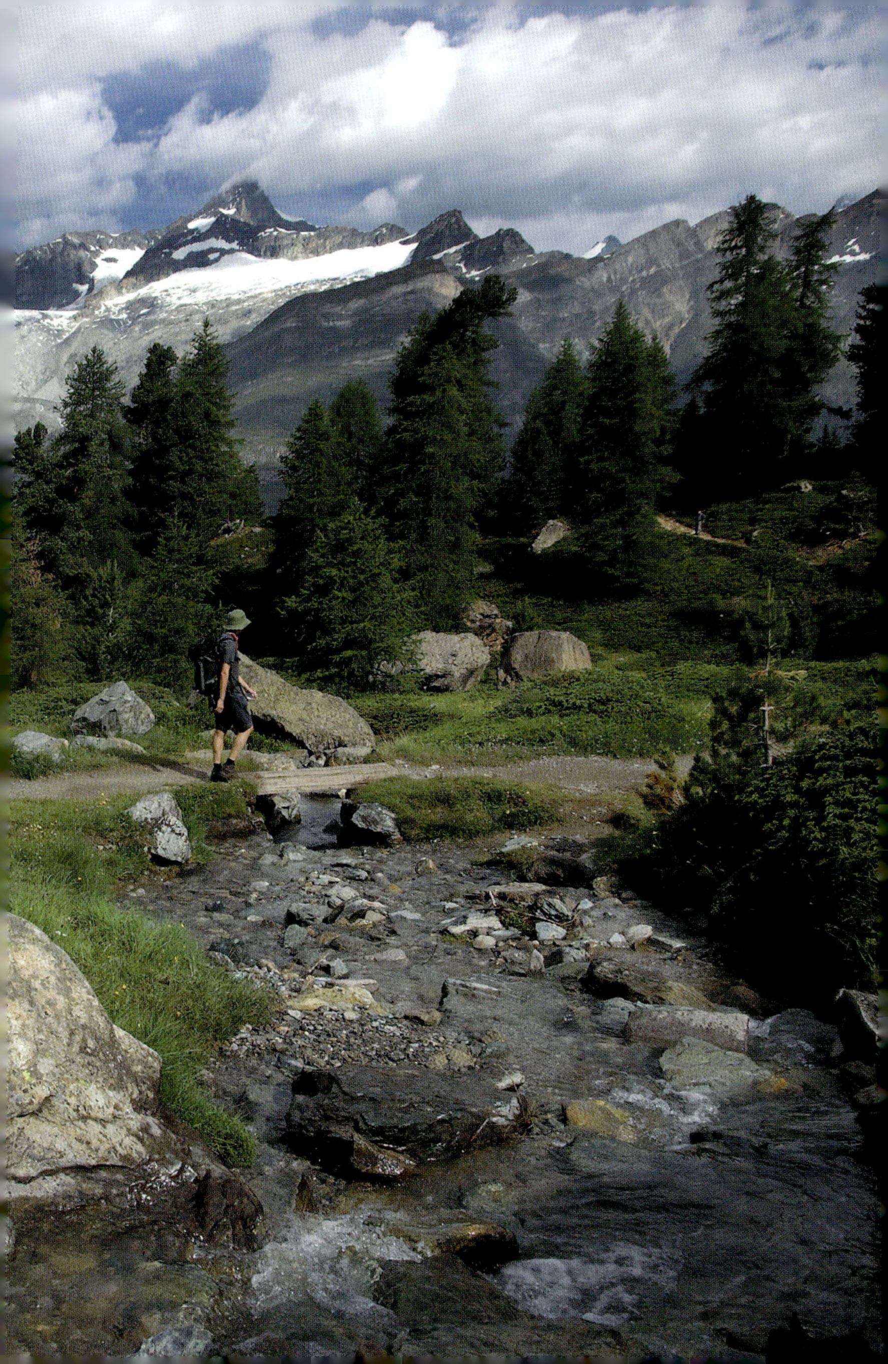

Von der Riffelalp via Gornergrat zum Riffelsee VS

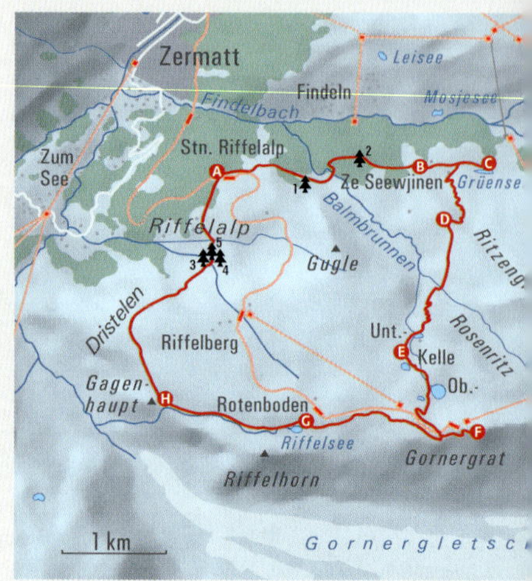

T2

⏱ 5,5 h

14,5 km

▲ 2180 m

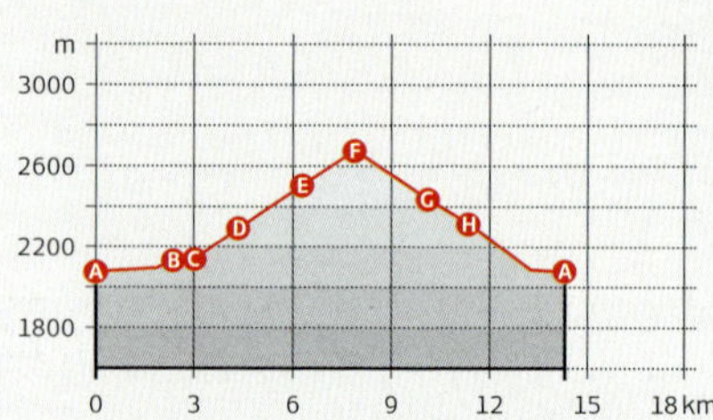

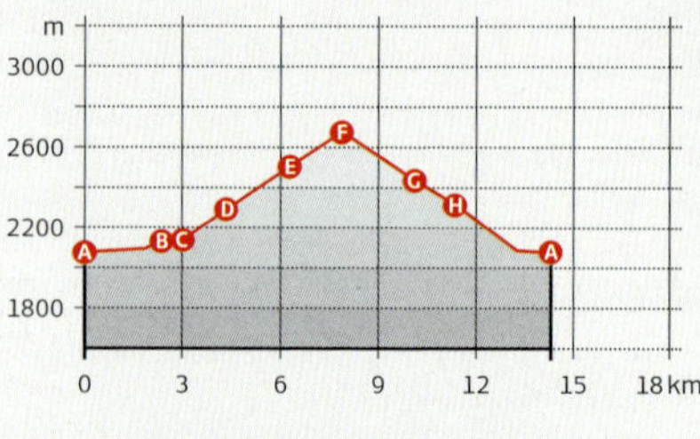

ROUTE Ⓐ Station Riffelalp (2211 m)–Ⓑ Ze Seewjinen (2296 m)–Ⓒ Grüensee (2300 m)–Ⓓ Ritzengrat (2541 m)–Ⓔ Kelle (2856 m)–Ⓕ Gornergrat (3112 m)–Ⓖ Riffelsee (2757 m)–Ⓗ Gagenhaupt (2568 m)–Ⓐ Station Riffelalp (2211 m)

WANDERZEITEN 5,5 Std. mit jeweils 1090 m Auf- und Abstieg

TOURENCHARAKTER/SCHWIERIGKEIT T2. Einfache Wanderung von der Station Riffelalp Richtung Grüensee. Vor dem See geht es die Bergflanke hoch bis zum Gornergrat mit dem Touristenmagnet «Kulmhotel». Unterwegs haben wir bei gutem Wetter immer wieder Sicht aufs Matterhorn. Wiesen- und Naturwege. Gelbe Wegweiser und rotweisse Bergwegweiser

BÄUME Die Arven auf der Riffelalp gehören weltweit zu den ältesten ihrer Art [1–5]

VARIANTE Wer sich den Aufstieg nicht zutraut, kann mit der Gornergratbahn bis zur Endstation Gornergrat fahren und die Wanderung von oben beginnen. Allerdings muss man dann vom Grüensee dieselbe Strecke zur Station Riffelalp zurückwandern. Die Wanderung dauert in diesem Fall 4 Std. und ist 12,5 km lang

BESTE JAHRESZEIT Juni bis August

UNTERKUNFT/VERPFLEGUNG Restaurants und Hotels auf dem Gornergrat, der Riffelalp oder in Zermatt

KARTEN Landeskarte der Schweiz, 1:50 000, Blatt 284 «Mischabel»; 1:25 000, Blatt 1348 «Zermatt»

ANREISE/RÜCKREISE Mit dem Zug nach Zermatt und mit der Gornergratbahn zur Station Riffelalp

INTERNETLINK www.gornergratbahn.ch

Die «Alten» auf der Riffelalp

Bereits 1904 berichtete Dr. Ludwig Klein in «Charakterbilder mitteleuropäischer Waldbäume» von einer sensationellen Arve auf der Riffelalp in 2300 m ü. M. am Findelengletscher. Er vermass damals ein Exemplar mit 7,65 m Stammumfang und schätzte dessen Alter anhand der übrig gebliebenen Jahrringe auf 1000 bis 1100 Jahre – der bisher älteste Schweizer Baum.

Noch Anfang des letzten Jahrhunderts war das Arvenvorkommen über dem Findelengletscher eine Sehenswürdigkeit, wie alte Postkarten beweisen. Besonders eine Ansicht, auf der das Matterhorn über eine Arvengruppe schaut, versinnbildlichte die Schweiz. Heute scheint dieser Wald aber, was die Einzelbäume betrifft, in Vergessenheit geraten zu sein. Die Lage hat sich allgemein verändert, die Siedlung Zermatt ist gewachsen, und der Findelengletscher in der Nähe hat sich zurückgezogen. Dessen Namen wurde im Verlaufe der Zeit übrigens auf Findelgletscher gekürzt. Vielleicht begnügt man sich in Zukunft sogar mit «Findgletscher», denn wenn sich die Eisdecke weiter zurückzieht, muss man den Gletscher tatsächlich erst einmal finden.

Zwar wurde in den Arvenwald bei der Riffelalp eingegriffen, und hie und da zieht sich wegen der Gornergratbahn und der Sesselbahnen eine Schneise durchs Gehölz. Der Wald hat aber, selbst wenn das dickste von Dr. Klein beschriebene Exemplar nicht mehr steht, trotzdem kaum an Bedeutung eingebüsst und dürfte unter den Arvenwäldern Europas zu den schönsten gehören.

Wenn Bäume zu Berge steigen

Offene Lichtungen wechseln mit dichtem Bestand ab. Hin und wieder stehen im ganzen Areal verteilt uralte Zeitzeugen als lebendes Indiz, dass hier während Jahrhunderten nie radikal bewirtschaftet wurde. Einzelne dieser Arven dürften bereits ein halbes Jahrtausend gewachsen sein, denn die millimeterbreiten Jahrringe, die einige geborstene Stämme auf dem Weg offenbaren, zeigen ein sehr langsames Wachstum an. Mit der Klimaerwärmung kann sich das aber ändern. Die Bäume könnten schneller wachsen. Die Holzdichte würde dadurch geringer und die Bäume somit anfälliger auf Schneedruck und sonstige Wettereinflüsse. Bereits macht man sich Sorgen über die «Bergbesteigung» der Bäume. Da die Temperatur auch in den Höhenlagen steigt und gewisse Arten auf kühlere Jahreszeiten angewiesen sind, um sich gegen konkurrierende Bäume zu behaupten, wandern sie immer höher. Die Vegetation kann sich jedoch nur so weit nach oben verschieben, wie genügend Raum vorhanden ist. An Bergkuppen können die wenigsten Bäume wachsen. Grund dafür ist vor allem der Wind, der über den Bergkamm zieht und besonders im Winter die Bäume knickt. Mit den letzten alten Bergwäldern sollte deshalb möglichst vorsichtig umgegangen werden. Sie helfen nicht nur gegen die Austrocknung des Bodens, sondern dienen auch dessen Festigung, die zusätzlich durch den schmelzenden Permafrost verringert wird.

Über Stock und Stämme

Auf unserer Wanderung von der Riffelalp zum Grüensee kommen wir an den ältesten und dicksten Arven vorbei. Welche von ihnen die schönste ist, ist natürlich Geschmacksache. Die Auswahl ist gross genug, dass jeder seinen persönlichen Lieblingsbaum finden kann. Eine der mächtigsten Arven [1] wächst nach der ersten Verzweigung rechts als zweistämmiges Gebilde in einer Lichtung. Kurz vor der zweiten Verzweigung, wo sich die beiden Masten der

WALDGRENZE Bei anhaltendem Frost wirkt der Wind auf die Pflanzenteile besonders austrocknend. Starke Besonnung und die Reflexion der Sonnenstrahlen durch Schnee fördern dies, weshalb das meiste, was oberhalb der Waldgrenze über die Schneedecke ragt, abstirbt. Je nach Region liegt die Waldgrenze niedriger oder höher. In den Alpen ist sie beispielsweise ganze 800 m weiter oben als im Schwarzwald. Den höchsten Baumgürtel beschreiben ausser einigen Sträuchern hierzulande die Arven. Während sie bei uns bis maximal 2400 m ü. M. anzutreffen sind, findet man sie in den Karpaten noch auf 2850 m. Vielerorts wurde die Schweizer Waldgrenze durch Kahlschläge um 200 m nach unten versetzt.

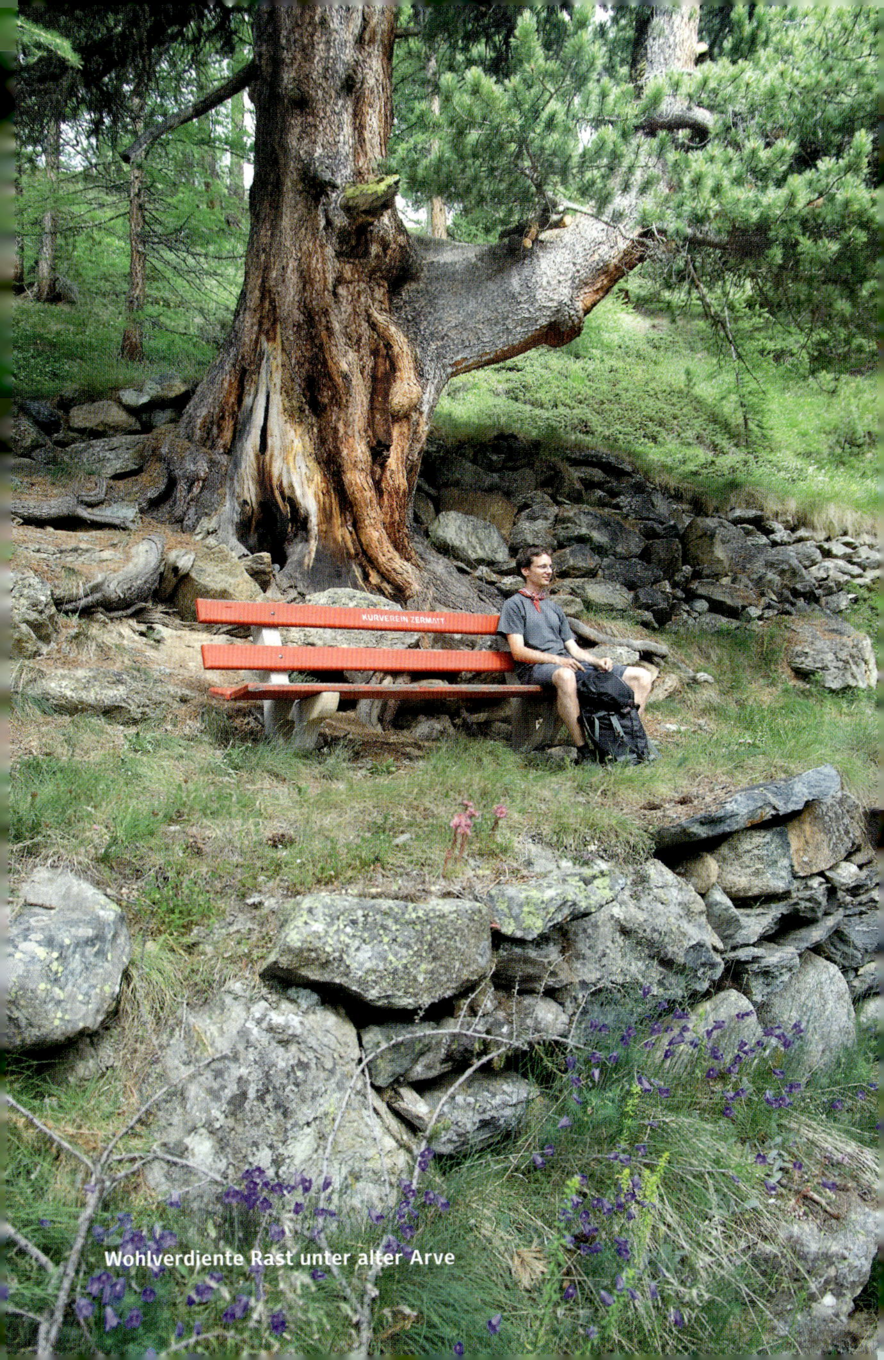

Wohlverdiente Rast unter alter Arve

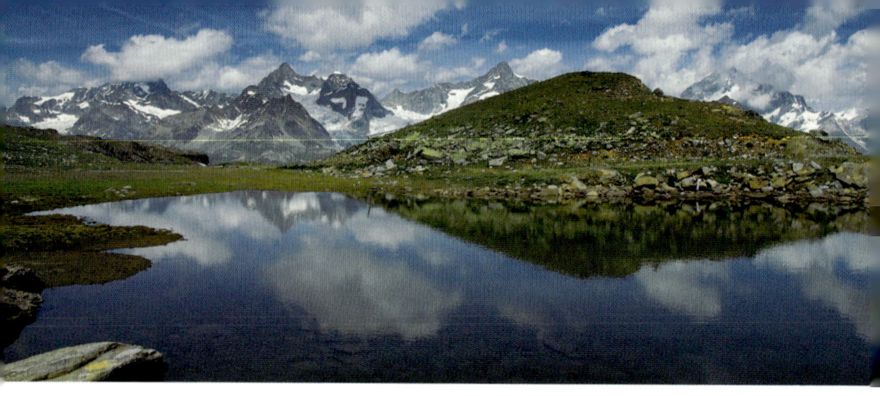

Die Untere Kelle entpuppt sich als glasklarer Bergsee

neu errichteten Sesselbahn erheben, steht etwas oberhalb vom Weg eine Arve [2] mit 5,80 m Umfang. Einer ihrer Äste ist abgebrochen und hat sich auf die Seite gelegt.

Wenn wir bei der Gabelung den oberen Weg einschlagen, kommen wir bald zum besuchenswerten Grüensee. Der Weg zum Gornergrat beginnt sich jedoch vor dem See in die Höhe zu winden. Zwischen uns und dem Gipfel liegen über 1000 Höhenmeter. Unterwegs begegnen wir diversen Raupen, die wir grossschrittig umgehen, denn ihre feinen Körperhaare könnten bei Berührung Hautirritationen und bei Einatmen Atemwegsbeschwerden verursachen. In der Ferne sieht man nun das Resteis des Findelgletschers. Dort, wo der Gletscher kahle Steinhänge freigegeben hat, entstehen durch Erosion sogenannte Orgelpfeifen oder Racheln, die ein runsenartiges Relief bilden. Sobald wir die steilsten Berghänge namens Ritzengrund und Rosenritz hinter uns gebracht haben, erreichen wir Untere und Obere Kelle, die mit kreisrunden Bergseen verzücken. Auf der glatten, nur zeitweise vom Wind gekräuselten Wasseroberfläche steht das Bergpanorama am Horizont kopf. Sofern der Wipfel des Matterhorns nicht umwölkt ist, spiegelt sich sogar die Spitze des berühmtesten Berges in den oberen Seen. Das Ufer des grössten wurde allerdings künstlich ausgebessert und wirkt in der vegetationsarmen Einöde wenig einladend. Ab hier führt der Weg die karge Pistenstrasse hoch, vorbei an Geröllhalden, zur Aussichtsplattform und zur Endstation der Gornergratbahn.

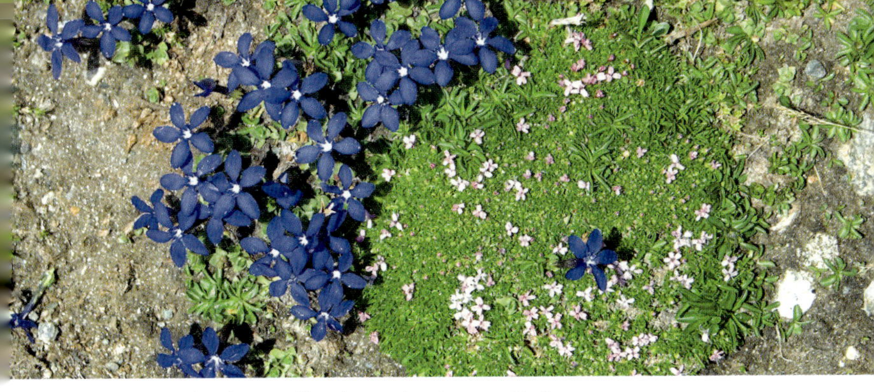

Enzian und Polsternelke zieren den kargen Boden

Touristen stürmen das Bergparadies

Das vor hundert Jahren erbaute Kulmhotel ist das höchstgelegene Hotel der Schweizer Alpen. Zwei silberne Sternwarten und die futuristischen Bahnstationen geben dem Bergbild einen wissenschaftlichen Aspekt. Die letzte Etappe dahin ist schnörkellos, der Blick auf die andere Seite des Berges macht aber alles wieder wett. Eine brachiale Gletscherlandschaft durchzieht die Bergrücken. Tiefe Spalten, Moränenkämme, gewundene Flussläufe und ein Gletschersee modellieren die weisse Wüste. Ein Grossteil ist mit Schutt bedeckt, nur der Firn auf den höchsten Wipfeln strahlt in unbefleckter Pracht. Fast dreissig 4000er streben zum Himmel. Unter ihnen auch die Dufourspitze, mit 4634 m ü.M. der höchste Berg der Schweiz. Das Panorama scheint unantastbar, aber auch hier ist der Rückgang der Gletscher unaufhaltsam im Gange. Selbst

TOURISTENMEKKA Zermatt gilt als Touristenmekka der Schweiz schlechthin und ist weltweit bekannt. Der stark frequentierte Ort ist autofrei. Dafür werden elektrobetriebene Kleinfahrzeuge oder Pferdetaxen eingesetzt. Jedes Hotel hat sein eigenes Taxi (wobei Zermatt fast nur aus Hotels und Restaurants zu bestehen scheint und reger Betrieb herrscht). Trotzdem hat es der Ort geschafft, einen reizvollen Charme zu bewahren. Keine hochstrebenden Massenhotels, sondern chaletartige Bauten im Stil der regionalen Architektur wurden bevorzugt. Das Ganze hat etwas von einem Freizeitpark. Dementsprechend gehoben ist die Jugendherberge, die denn auch von jeder Altersklasse aufgesucht wird.

Universalgrössen wie der Gornergletscher werden früher oder später verschwunden sein.

Unser Rückzug aus dem Tumult ist entweder die Bahn oder die Wanderung zum Riffelsee, wenngleich auch dieser eine touristische Attraktion darstellt und zahlreiche Menschen den halbstündigen Weg zum See bevölkern. Japaner strömen zu Dutzenden aus der Gornergratbahn, um ein Foto mit sich, dem Riffelsee und dem Matterhorn nicht zu versäumen. Erst unterhalb des Sees wird es wieder ruhig. Die Landschaft ist hier auffallend reizvoll. Die Gebirgsflora präsentiert sich im Juli in allen möglichen Farbtupfern. Die vielen Polsterpflanzen und bodendeckenden Kleinblumen verwandeln den schroffen Boden stellenweise in weiche Kissen.

Wer die Tour mit der Gornergratbahn abkürzen möchte, kann bei Rotenboden oder Riffelberg in die roten Wagen steigen. Ansonsten wandert man über Gagenhaupt und Riffelalp an der braun gefärbten Felskappe des Riffelhorns entlang, stets mit Blick auf das Matterhorn. Nach der Bachrinne wendet sich dieses aber von uns ab, sobald wir in einem Bogen nach Norden zu einer Wiesenflur gelangen. Die Grasnarbe, die durch die Schaffung des schmalen Pfades entstand, verschwindet hinter einer Kuppe in der luftigen Weite des Mattertals. Unter uns fliesst die reissende Gornera, und weiter unten im Tal liegt Zermatt (siehe Infobox S. 41).

Kleine, aber feine Baumgruppe auf der Riffelalp

Nach einer Stunde Gehzeit tauchen bereits wieder erste Bäume auf. Der Abstieg wird etwas steiler, und kurz bevor zum zweiten Mal ein

DRUCK- UND ZUGHOLZ Der sekundäre Holzzuwachs eines Baumes hat nichts mit dessen primärem Längen- oder Breitenwachstum zu tun und manifestiert sich nur partiell. Bei Nadelbäumen nennt man ihn «Druckholz», das sich auf der Talseite des Stammes bildet und dafür sorgt, dass der in der Hanglage schräg gewachsene Stamm wieder in die Senkrechte «gedrückt» wird. Bei Laubbäumen ist es umgekehrt: Sie bilden bergseitig «Zugholz», das den Stamm ins Lot zurück «zieht». Allerdings sind die orangefarbenen Zuwachsstellen bei den wenigsten Bäumen so deutlich erkennbar wie bei vielen alten Arven. Typisch bei Arven ist auch, dass das Druckholz an den Ästen immer an der Unterseite wächst.

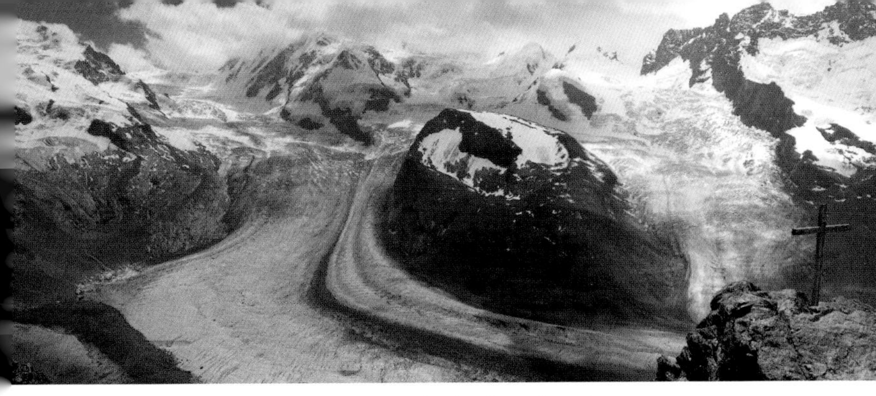

Dufourspitze, Gorner-, Grenz- und Schwärzegletscher

Weg zum Gletschergarten abgeht, bemerken wir eine imposante Arve [3], siehe Bild S. 39. Unter ihr lädt eine rote Bank zum Sitzen ein. Der Stamm dieser Arve scheint von der Bankfarbe angetan: Die orangeroten Borkenstellen an ihrem Stamm zeugen von einem ordentlichen Zuwachs. Dieser ist bei Arven oft besonders ausgeprägt vorhanden. Unser Baum hier ist nicht der dickste. Weiter oben am Weg misst eine andere Arve 5 m im Umfang [5]. Ihre Krone ist aber etwas entstellt. Daneben steht die kräftigste der Baumgruppe. Ihr Stamm [4] hat auf Brusthöhe 5,85 m Umfang und teilt sich danach in zwei Dolden, wobei aus der einen ein gewaltiger Kandelaberast wächst.

Die Riffelalp liegt unmittelbar dahinter. Das Gleis des Riffelalptrams – Europas höchste Trambahnlinie –, mit dem die Gäste zu ihren Hotels chauffiert werden, führt uns zurück zur Bahnstation. Unterwegs wandern wir nochmals durch den Arvenwald. In einem der Bäume wurde in einem Astloch eine Madonnenfigur angebracht. Sehr ungewöhnlich, denn die Arve besass im Gegensatz zu Lärche oder Linde nie einen religiösen Stellenwert. Wer die letzte Abfahrt nach Zermatt verpasst hat oder lieber weiter wandert, kann den Bergwanderweg zum Bahnhof Zermatt nehmen. Dieser dauert eineinhalb Stunden und führt an der Bahnstation Findelbach vorbei.

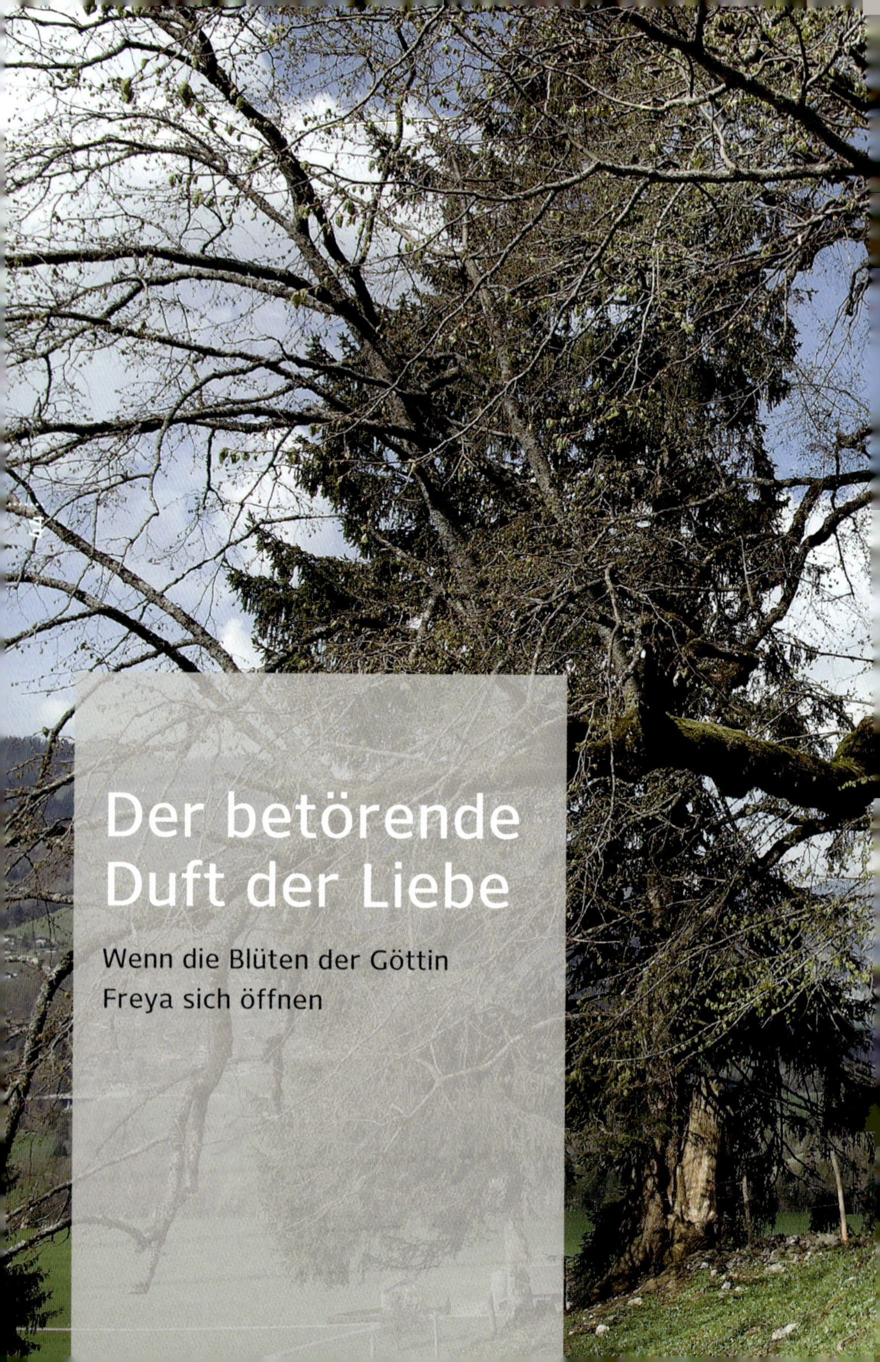

Der betörende Duft der Liebe

Wenn die Blüten der Göttin Freya sich öffnen

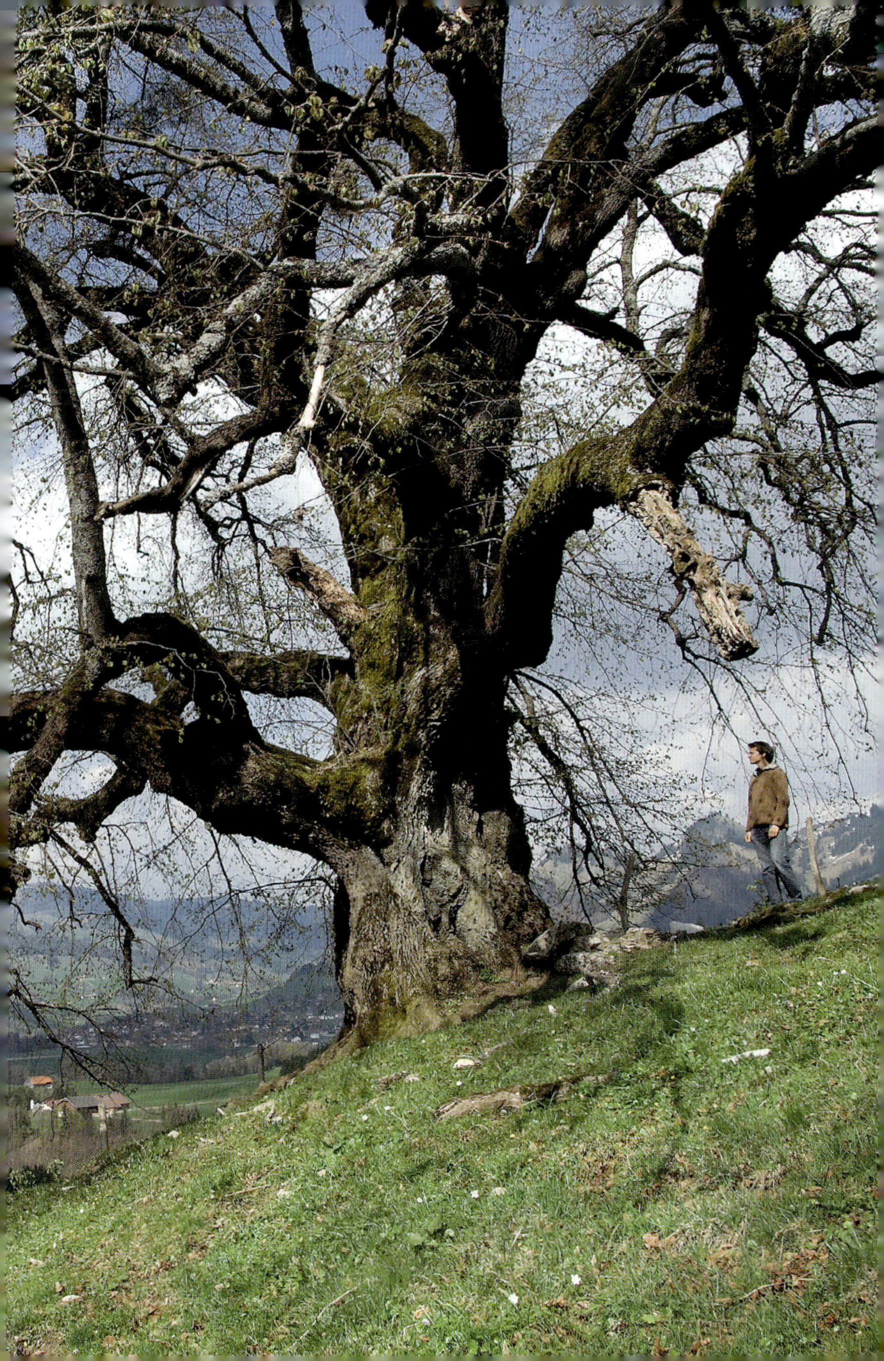

Von Broc via Lac de Montsalvens zur Jaunschlucht FR

T1/T2

- ⏲ 3,5 h
- 11,5 km
- ▲ 1100 m

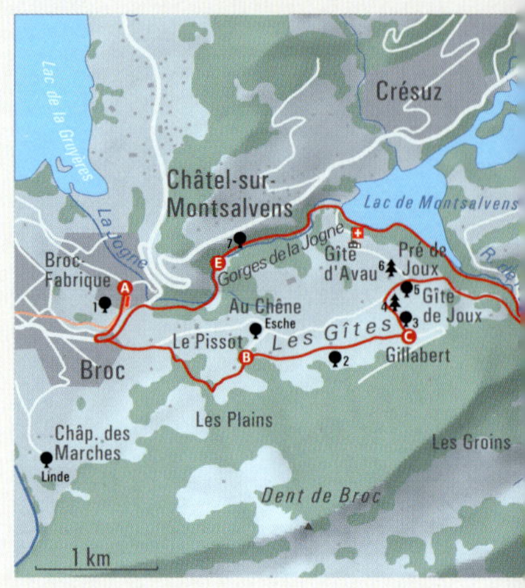

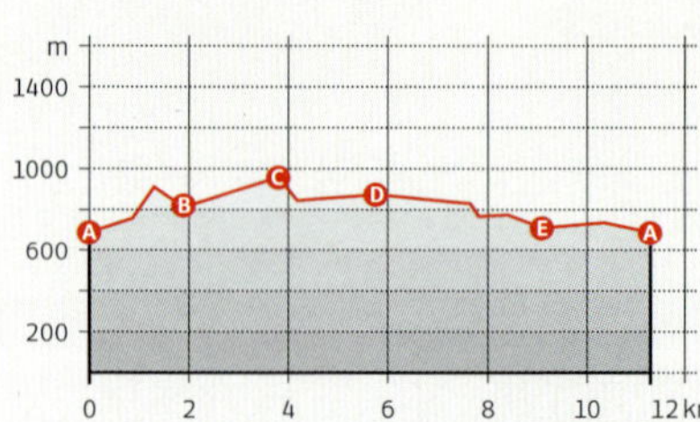

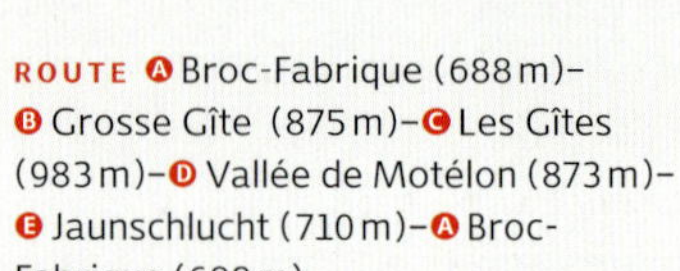

ROUTE Ⓐ Broc-Fabrique (688 m)–Ⓑ Grosse Gîte (875 m)–Ⓒ Les Gîtes (983 m)–Ⓓ Vallée de Motélon (873 m)–Ⓔ Jaunschlucht (710 m)–Ⓐ Broc-Fabrique (688 m)

WANDERZEITEN 3,5 Std. mit jeweils 550 m Auf- und Abstieg

TOURENCHARAKTER/SCHWIERIGKEIT
T1/T2. Einfache Wanderung bis zur Alp Les Gîtes. Dort folgt ein Stück über freie Weiden. Vom Vallée de Motélon entlang des westlichen Ufers des Lac de Montsalvens und hinunter zur Jaunschlucht bis zur Cailler-Nestlé-Fabrik. Die Schlucht ist meist noch bis im April aus Sicherheitsgründen gesperrt. Anfangs auf Asphalt, ansonsten auf Naturwegen. Gelbe Wegweiser

BÄUME Wir sehen Bergahorn [2], Linde [1, 3] und Feldahorn [5]. Auf der Alp Les Gîtes trifft man auf zwei besondere Fichten [4, 6] mit unteren Ästen, deren Spitzen sich wie zu Bäumen aufgerichtet haben, so dass es aussieht, als ob sie in der Luft schwebten. Nennenswert ist ausserdem eine Linde [7] an einer Felswand in der Jaunschlucht

VARIANTE Wer den einstündigen Zusatzausflug nach Gruyères unternimmt, kann in und um Gruyères viel Sehenswertes entdecken (siehe Infobox S. 50)

BESTE JAHRESZEIT Mai bis November

UNTERKUNFT/VERPFLEGUNG Hotels und Restaurants in Broc und Gruyères. Besenbeiz «Buvette Chez Boudji» beim Hof «La Gîte d'Avau»

KARTEN Landeskarte der Schweiz, 1:50 000, Blatt 252 «Bulle»; 1:25 000, Blatt 1225 «Gruyères»

ANREISE/RÜCKREISE Mit der Bahn nach Broc-Fabrique

INTERNETLINK www.gruyeres.ch/fr

Ein Aroma-Eldorado

Am Bahnhof Broc-Fabrique steigen die meisten Leute aus, um das 2010 neu eröffnete Besucherzentrum «Maison Cailler» der danebenstehenden Schokoladefabrik zu besuchen. Unter dem Motto «pur chocolat – pure émotion» wird in zwanzig Minuten der Produktionsablauf geschildert. Den süssen Duft von heisser Schokolade riecht man sporadisch aber noch weit entfernt von der Fabrik.

Mit dem richtigen Riecher verwandelt sich unsere Route Anfang Juli in ein Dufteldorado. Betörend süss riechen dann die Linden, zu denen wir unterwegs sind. Neben der Fabrik, in Sichtweite des Bahnhofes, steht eine besonders stattliche [1] mit dichter, regelmässiger Krone. Ihre sechs Astarme sind hohl und durch die Überwallungen äusserst bruchsicher. Ihr Stamm misst immerhin 5,55 m an der dünnsten Stelle, wirkt aber dank der kräftigen Hauptäste wesentlich imposanter. Mit ihren Tausenden von Blüten verströmt sie ein Aroma, das nicht nur Bienen verrückt macht. Es ist der Duft der Liebe: Als «Baum der Liebenden» soll die Linde den Germanen Freya, Göttin der Liebe und der Fruchtbarkeit, verkörpert haben. Das Liebesnest wurde deshalb mit Lindenblüten gepolstert. Selbst die Form des Herzens, die mit dem menschlichen Organ nur wenig gemein hat, ist nichts anderes als ein stilisiertes Lindenblatt. Die Herzform offenbart sich auch in der Silhouette einer jungen Lindenkrone. Selbst uralte Bäume, deren Primär- oder Sekundärkrone geborsten ist, schlagen immer wieder in diese Form zurück.

Zwischen gezahnten Riesen und blühenden Wiesen

Zu Beginn unserer Wanderung gehen wir vom Bahnhof den Gleisen entlang Richtung Süden, bis vor der Rechtskurve ein kleiner Weg links nach oben führt. Linker Hand auf der anderen Seite der viel befahrenen Strasse nehmen wir die zweite Abzweigung, wo rechts der Wanderweg nach Dent de Broc zeigt. Weiter oben im

Wald kommen wir zu einer asphaltierten Strasse. Hier verlassen wir den Wanderweg und gehen links die Strasse hinunter, bis sie uns bei der nächsten Strassengabelung wieder rechts hochführt. Sie wird übrigens höchstens vom Förster oder Bauern befahren und endet weiter oben in einer Sackgasse. Der Anstieg ist hier auf der Weide Les Gîtes nur noch gering. Eine Stunde sind wir nun unterwegs. Ein herrlicher Ausblick auf gezahnte Bergkulissen offenbart sich. Rechts über uns thront der Felsenzahn des 1829 m hohen Dent de Broc, und vor uns steht oberhalb des Weges ein gewaltiger Bergahorn [2]. Seine runde, mächtige Krone ist bereits von weitem ein Blickfang. Ganz anders die urchige Linde [3], deretwegen wir gekommen sind und die uns den weiteren Weg weist. Man übersieht sie leicht, denn wegen ihrer zerzausten, tief liegenden Krone beachtet man sie kaum, und da sie ausserdem in einer lockeren Fichtenreihe steht, geht sie etwas unter. Um ihren Stamm betrachten zu können, müssen wir links nach unten die Strasse verlassen. Aus Respekt gegenüber dem Bauern gehen wir hintereinander dicht am Zaun entlang, um die blühende Wiese nicht zu beeinträchtigen.

Die urchigste Bewohnerin der Region

Unter der Krone der Linde angekommen, erkennt man, wie gewaltig der Stamm mit 7,15 m Umfang ist. Beeindruckend sind auch die geschwungenen Äste. Im Winter 2009 brach leider einer davon ab und kürzte die Krone in ihrer Höhe. Vital ist der Baum aber weiterhin. Er ist ein schönes Beispiel dafür, dass ein Baum nicht gepflegt werden muss; diese Linde hat nämlich nie eine Säge gesehen. Interessant sind die toten Aststümpfe, die lange am Baum erhalten bleiben und teilweise wie Fabelwesen anmuten.

Neben der Linde sind auch die Fichten auf der Weide beachtlich. Auffallend sind die untersten Starkäste, die ausnahmslos mehrere Meter in den Westen wachsen. Einige haben sich aufgerichtet, und von weitem betrachtet sieht es so aus, als wären sie selbständige Bäume ohne Stamm und würden über dem Boden schweben [4].

Wenn wir am Zaun entlang die untere Strasse erreichen, folgen wir dieser rechts nach Osten. Auch hier treffen wir auf Fichten mit der oben erwähnten Wuchsform der Äste [6]. Beeindruckend ist

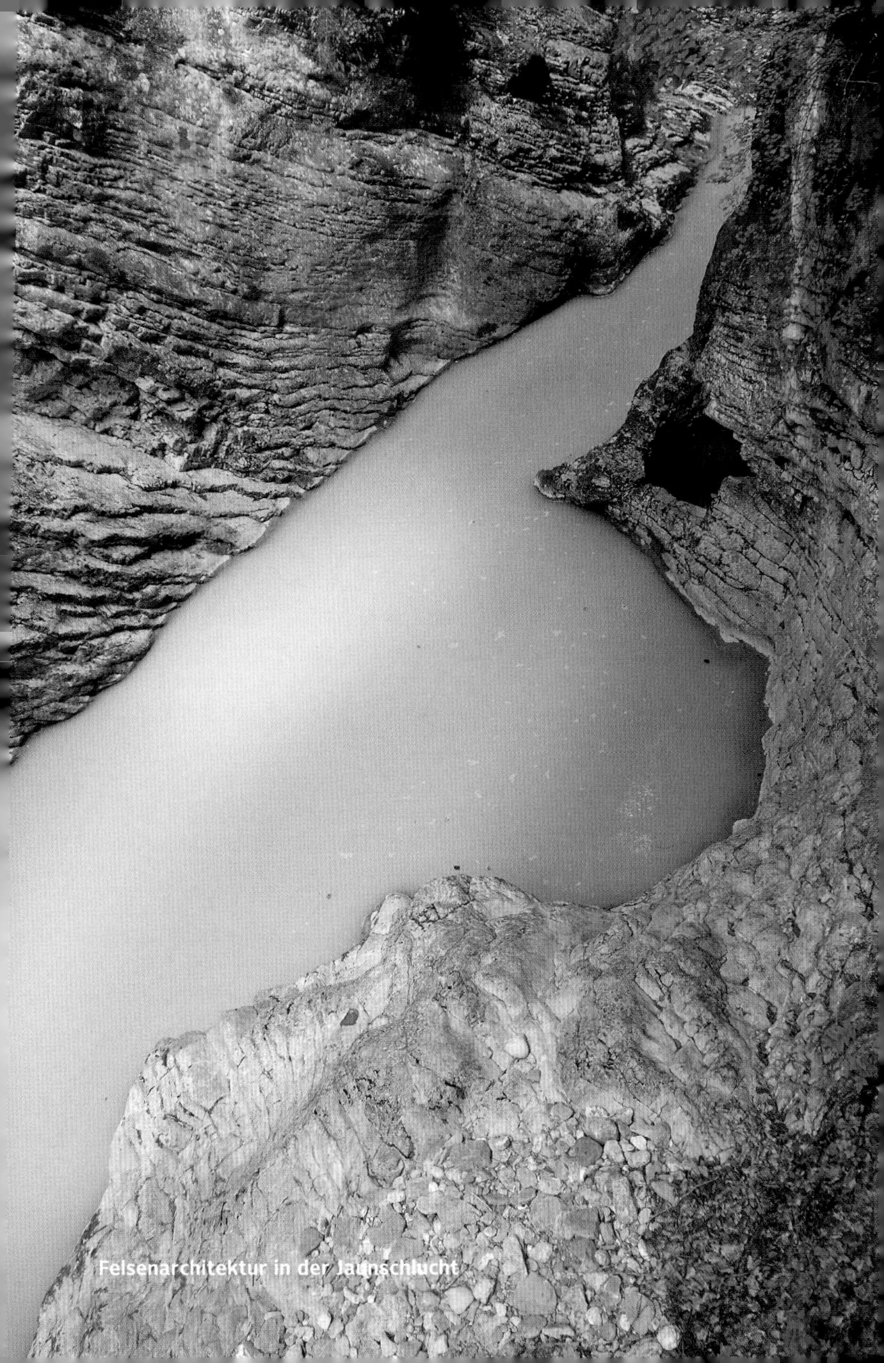

Felsenarchitektur in der Jaunschlucht

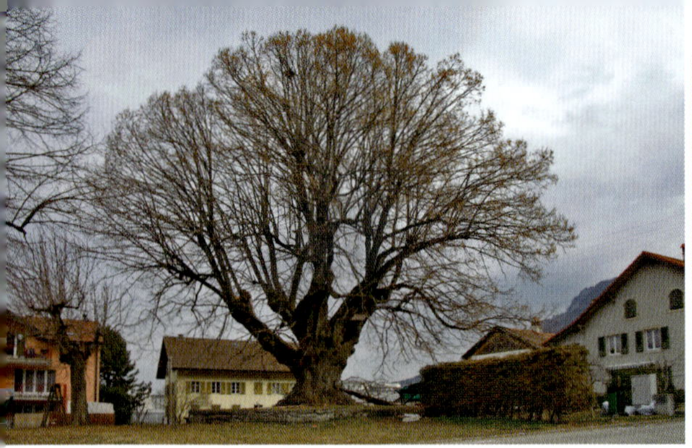
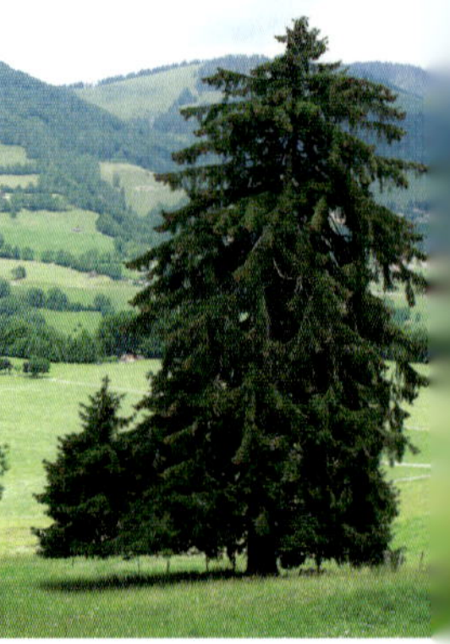

Alte Linde bei Broc-Fabrique und die «schwebende» Fichte

ausserdem ein stattlicher Feldahorn [5] rechts des Weges. Bei der nächsten Verzweigung empfiehlt sich ein Abstecher nach Norden. Wenige Minuten entfernt befindet sich nämlich die «Buvette Chez Boudji», ein kleines Restaurant am Hof «La Gîte d'Avau». Wer aber bereits gespeist hat oder mit Bratwürsten und sonstigem unterwegs ist, geht die Strasse weiter in Richtung Motélon und taucht bald darauf in den Wald. Nach einer Weile zweigt vor der Brücke, die über den Ruisseau de Motélon führt, in spitzem Winkel ein Weg mit der Bezeichnung «Tour du Lac» ab. Mit «Lac» ist natürlich der Lac de Montsalvens gemeint, der an seinen Ufern einige Bratstellen aufweist. Zunächst folgen wir aber dem Bach auf der linken Uferseite.

An den feuchten, bemoosten Hängen haben sich bemerkenswerte Tuffsteinformationen gebildet. Die Landschaft wird zuneh-

GRUYÈRES Vor oder nach der Rundwanderung ist der einstündige Ausflug nach Gruyères (Greyerz) empfehlenswert. Unterwegs spazieren wir an der Kapelle «Les Marches» vorbei. Daneben steht eine Linde von 1721, die mit 5,50 m Stammumfang und sechs Hauptästen eine stattliche Figur abgibt. Beim Fluss La Sarine (Saane) geht es über die gedeckte Holzbrücke, hoch zum mittelalterlichen Städtchen Gruyères und dessen Schloss. Zum Thema «Geruch und Geschmack» findet sich im «Maison du Gruyère», unterhalb der Stadt, die passende Ausstellung zu unserer Wanderung. Zehn Minuten von Gruyères, in Pringy, in der Nähe des Bahnhofes, steht am Chemin de l'Erdzire mit 3,15 m übrigens einer der kräftigsten Spitzahorne des Landes.

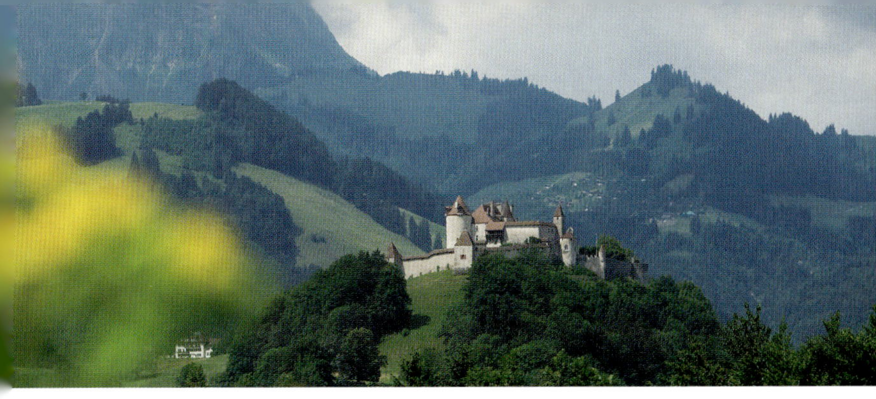

Schloss Gruyère auf dem Zusatzausflug

mend wilder, und spätestens in der Jaunschlucht zeigt sie sich von ihrer ungezähmtesten Seite. Bereits der Bach sprudelt vor Lebensenergie, er wird allerdings vom Stausee vorübergehend gebändigt. Dessen künstliche Ufer sind steil abfallend, karg und bilden fjordähnliche Buchten. Die 1920 fertiggestellte, 55 m hohe Staumauer war die erste Bogenmauer Europas. Über 12 Millionen m^3 Wasser werden hier gestaut.

Von der Mauer geht es den Weg nach Broc hinunter zur Schlucht. Treppen, Holzstege und in den Felsen gehauene Tunnels machen das Terrain begehbar. Das Wasser der Jogne (Jaun) wird hinter der Staumauer leider nur spärlich abgelassen und verfärbt sich zeitweise durch die angesammelte Schlacke des Stausees zu einer braunen Brühe, die alles andere als erfrischend anzusehen ist. Umso spektakulärer sind aber die Felswände. Die Sedimente haben eine ausgeprägte Felsbänderung geschaffen. Teilweise verläuft diese parallel zum Weg, wodurch sich eine flache Wand gebildet hat. An den Felsflanken wachsen Linden und Eschen, die die kalkhaltigen und trockenen Böden ertragen. Eine dieser Linden [7] besitzt einen gedrungenen Stamm, lehnt sich weit über die Felswand und wirkt durch ihre Verzweigungen wie eine lauernde Spinne. Im untersten Teil erreicht die Schlucht ihren Höhe- respektive Tiefpunkt: Gletschertöpfe und später ein erfrischender Wasserfall erwarten uns. Spätestens hier riecht es bereits wieder nach Schokolade; die Fabrik kann also nicht mehr weit entfernt sein.

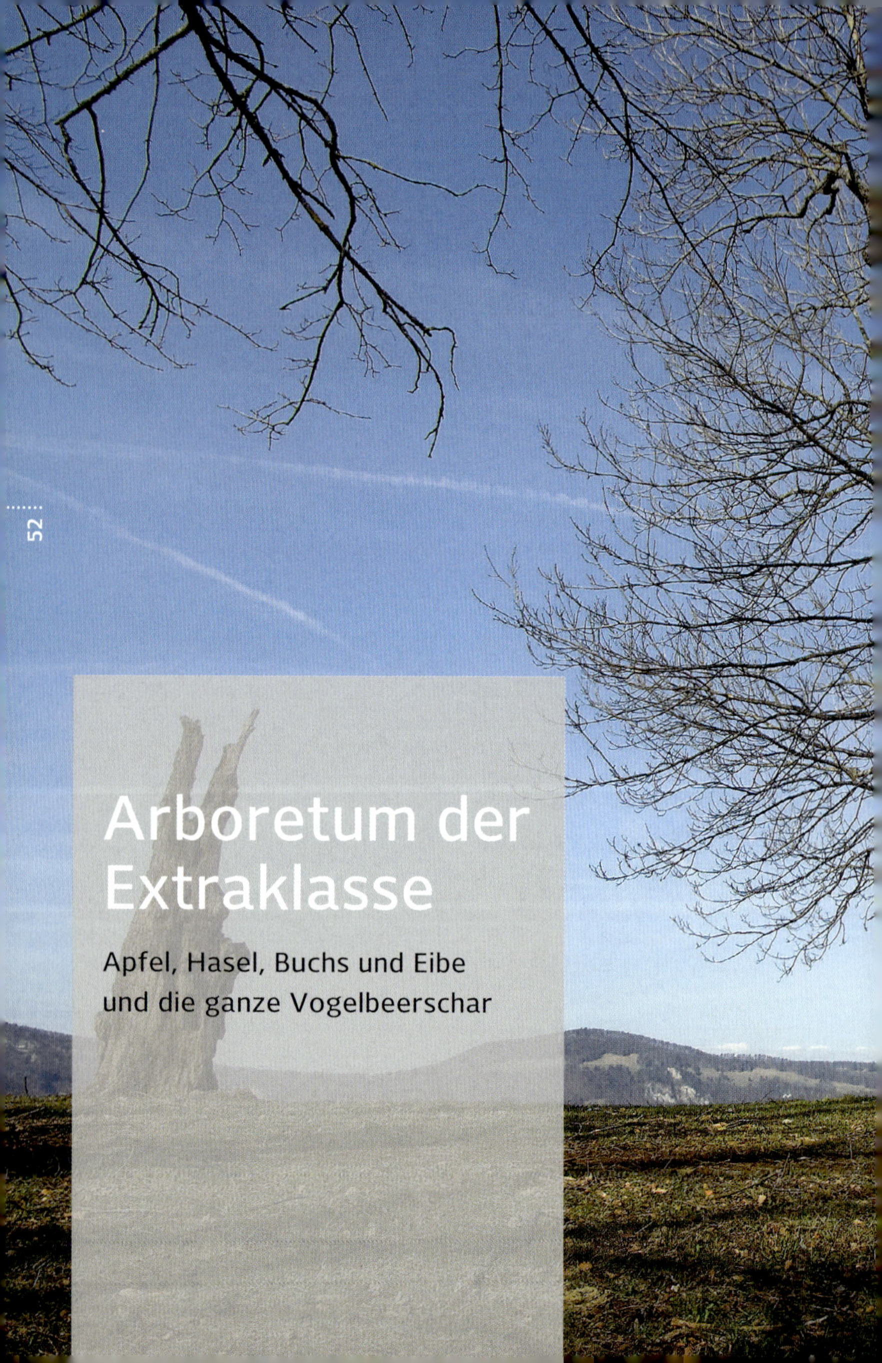

Arboretum der Extraklasse

Apfel, Hasel, Buchs und Eibe und die ganze Vogelbeerschar

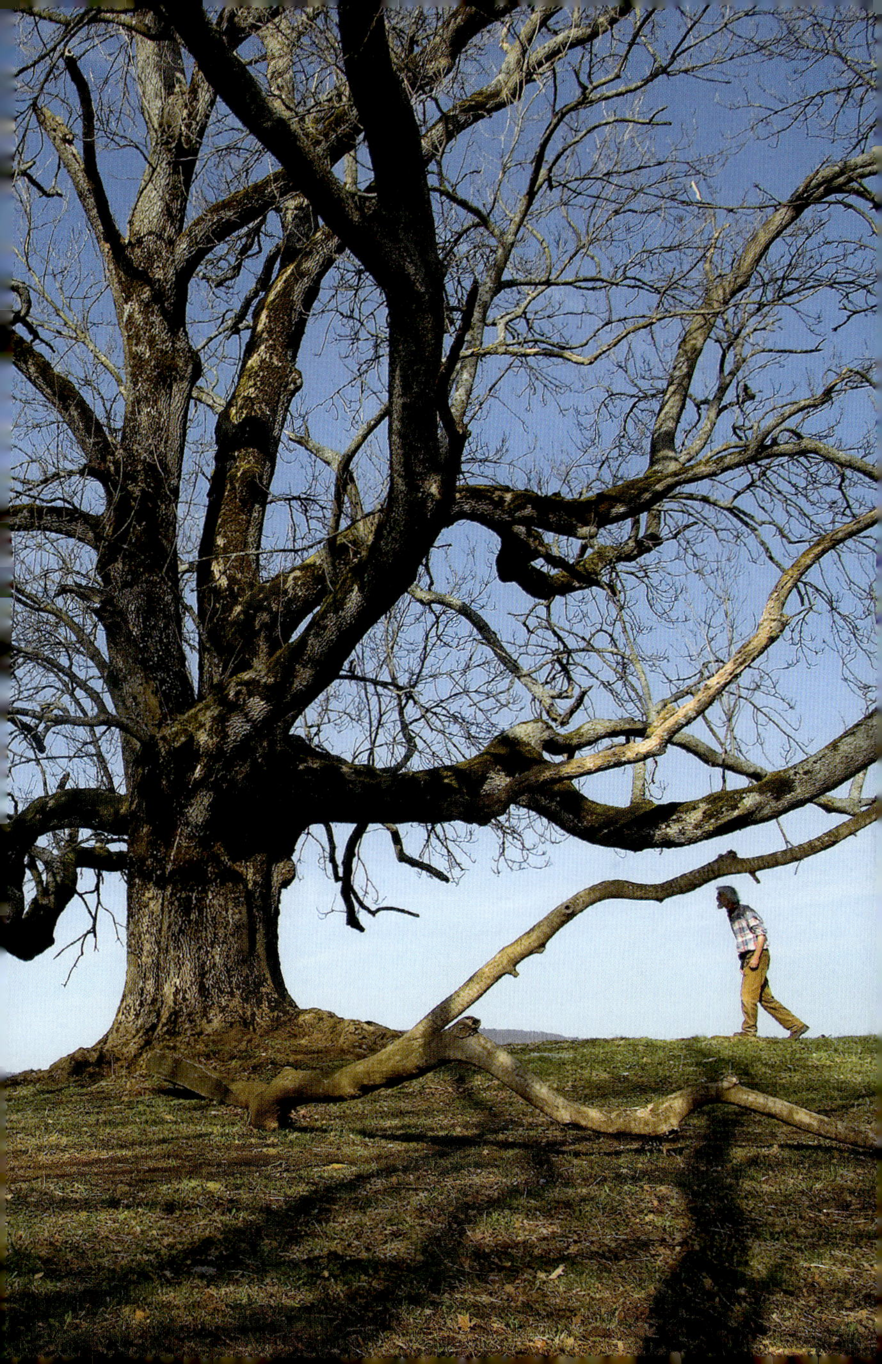

Von Balsthal via Bremgarten zum Oberberg SO

T1/T2

4,5 h

13,5 km

1210 m

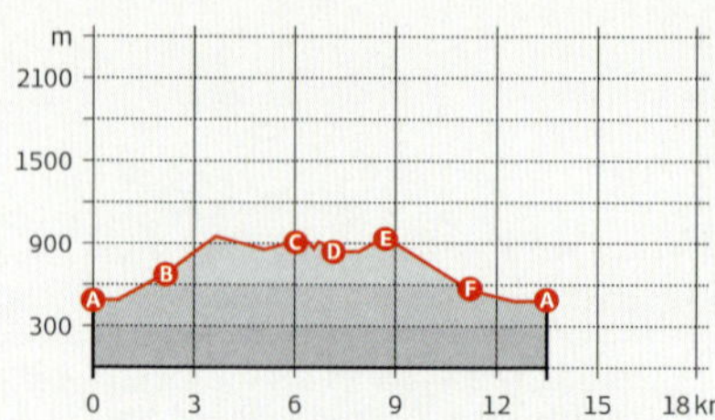

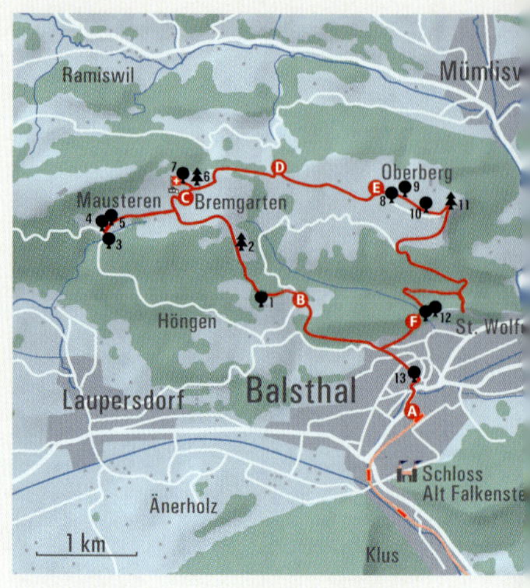

ROUTE Ⓐ Balsthal Bahnhof (489 m)– Ⓑ Hönger Chileweid (680 m)– Ⓒ Bremgarten (903 m)– Ⓓ Chrüzlimatt (856 m) – Ⓔ Oberberg (913 m)– Ⓕ Steinenbachbrücke (582 m)– Ⓐ Balsthal Bahnhof (489 m)

WANDERZEITEN 4,5 Std. mit jeweils 655 m Auf- und Abstieg

TOURENCHARAKTER/SCHWIERIGKEIT
T1/T2. Einfache Wanderung von Balsthal auf die Alp Bremgarten der Gemeinde Laupersdorf. Ab Bremgarten Richtung Oberberg versanden die Wege zunehmend zu offenen Weideflächen; in der Höhe des Oberbergs verlassen wir den Wanderweg vollständig. Anfang und Schluss mit Asphaltwegen, ansonsten Wiesen- und Naturwege. Gelbe Wegweiser

BÄUME Auf kleinstem Raum trifft man hier auf so viele alte Bäume wie sonst kaum wo. Interessant ist vor allem die grosse Palette an diversen Baumarten. Über ein Dutzend Bäume weist mindestens lokale Bedeutung auf. Unterwegs treffen wir u. a. auf Linde [1, 3, 10], Waldkiefer [2], Feldahorn [4], Hasel [5], Eibe [6], Bergulme [7], Esche [8], Buche [9], Tanne [11], Buchs [12] und Sanddorn [13], ausserdem kommt man bei der Bergwirtschaft Bremgarten an einer knorrigen Birne und einem alten Weissdorn vorbei (nicht eingezeichnet)

BESTE JAHRESZEIT März bis November

UNTERKUNFT/VERPFLEGUNG Hotel in Balsthal. Bergwirtschaft Bremgarten auf der Alp Bremgarten

KARTEN Landeskarte der Schweiz, 1:50 000, Blatt 223 «Delémont»; 1:25 000, Blätter 1087 «Passwang» und 1107 «Balsthal»

ANREISE/RÜCKREISE Mit der Bahn nach Balsthal

INTERNETLINK www.naturparkthal.ch

Von Baum zu Baum

Von der Bahnstation Balsthal führt uns der Wanderweg nach Bremgarten Richtung Waldrand. «Augen zu und durch», möchte man bei der viel befahrenen Hauptstrasse sagen, wäre es nicht lebensgefährlich. So schmuck der Slogan «Balsthal – Das Tor zum Jura» auch wirbt, die konstante Blechlawine, die sich durch den Felseinschnitt zwischen Klus und Balsthal wälzt, ist bittere Wirklichkeit.

Bereits nach wenigen Minuten haben wir die Stadt hinter uns gebracht und gehen auf einem Waldweg nach Brunnersberg. Nach rund 50 Minuten gabelt sich der Wanderweg. Der rechte führt uns zu einem Aussichtspunkt. Knorrige Eiben, Bergahorne mit zwei Beinen, schlangenwüchsige Mehlbeeren und Harfenfichten haben sich das aussichtsreiche Terrain zu eigen gemacht. Wenige Schritte vor dem höchsten Punkt – wo eine Linde gepflanzt wurde – kommen wir an einer Kiefer [2] vorbei, deren flache Schirmkrone auf ein langsames Wachstum und hohes Alter schliessen lässt. Die Wanderung gehört nicht nur landschaftlich zu den reizvollsten der Nordschweiz. Hier konzentrieren sich auch auf engstem Raum so viele Altbäume wie sonst kaum wo in Europa. Ein Dutzend Bäume weisen innerhalb der vierstündigen Wanderung mindestens lokale Bedeutung auf. Die meisten davon sind sehr langsam gewachsen, nicht besonders hoch und oft bizarr im Wuchs. Der Winter hier ist hart, der Boden wegen der lang anhaltenden Eisschicht besonders trocken. Im Sommer wiederum herrscht grosse Hitze, weshalb die wanderfreundlichste Zeit Frühling oder Herbst ist. Man sagt, dass hier 900 m Höhe mit 1200 m im Mittelland zu vergleichen sei; die Landschaft wirkt deswegen voralpin.

Ein halbes Jahrtausend und immer noch «busper»

Unser Weg führt nun auf freier Fläche zunächst gegen Westen und anschliessend nach Norden, und wir gelangen zu einem Hirschparkgehege. Auf der linken Seite führt eine Strasse hinunter Richtung Brunnersberg. Vom Hirschpark kann man entweder einen Abstecher zu weiteren Baumriesen machen oder in der Bergwirtschaft Bremgarten pausieren, die nur Montag und Dienstag geschlossen hat. Jene, die sich die Bäume nicht entgehen lassen wollen, gehen auf der Strasse nach Westen bis zum Waldrand, wo sie nach 10 Minuten in eine andere mündet. Dort wächst eine Sommerlinde [3], deren hohler Stamm 5,30 m misst. Neben alten, verwilderten Apfelbäumen und majestätischen Feldahornen [4] steht auf einem Stein eine der dicksten Haseln [5] des Landes. Ganze 3,30 m misst sie, teilt sich allerdings früh in mehrere Stämmlinge.

Zurück von diesem Abstecher, gelangen wir zur oben erwähnten Wirtschaft. Das Essen ist hier so ausgezeichnet wie die Bedienung, und wer Glück hat, trifft den Wirt, der gerne den Weg zur alten Eibe erklärt. Die älteste Bewohnerin der Region steht nicht weit vom Kuhstall entfernt. Der Wanderweg führt am Hof zwischen Stall und Mistmulde vorbei. Ein Ausrutscher hätte hier, zumindest olfaktorisch, fatale Folgen. Nach dem alten Birnbaum am Kuhstall erspähen wir auf der linken Seite einen knorrigen Weissdorn, den man zu einem Pfahl für den Elektrozaun ummodelte. Der dahinter liegenden Baumhecke folgen wir wenige Meter und überqueren den schmalen Wiesenstreifen zum kleinen Wäldchen rechts. Unter den Tannen lässt sich die dunkelgrüne Krone der Eibe [6] nur schlecht erahnen. Beim Näherkommen erkennen wir aber den faltigen Stamm, der talwärts einige freigelegte Wurzeln aufweist. Er teilt sich früh entzwei. Wer ihn von nahem untersucht, entdeckt Löcher, die durch Kernbohrung entstanden sind. Ein Dendrochronologe konnte damit das Alter auf 423 bis 532 Jahre bestimmen (siehe Infobox S. 59).

Auf grasüberwachsenen Pfaden zum Oberberg

Unweit der Eibe neben der bereits erwähnten Baumhecke steht weiter oben in westlicher Richtung eine abgestorbene Ulme [7]. In entgegengesetzte Richtung, dem Wanderweg folgend, kommen wir über Hügel, eine langgezogene Waldlichtung und auf offene Weiden. Der Weg wird bald zur Wiese, lässt sich jedoch anhand von

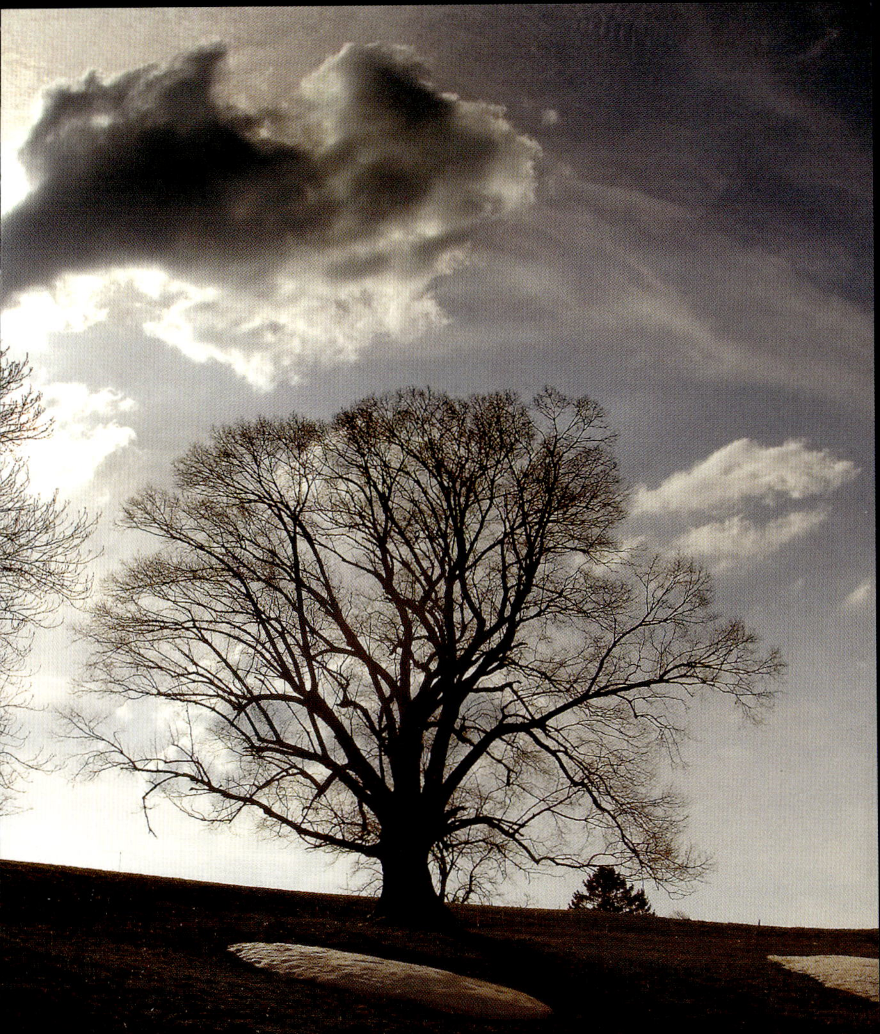

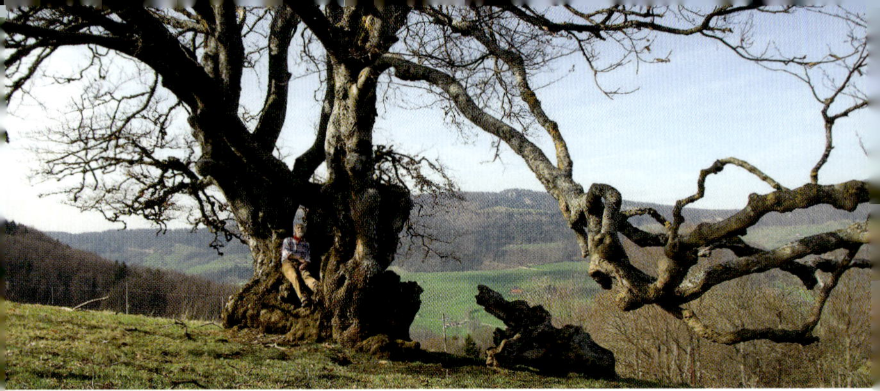

Schaukelartig wachsen die Äste der Weidbuche

Wegmarken gut erahnen. Sobald wir zum Fuss des Oberbergs gelangen (vgl. Karte), verlassen wir die angedeutete Wegrichtung und steigen entlang der Baumreihe auf die leichte Anhöhe. An höchster Stelle steht ein lebendiges Gipfelkreuz: eine Esche [8] mit kräftigen, ausgestreckten Armen. Ein alter Baumstrunk daneben zeugt von einem mächtigen Nachbarsbaum in früheren Zeiten. Bereits in Sichtweite wächst etwas unterhalb ausserdem die dickste Buche [9] des Landes. Ihr 9,40 m umfangstarker Stamm teilt sich in zwei Sprosse und trug noch vor zehn Jahren eine perfekte runde Krone; um die Jahrtausendwende barst ein Teil wegen Schneedrucks. Trotz der Gebresten ist die Buche aber noch sehr vital.

Wenn wir uns weiter in östliche Richtung begeben, entdecken wir bald eine dicke Linde [10], deren Stammfuss ein Loch aufweist. In diesem, so erzählt der Besitzer Hans Hählen, wohne jedes Jahr eine Füchsin, die ihre Jungen aufzieht. Und tatsächlich begegnen wir etwas später einem Fuchs, der ins Dickicht flüchtet. Wer die Linde aufsucht, sollte deshalb aus Respekt gegenüber der natürlichen Behausung der Fuchsfamilie gebührenden Abstand halten, um diese nicht zu stören.

Eine gewaltige Tanne [11], die unten am Weg steht, der zu Herrn Hählens Hof führt, ist in ihrer Gesamtansicht ebenfalls beeindruckend. Diese Tanne, erinnert sich der Landwirt, war vor Dezennien kaum beachtenswert. Dazumal fiel vor allem eine Fichte in der Nähe auf, die allerdings nicht mehr steht. Heute jedoch ist die

Tanne mit 4,50 m Umfang die zweitdickste des Kantons. Hans Hählens Lieblingsbaum ist die alte Weidbuche, in der er als Kind oft gespielt hat. Umso schmerzhafter war es für ihn, wenn sein Vater die unteren Äste abschnitt, damit er mit den Landwirtschaftsfahrzeugen bis zum Stamm fahren konnte.

Vom Rande des Felsenkessels in die Klamm

Nach dem Bestaunen der vielen verschiedenen Baumarten, die hier in stattlichen Exemplaren vorhanden sind, machen wir uns auf den Rückweg nach Balsthal. Am Rande des canyonartigen Felskessels St.Wolfgang kommen wir im Wald auf eine geteerte Strasse. Wer möchte, kann hier die steilen Waldpfade nehmen, um eine langgezogene Serpentine abzukürzen. Unterwegs erspäht man zwischendurch die Ruine Neu-Falkenstein. Auf Felsnadeln erbaut, gehört sie zu den eindrücklichsten Ruinen der Gegend, ist aber nur eine von vielen.

Ein Aussichtspunkt unterwegs ist ebenso lohnenswert wie der Blick von der Steinenbachbrücke. Dort hat der Bach eine tiefe Klamm in den Stein geschnitten und fällt über mehrere Stufen hinunter ins Tal. Einzigartig ist auch das natürliche Buchsvorkommen [12], das sich in den Felsritzen breitgemacht hat. Zu guter Letzt lässt sich am Schafhübelweg bei der römisch-katholischen Kirche – die auf dem Weg zum Bahnhof steht – ein gewaltiger Sanddorn [13] bewundern. Ein zweiter seiner Grösse wurde leider erst kürzlich gefällt.

KERNBOHRUNGEN Mit Hilfe von Kernbohrungen kann der Dendrochronologe klimatische Verhältnisse vergangener Jahre in einer Region nachvollziehen. Nicht jeder Baum reagiert aber gleich gut auf Kernbohrungen. Baumexperte Walter Wipfli hat beobachtet, dass solche Wundlöcher bei vielen alten Bäumen nicht oder nur äusserlich verheilen und die Gefahr besteht, dass Feuchtigkeit und Pilze eindringen. Da durch den künstlichen Eingriff einer Kernbohrung die für den Baum wichtigen Sperr- und Barrierezonen durchbrochen werden, sind solche Wundlöcher nicht mit jenen gleichzusetzen, die Holzwürmer verursachen. Bei Naturdenkmälern sollte man deshalb unbedingt auf Kernbohrungen verzichten.

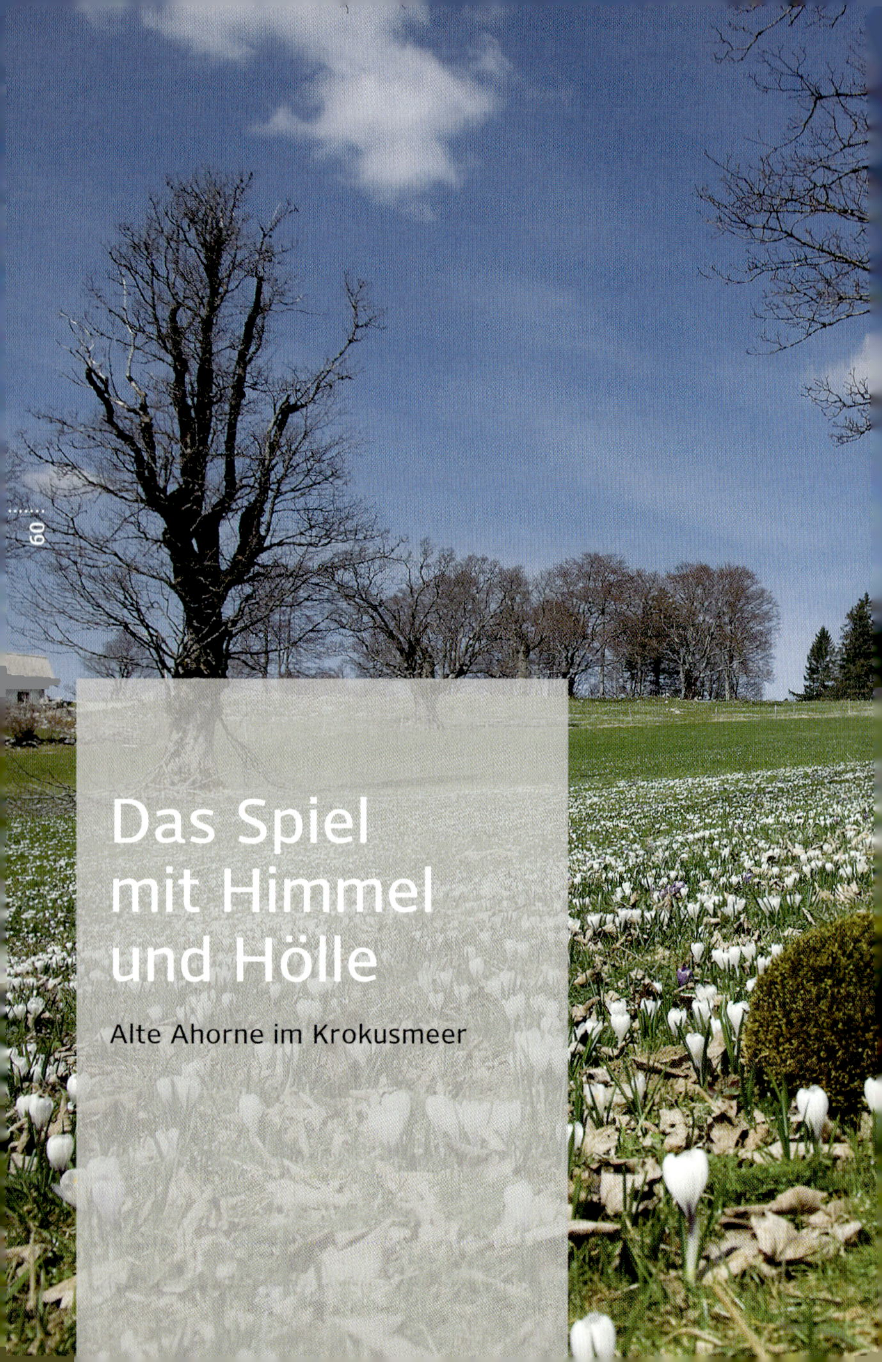

60

Das Spiel mit Himmel und Hölle

Alte Ahorne im Krokusmeer

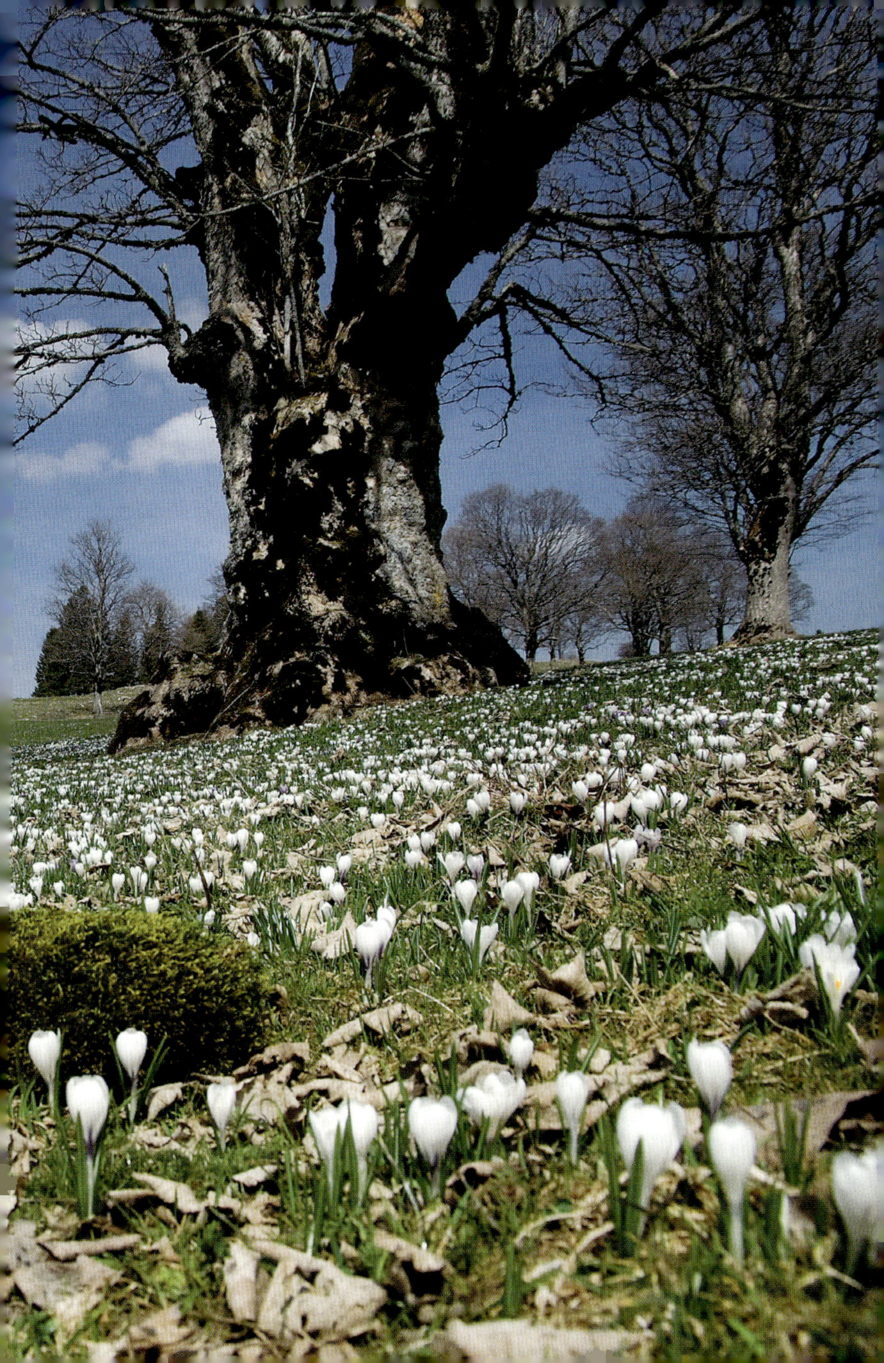

Von St-Imier via Combe Grède zur Métairie des Plânes BE

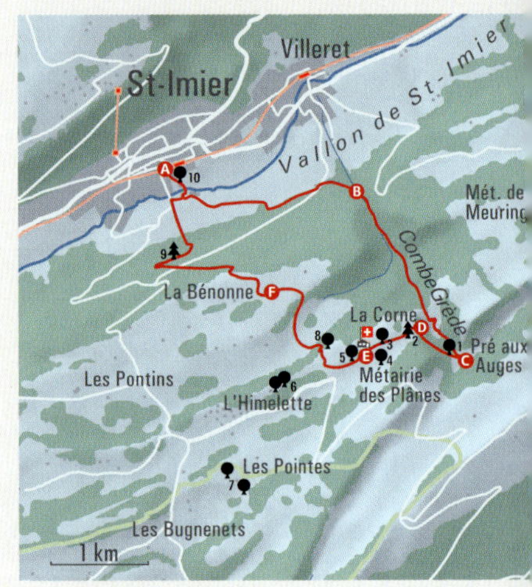

T2/T3

4 h

11 km

1410 m

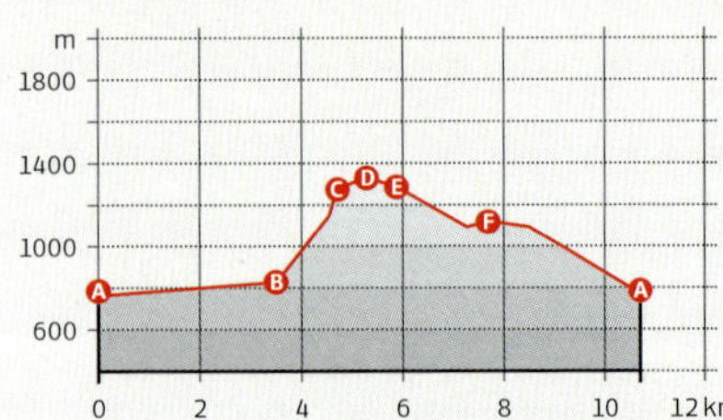

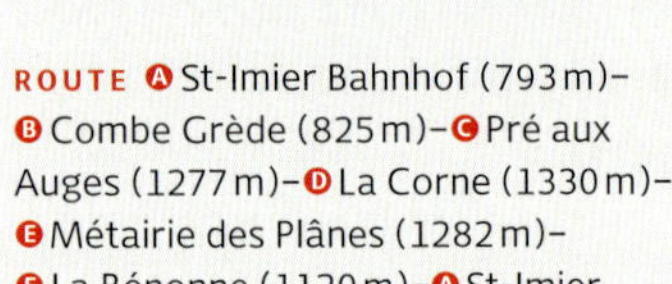

ROUTE Ⓐ St-Imier Bahnhof (793 m)–Ⓑ Combe Grède (825 m)–Ⓒ Pré aux Auges (1277 m)–Ⓓ La Corne (1330 m)–Ⓔ Métairie des Plânes (1282 m)–Ⓕ La Bénonne (1120 m)–Ⓐ St-Imier Bahnhof (793 m)

WANDERZEITEN 4 Std. mit jeweils 705 m Auf- und Abstieg

TOURENCHARAKTER/SCHWIERIGKEIT
T2/T3. Relativ einfache Wanderung von St-Imier bis zum Eingang des Tobels Combe Grède. Danach stetig ansteigend mit bis zu 60 % Steigung. Teilweise sehr ausgesetzte, rutschige Stellen. Im Extremfall mit Seilen gesichert, die aber Anfang Jahr oft von Steinschlag abgerissen sind. Vereinzelte Metallleitern, was Schwindelfreiheit und Trittsicherheit voraussetzt. Oberhalb der Combe Grède einfache Wegführung mit Wiesen- und Naturwegen. Anfang und Schluss mit Asphalt. Gelbe Wegweiser und rotweisse Bergwegweiser

BÄUME Renkbuche [1], Tanne [2], Buche [5], Fichte [9], Rosskastanie [10], ansonsten alte Bergahorne [3, 4, 6–8]

VARIANTE Von Villeret dieselbe Route, beim Rückweg aber über die Métairie au Renard auf direktem Weg nach Villeret. Distanz 8,4 km, Dauer 4 Std.

BESTE JAHRESZEIT Mai bis Oktober

UNTERKUNFT/VERPFLEGUNG Hotel auf dem Chasseral (siehe Internetlink). Restaurants in St-Imier und Besenbeiz in Métairie des Plânes

KARTEN Landeskarte der Schweiz, 1:50 000, Blatt 232 «Vallon de St-Imier»; 1:25 000, Blätter 1124 «Les Bois» und 1125 «Chasseral»

ANREISE/RÜCKREISE Mit der Bahn nach St-Imier

INTERNETLINK
www.chasseral-hotel.ch

Ab in die Schlucht, auf Teufel komm raus

Vom Bahnhof in St-Imier bringt uns eine Unterführung auf die andere Talseite zur bekannten Uhrenfabrik Longines. Weiter hinauf geht es zum Waldrand, wo wir auf den Wanderweg in Richtung Combe Grède stossen. Im Frühjahr sind hier die Wiesen mit Schlüsselblumen und unzähligen wilden Osterglocken durchsetzt.

Die Gelbe Narzisse, wie sie auch genannt wird, ist entlang des Chasseral heimisch. Wir sind aber nicht ihretwegen unterwegs, sondern u. a. wegen ein paar stattlicher Bergahorne und einer Renkbuche. Vor uns liegt ein sportlicher Aufstieg, der nur von geübten Wanderern in Angriff genommen werden sollte. Schilder eingangs der Schlucht weisen auf die Gefahr hin, die im Winter (November bis Mitte Mai) herrscht. Wir wagen es trotzdem bereits Anfang Mai und geraten tatsächlich in Situationen, wo ein Begehen wegen Eis und Schnee nur schwer machbar ist. Vereiste Wände lösen sich im Tauwetter und krachen lautstark in die Tiefe. Vor allem die Gefahr durch Steinschlag ist zu dieser Jahreszeit erheblich. Überall gehen Steine nieder, die selbst bei Tragen eines Helmes zu tödlichen Projektilen werden können. Erdrutsche und Lawinen haben kahle Schneisen aus Geröll in die bewaldete Schlucht gerissen. Der Bach, neben dem wir uns bewegen, führt bei Schneeschmelze reichlich Wasser, wie blank gewaschene Steine verraten. Bei Dürre dagegen dürfte nur ein spärliches Rinnsal das Flussbett hinunterplätschern. Kreuz und quer liegen gestürzte Baumstämme inmitten des Weges, und Passerellen ermöglichen das Weitergehen.

Nach einer Stunde kommen wir zu einer Verzweigung, wo sich der Weg in einen Berg- und einen weniger gefährlichen Talweg aufteilt. Wer den Reizen einer wilden Schlucht nichts abgewinnen kann und primär der Bäume wegen gekommen ist, nehme den rechten Weg. Alle anderen werden in die Hänge des düsteren Höllenschlundes geleitet. Teilweise werden die Felswände nur dank

Metalltreppen überwunden. Die rutschigen Treppentritte sind allerdings gemeingefährlich. Wenige Zentimeter breit, befindet sich zwischen jedem Tritt ein Leerraum, durch den man schnell versehentlich getreten ist. Die Schneemassen sind hier selbst Anfang Mai noch nicht gewichen, weshalb Treppen und Wege immer wieder darin verschwinden. Allgemein ist das Auffinden des Pfades in der vertikalen Wand oft schwieriger als gedacht. Auch wenn ein krummer Baum sich am Steilhang festklammert oder formenreiches Resteis unsere Fantasie beflügelt – wer ein beeindruckendes Sujet entdeckt, sollte auf jeden Fall innehalten, bevor er als Hans Guck-in-die-Luft in die Tiefe stürzt.

Hier wächst «Teufelsholz»

Alsbald kommen wir zu einer geschichteten Felswand, zu deren Füssen ein Wasserfall Gletschertöpfe geformt hat. Der offizielle Weg ist hier durch das liegengebliebene Eis so rutschig, dass stellenweise die natürlichen Felswege, die sich durch die Schichtung der Gesteinsmolasse gebildet haben, vorzuziehen sind. An den Wänden könnte man sich zwar an einem Stahlseil festhalten, dieses liegt aber teilweise noch im Eis verborgen, und wo es zum Vorschein kommt, hat sich über den Winter oft die Halterung gelöst. Steinbrocken sind die Übeltäter. Ein mächtiger Brocken hat sich im Sturzflug gar zwischen zwei Bäumen verkeilt.

Nachdem wir die geschichtete Felswand hinter uns gebracht haben, warten kurz vor der oberen Ebene zwei besonders krüpplige Buchen am Abgrund. Eine davon ist abgestorben. Bei genaue-

SÜNTELBUCHE Renkbuchen sind sehr selten. In Deutschland wachsen die bekanntesten im Süntel, weshalb man diese natürliche Mutation bisweilen Süntelbuche nennt. Doch auch in anderen Ländern findet man sie. Der wirre Wuchs kommt zustande, wenn der Leittrieb abstirbt, ein Seitentrieb die Führung übernimmt und jeweils auch dieser wieder dürr wird. Dadurch verliert die Baumarchitektur ihre Zielrichtung, und der Baum scheint wie wild im Kreis zu wachsen. Nach einer von vielen Theorien kann diese Wuchsart auch entstehen, wenn dem Baum im Sommer wesentlich weniger Wasser als im Winter zur Verfügung steht – was bei unserer Renkbuche der Fall sein könnte.

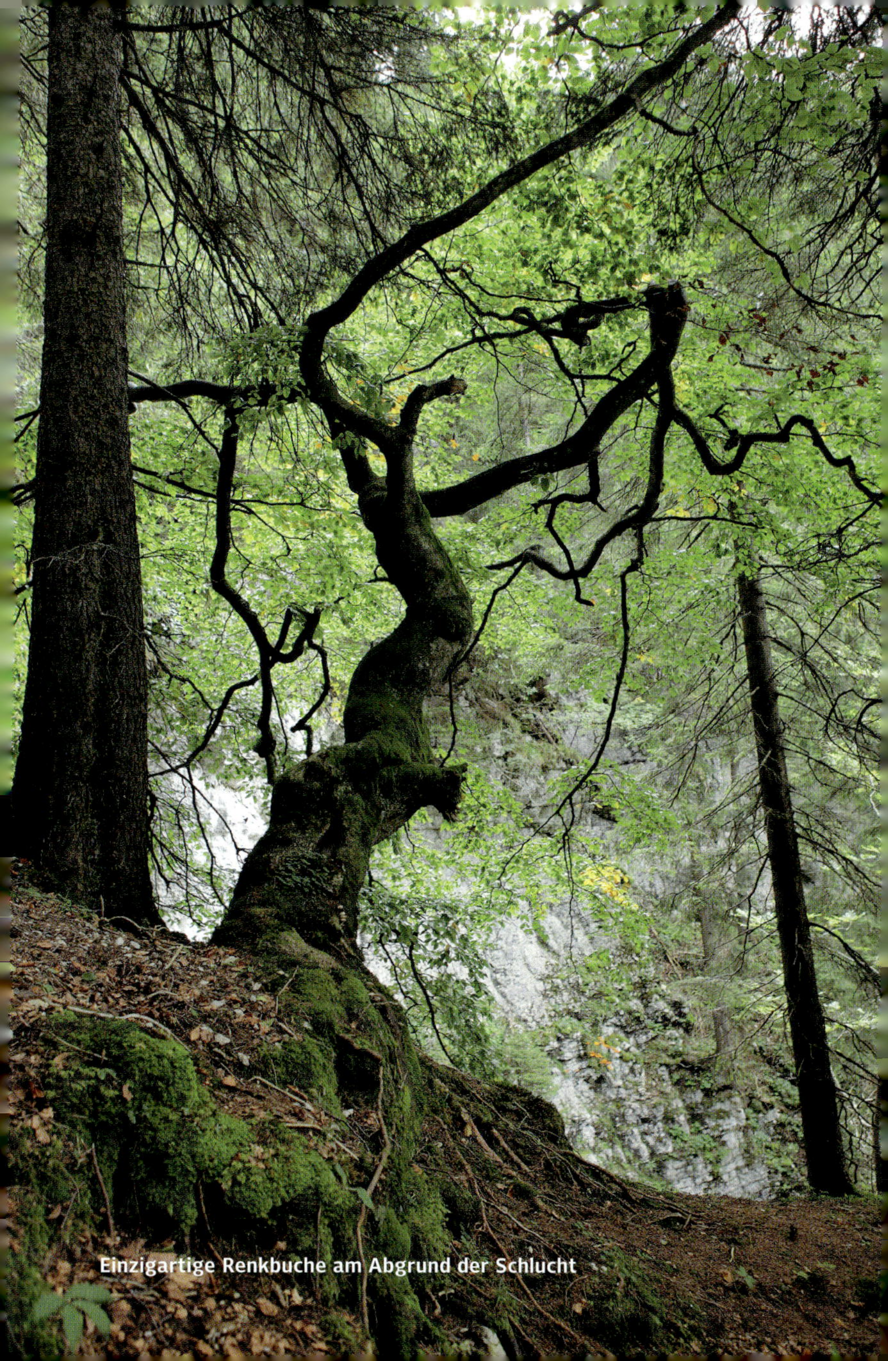

Einzigartige Renkbuche am Abgrund der Schlucht

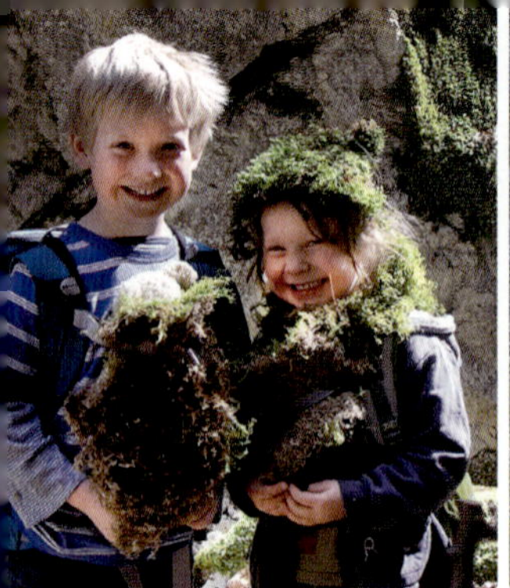

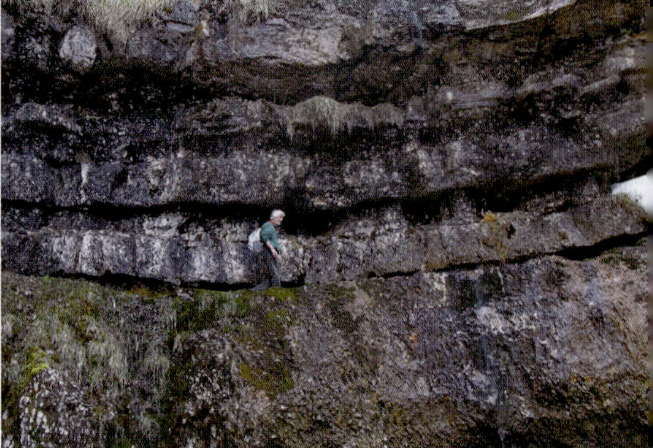

Mooskobolde begegnen uns vor dem Felsenkessel

rem Hinsehen stellt sich aber die lebendige bald als eine echte Renkbuche [1] heraus, siehe Bild S. 65. Immerhin einige Schweineschwänzchen-Äste sind bei diesem «Teufelsholz», wie die Renkbuche auch genannt wird, erkennbar. Selbst der Stamm weist die typische mäandrierende Wuchsform auf. So unscheinbar diese Buche auch ist, hat sie ihrer Seltenheit wegen doch internationale Bedeutung und ist die einzig bekannte ihrer Art in der Schweiz.

Die himmlische Weide oberhalb der Combe Grède

Über der steilen Schlucht der Combe Grède kommen wir zu einer lichten Waldung, die dank der vielen Zuflüsse bei Schneeschmelze ein kleines Hochmoor gebildet hat. In der Mitte steht eine besonders prächtige Fichte mit flach anliegender Kronenform. Vom Hauptwegweiser Pré aux Auges kann man innerhalb von einer Stunde den Chasseral erreichen, die mit über 1600 m ü. M. höchste Erhebung des Berner Jura. Die Aussicht ist eindrücklich, der kahle, überbaute Bergrücken an diesem Punkt aber nicht sehenswert. Wir begnügen uns deshalb mit weniger Aussicht bei La Corne. Hinter uns erkennt man den Sendeturm auf dem Chasseral, und vor uns liegt St-Imier. Bonsaiartig wachsen hier die meisten Bäume, da sie auf sehr kargem Untergrund stehen. Eigenartig sind auch zwei abgestorbene Tannen [2], die ihren Platz direkt vor dem Abgrund haben. Beide weisen einen Drehwuchs auf, wie man ihn sonst kaum findet (siehe Infobox unten). Die spiralförmigen Wülste im Stamm drehen sich atypisch horizontal und nicht wie gewohnt in einem 45-Grad-Winkel um den Stamm. Diese Form würde wiederum die Theorie stützen, dass Bäume, die eigentlich nicht zu ausgeprägtem Drehwuchs neigen, mangels genügend Wasser Torsion als Taktik «anwenden», um die Wasser- und Nährstoffaufnahme zu erhöhen. Gerade Tannen sind auf ausreichend Wasser angewiesen, um überleben zu können. Im Fall dieser beiden Tannen muss der Standort deutlich zu trocken gewesen sein, weshalb sie trotz allem verdorrten. Zum Glück hat man sie dennoch stehen gelassen.

Auf der Alp wird die Landschaft mit jedem Schritt lieblicher. Ende April ist die Weide mit einem so dichten Teppich aus weissem Krokus bewachsen, dass es von weitem den Anschein macht, als wäre der Boden mit Raureif bedeckt. Unter die weissen Blumenköpfe mischen sich vereinzelt auch bläulichviolette Sorten – eine Frühlingswiese, von der mancher Gärtner nur träumen kann. Bei der Besenbeiz «Metairie des Plânes», zu der wir in wenigen Minuten gelangen, haben wir uns Speis und Trank verdient.

Eigenartige Baumgesellen

Gestärkt nehmen wir den Strunk der einst 5 m umfangstarken Buche [5] am Restaurant genauer unter die Lupe. Die eindrückliche Buche wurde leider aus Sicherheitsgründen im Jahr 2013 gefällt. Unmittelbar am Weg wächst auch einer der dicksten Bergahorne [3], dessen Stamm einem Oktopusgesicht gleicht. Besonders mystisch sind die Bäume, wenn sie sich kaum sichtbar in Nebel verhül-

DREHWUCHS Wenn der Faserverlauf eines Baumes sich um sein Keimzentrum dreht, nennt sich das Drehwuchs. Es gibt Arten, die sich meist nach rechts drehen, andere im Uhrzeigersinn (Linksdrehwuchs). Die heimischen Koniferen wechseln ihre Drehwuchsrichtung oft von links in der Jugend zu rechts im Alter. In Japan und der Südhemisphäre gilt dasselbe, einfach in umgekehrter Reihenfolge. Beim Wechseldrehwuchs ändert der Stamm periodisch die Dreh- und Neigungsrichtung. Was die Spiralität auslöst, ist bisher unklar. Phänotypische Einzelfaktoren wie Wind, ungünstige Bodenverhältnisse und Verletzungen können ein Grund sein. Holzwirtschaftlich unbeliebt, verhilft die Torsion dem Baum zu Stabilität.

len und sich erst von nahem aus der dichten Dunstdecke schälen. Um die urchigsten zu sehen muss man aber einen Abstecher unternehmen. Eine prächtige Baumgruppe mit hohlen und stark bemoosten Stämmen steht auf einer Lichtung bei L'Himelette [6]. Immerhin zwei Bäume messen in dieser Region über 7,80 m. Sie stehen bei Les Pointes [7], 20 Minuten von L'Himelette entfernt, und gehören sogar zu den dicksten des Landes. Einer davon wurde allerdings gekappt. Der zweite hat einen beeindruckenden Stamminhalt und wurde deswegen auch im Buch «Baumriesen der Schweiz» porträtiert.

Zwanzigtausend Schritte und keiner zu wenig

Der Rückweg nach St-Imier beginnt bei der Besenbeiz «Métairie des Plânes». Augenfällig ist unterwegs ein Bergahorn, dessen unterste zwei Seitenäste wegen Lichtmangels so weit in die Horizontale wachsen, dass man sich nur schwer vorstellen kann, wie der Baum diese Äste ohne jede Stützhilfe tragen kann. Wir folgen dem Wegweiser nach La Bénonne. Über herrliche Weidelandschaften gelangen wir schliesslich zum Gehöft gleichen Namens (siehe Landeskarte). Dort führt ein unscheinbarer Pfad wenige Meter nach dem Hof rechts in die Weide, entlang der Baumreihe bis zur Trockenmauer. Dahinter ist der Wanderweg wieder ausgeschildert; trotzdem muss man auch wenig später etwas weiter unten suchen, bis man die Zeichen im Feld und am Waldrand entdeckt. Die letzte Wegstrecke führt steil durch den Wald, vorbei an kräftigen Tannen und einer wuchtigen Fichte [9], zu einer Baumallee und quer durch den Friedhof von St-Imier. Von hier aus geht es wieder zurück zum Bahnhof St-Imier, wo übrigens eine gigantische Rosskastanie [10] neben der Bahnhofunterführung wächst. Knapp 20 000 Schritte gibt unser Zähler an – die Wanderung ist nicht weit, aber wegen der anfänglich «diagonalen» Wegführung nicht zu unterschätzen.

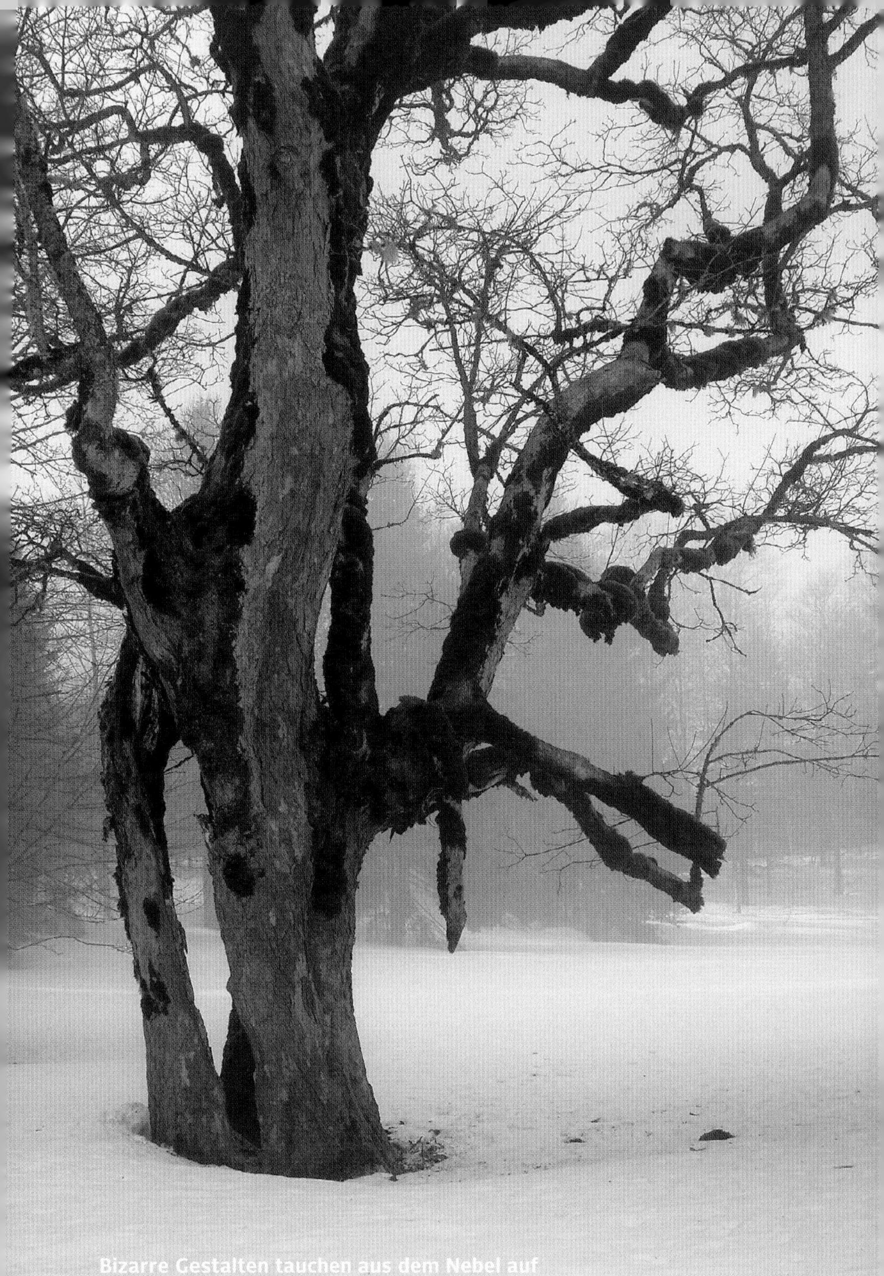

Bizarre Gestalten tauchen aus dem Nebel auf

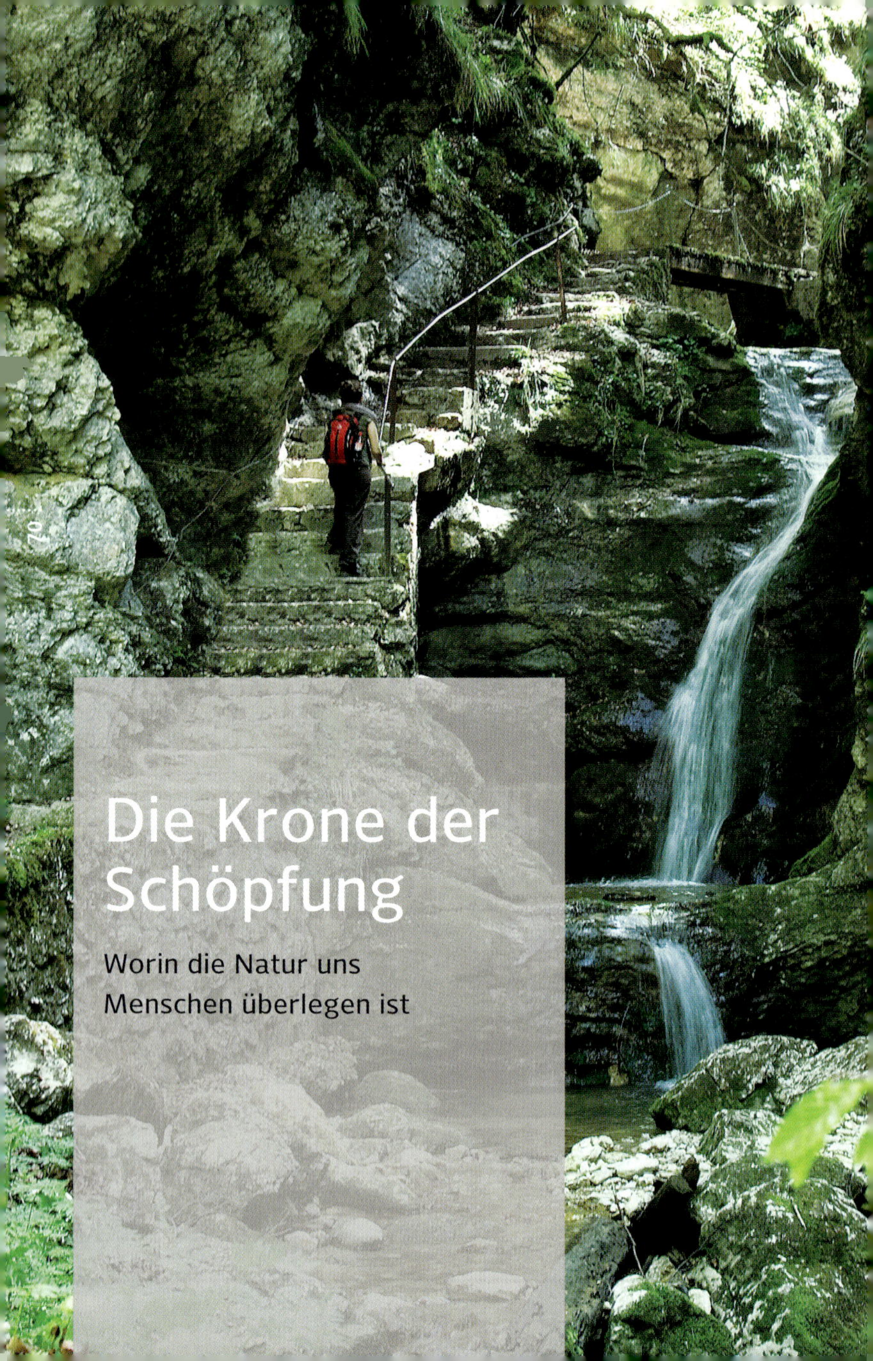

Die Krone der Schöpfung

Worin die Natur uns Menschen überlegen ist

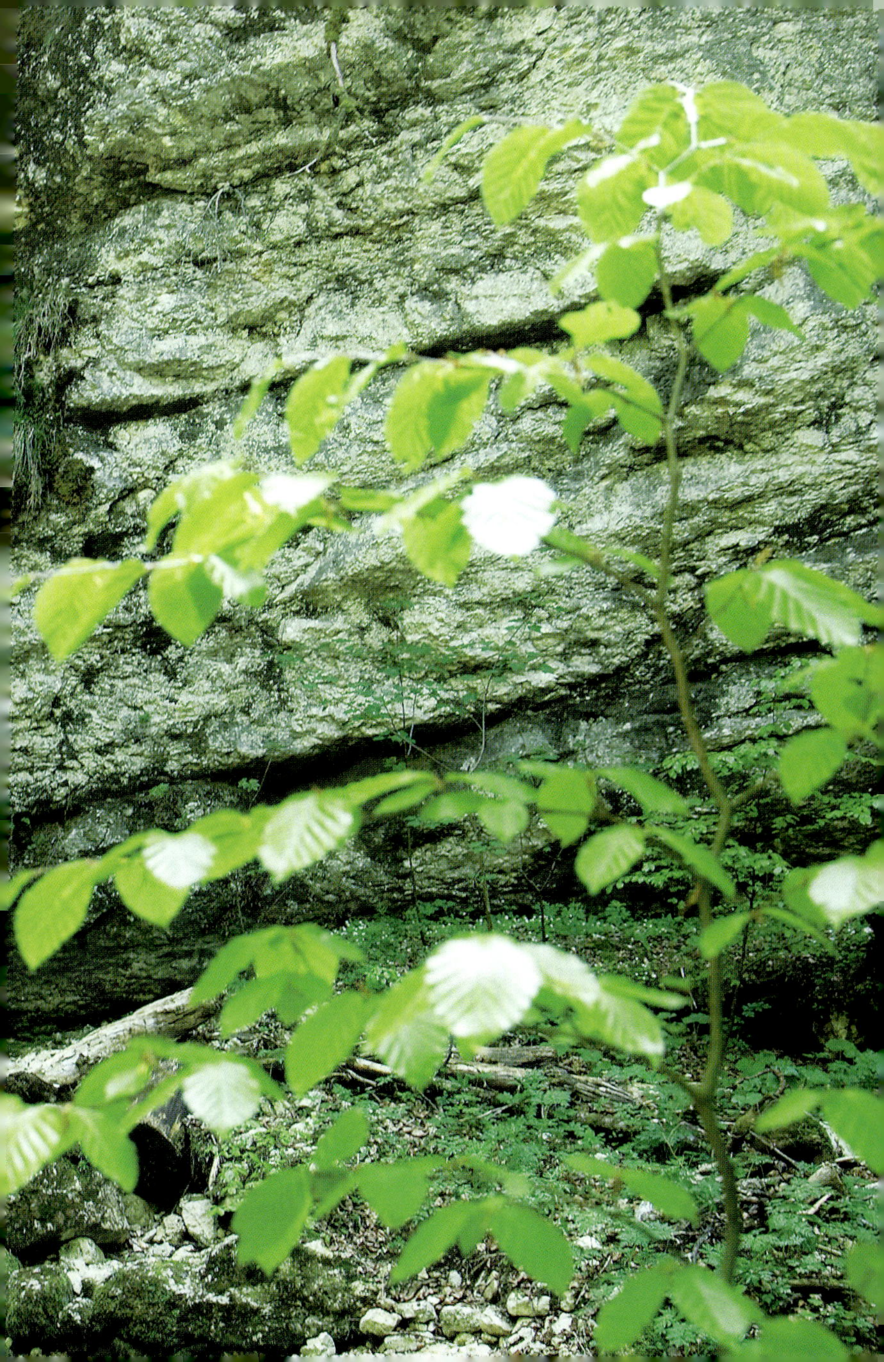

Von Môtiers NE via Poëta-Raisse nach La Rondenoire VD

T2/T3

4,75 h

15,5 km

1320 m

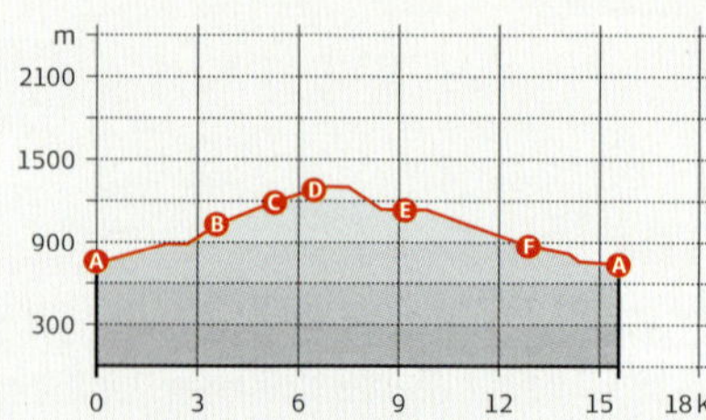

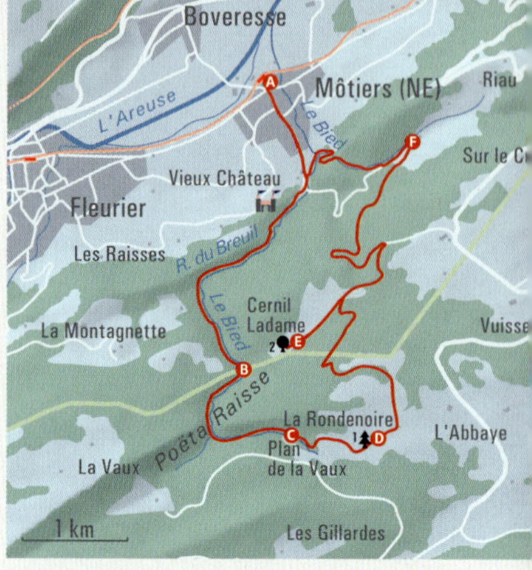

ROUTE Ⓐ Môtiers Bahnhof (735 m)–Ⓑ Poëta-Raisse-Holzbrücke (1025 m)–Ⓒ Plan de la Vaux (1190 m)–Ⓓ La Rondenoire (1280 m)–Ⓔ Cernil Ladame (1130 m)–Ⓕ Riau Dessous (870 m)–Ⓐ Môtiers Bahnhof (735 m)

WANDERZEITEN 4,75 Std. mit jeweils 660 m Auf- und Abstieg

TOURENCHARAKTER/SCHWIERIGKEIT T2/T3. Relativ einfache Wanderung bis La Rondenoire, zeitweise ausgesetzt, Trittsicherheit notwendig. Ab La Rondenoire kleine Pfade oder freie Begehung auf Weiden. Ab Cernil Ladame Asphalt und Naturwege. Gelbe Weg- und rotweisse Bergwegweiser (nur dürftig vorhanden)

BÄUME Wir besuchen die wohl urchigste Wettertanne Europas. Sie steht unterhalb vom Hof La Rondenoire am Wanderweg [1]. Bei Cernil Ladame wächst ein Bergahorn mit gigantischem Kronenausmass [2]

VARIANTEN Wer den Weg von La Rondenoire über die offene Weide scheut, kann entweder auf gleichem Weg zurückkehren oder bei einer Busstation an der Strasse einen Bus nehmen; z. B. bei der Station Les Rochats (Romairon) im Südosten. Allerdings fahren die Postautos selten und nur in gewissen Monaten (Fahrplan konsultieren!)

BESTE JAHRESZEIT April bis Oktober

UNTERKUNFT/VERPFLEGUNG Hotels und Restaurants in Môtiers

KARTEN Landeskarte der Schweiz, 1:50 000, Blatt 241 «Val de Travers»; 1:25 000, Blätter 1163 «Travers» und 1183 «Grandson»

ANREISE/RÜCKREISE Mit der Bahn nach Môtiers

INTERNETLINK www.postauto.ch

Steter Tropfen höhlt den Stein

Wer auf der Suche nach antiken Kunstwerken ist, wird auf dieser Wanderung fündig. Nicht der Mensch, sondern die beharrliche Kraft der Natur war in der Nähe von Môtiers künstlerisch tätig. Fels und Holz von aussergewöhnlicher Erscheinung werden wir in den nächsten Stunden antreffen. Unser erstes Ziel ist die Felsenschlucht Poëta-Raisse, zu deren Einstieg wir vom Bahnhof Môtiers loswandern.

Im Dorf Môtiers reihen sich an der breiten Asphaltstrasse alte Wohnhäuser, wie sie im Val-de-Travers oft anzutreffen sind. Die unmarkierte Strasse ist kaum befahren und endet in einer Sackgasse vor dem Wald. In der Mitte der Strasse, die eigentlich eher einem langgezogenen Markplatz ähnelt, stehen grosse Dorfbrunnen, die bereits auf das Wasservorkommen der nahen Schlucht hindeuten. In trockenen Zeiten kann die eigentlich faszinierende Schlucht anfangs etwas enttäuschend sein. Von Wasser keine Spur – nur blank gewaschene Steine zeigen, dass hier zeitweise Wasser in rauen Mengen vorhanden sein muss. Oft versickert es aber frühzeitig und erscheint an anderer Stelle wieder. Immerhin wird unser Weg weiter oben feuchter, wo ein Rinnsal das Flussbett verfehlt. Mit seiner Steigung steigt auch der Wasserpegel an. Aus einem ersten Plätschern wird bald ein Rauschen. Nach einer Stunde erreichen wir eine Holzbrücke, die zur anderen Tobelseite führt; unter uns der mittlerweile passable Bach, der seit geraumer Zeit den Felsen bearbeitet. Auf den Seiten sind tiefe Felsnischen entstanden, in denen Wanderer Feuerstellen errichtet haben.

Ein tiefer Einschnitt im Leben der Poëta-Raisse

Ab der Holzbrücke wird die Poëta-Raisse mit jedem Schritt wilder. Wasserfall reiht sich an Wasserfall, und die steilsten Passagen sind nur mit seitlich eingemeisselten Steintreppen zu bewältigen. Geländer und Seile sichern die rutschigsten Stufen. Der Einschnitt der

Schlucht verengt sich, so dass man nur dank eines abenteuerlichen Holzsteges weiterkommt. Hinter jeder Felswand verbirgt sich eine neue Überraschung, und man fragt sich, ob man nach unten ins lebendige Bachbett oder nach oben schauen soll, wo sich in den Felshängen wagemutige Jungbäume niedergelassen haben. Am Ende öffnet sich aber die Schlucht zu einer Lichtung.

Wo sich eine gepflegte Feuerstelle mit Bänken befindet, geht es über den Steg in Richtung La Combaz. Falls die erste Bratstelle bereits besetzt ist, kann man sein Glück kurz danach bei einer zweiten versuchen. Bevor man zur Hütte Plan de la Vaux kommt, weist ein Schild zur Alp La Rondenoire. Auf dieser steht das zweite Kunstwerk, diesmal nicht in Stein gewaschen, sondern aus Holz gewachsen: Die Wettertanne [1], von der die Rede ist, scheint weit und breit die einzige ihrer Art zu sein. Fast hat man das Gefühl, sie habe nie gelernt, wie man als Tanne zu wachsen hat: einstämmig, mit regelmässig verzweigten Ästen und einem zulaufenden Kronenwipfel. Stattdessen bäumen sich sieben grössenwahnsinnige Hauptdolden auf, die eine breit verzottelte Kronenform ergeben und an eine Zeder erinnern. Solche Wuchsformen typischer Wettertannen findet man im Jura in der Gegend zwischen St-Cergue und Neuchâtel häufig. Man könnte meinen, es handle sich um ein endemisches Phänomen, jedoch findet man solche «Gogants», wie man sie in der Westschweiz nennt, auch in anderen Teilen Europas. Der Jura weist aber ausgesprochen viele Tannen auf, die oft den Hauptbestand des Waldes bilden. Interessant ist, dass die mächtigsten davon alle zwischen 1000 und 1200 m ü. M. anzutreffen sind.

Eine Kaskade mit glitschigen Stufen

Die folgende Wegstrecke erfordert einen guten Orientierungssinn, da sie teilweise frei über die Weide führt. Dabei sollte man gleichzeitig auf die im Sommer weidenden Tiere achten und deshalb gewisse Zäunungen umgehen. Bis April ist die Beweidung allerdings meist eingeschränkt, und fast überall findet der Wanderer einen geeigneten Durchgang.

Wir folgen der Trockenmauer neben der Tanne so lange, bis eine Strasse den Weg beendet. Gegenüber dieser wachsen nicht

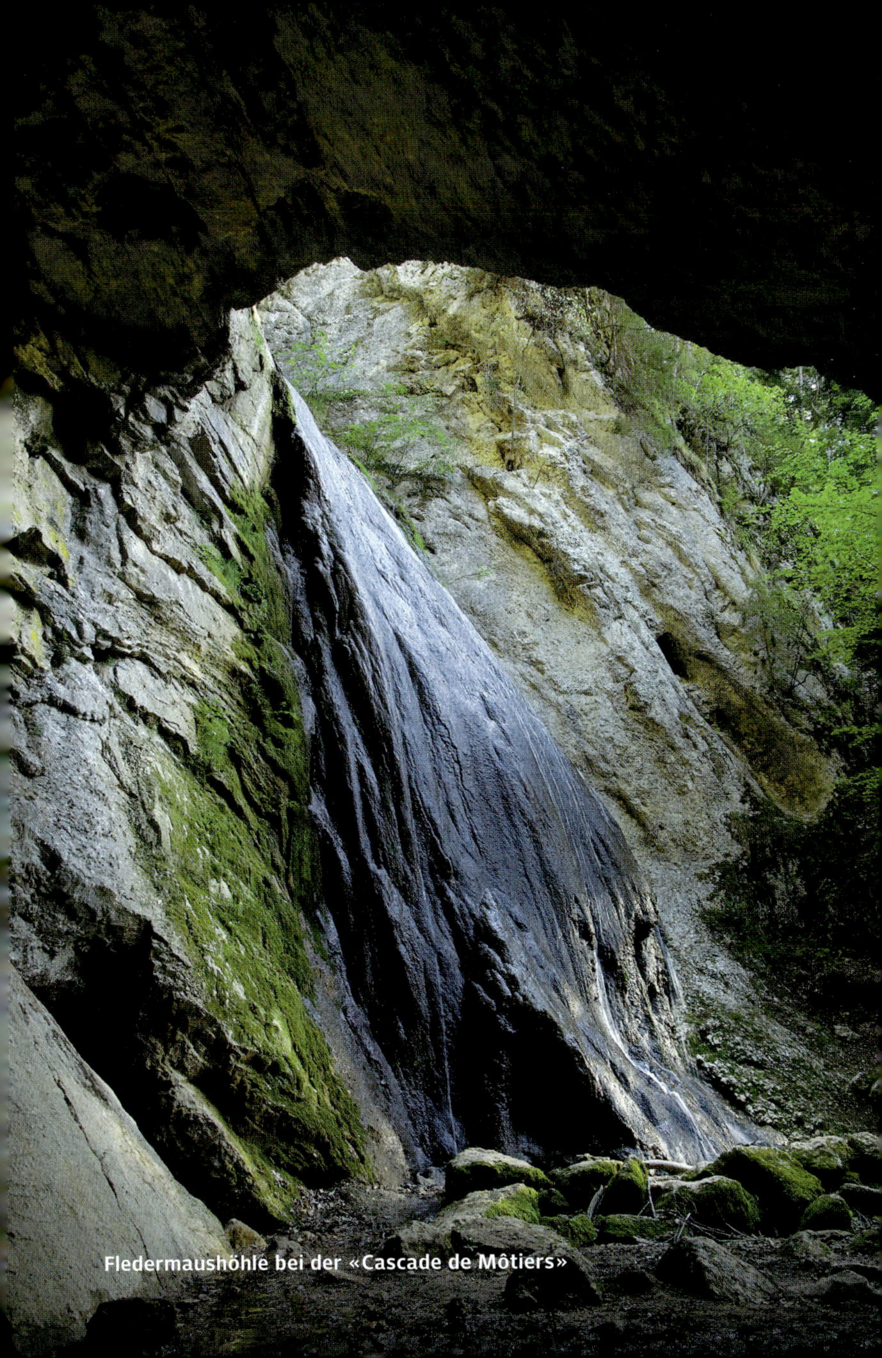

Fledermaushöhle bei der «Cascade de Môtiers»

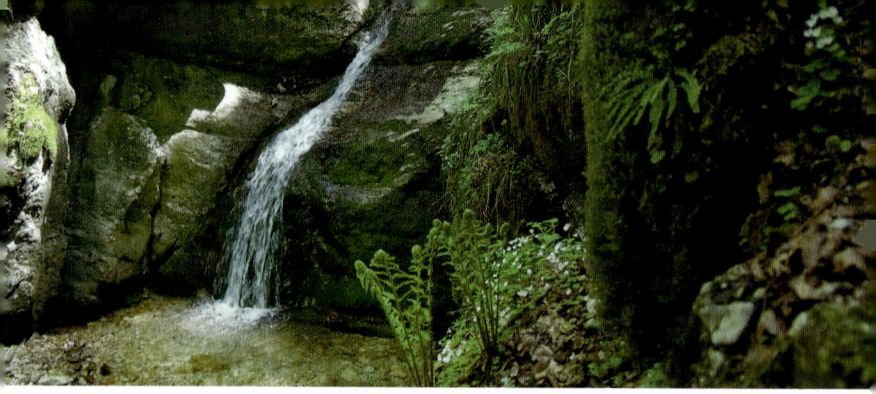

Wildromantisch ergiesst sich das Wasser durch die Poëta-Raisse

weit entfernt horizontale Kiefernstämme aus einer Baumgruppe. Wie Schlangen winden sie sich und versuchen, sich aufzurichten. Von diesen skurrilen Bäumen geht es nördlich quer über die Wiese. Beim Mustern der Weide fällt auf dem Boden eine Mulde auf, die als Wasserreservoir gedacht ist. Linker Hand befindet sich schwach erkennbar ein Wiesenweg, dem wir folgen, bis er nach links abbiegt. Man kann auch der Trockenmauer entlanggehen, bis der erwähnte Trittpfad links erkennbar wird.

Die in der Ferne unwirtlich gedeckte Scheune ist unser nächster Fixpunkt, denn nach der Scheune geht es im rechten Winkel nach Norden, wieder frei über die Weide zu dem Waldweg weiter unten. Wenige Meter weiter westlich nehmen wir den spitzwinklig nach rechts abzweigenden Forstweg, der in den Wald hinabführt und in einer Links- und einer Rechtskurve in eine grosse Lichtung

TANNE VON LA RONDENOIRE Der Stamm der Tanne von La Rondenoire misst an seiner dünnsten Stelle gigantische 7,50 m im Umfang. Die Hälfte der Äste wurde vom Blitz zerstört und bricht wohl bald ab. Erst im Winter 2009 ist ein zweiter Nebenast auf den Boden gekracht. In diesen hatte man zuvor Kerben zu einer Treppe eingehauen, damit man auf den natürlichen Horst steigen konnte. Heute erklimmen Kinder die Tanne mittels Seil. Beim Klettern muss man aber sehr behutsam sein, damit auf keinen Fall die Rinde verletzt wird. Auch sonst ist Vorsicht geboten, es kann jederzeit ein abgestorbener Ast abbrechen – der dickste von ihnen misst immerhin 3,70 m im Umfang und brächte sogar einen Riesen zu Fall.

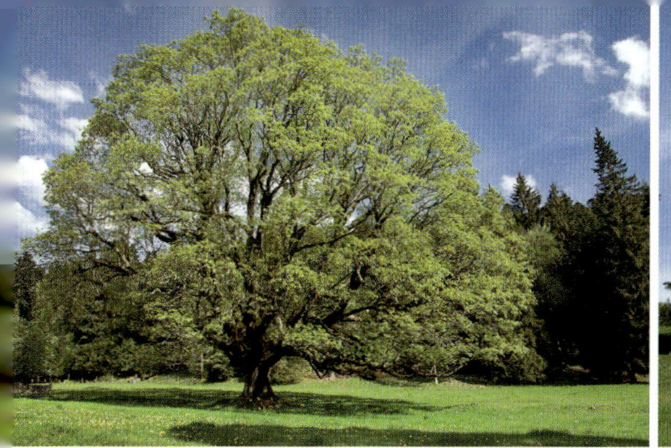
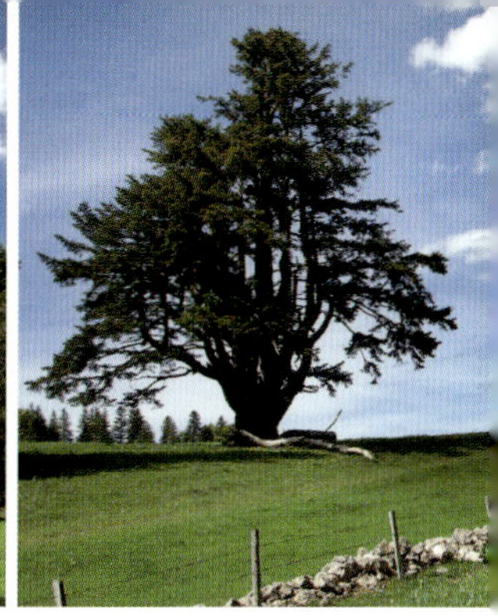

Breitwüchsiger geht es kaum: Bergahorn und Tanne

mündet. Geschafft, nun wird die Begehung wieder einfacher. Vom Waldrandweg lohnt ein 10-minütiger Abstecher zum Hof Cernil Ladame. Dort stehen zwei alte Bergahorne. Der eine ist hohl und hat nur noch eine kleine Krone. Der andere [2] ist unbeschadet und misst 6 m im Umfang. Seine Krone darf als «Krone der Schöpfung» bezeichnet werden, denn mit 38 m Breite gehört er zu den grössten Bäumen Europas. Kaum zu glauben, dass die Äste ohne jede künstliche Stützhilfe im Winter sogar das Zusatzgewicht von Nassschnee tragen können.

Wir nehmen denselben Weg zurück und wandern bald auf einer Strasse weiter, die uns an stattlichen Waldtannen vorbei zu einer Weide weiter unten führt. An der nächsten Abzweigung nehmen wir die Strasse links nach unten, bis innerhalb des Waldes auf der rechten Seite wieder eine Wandertafel nach Môtiers zeigt. Am kleinen Bach, der wegen seines kalkhaltigen Wassers kleine Sinterterrassen gebildet hat, locken viele Rastplätze mit Feuerstellen und Bänken. Grund dafür ist die «Cascade de Môtiers» weiter unten. Der Kalk hat hier eine ausgeprägte Form angenommen. Das Wasser wird in natürliche Bahnen geleitet, vorwiegend rinnt es sanft über die Felsen, bevor es sich unten im Bachbett sammelt. Durch die regelmässige Verteilung des Wassers spiegeln sich auf dem Kalksinter so viele Farben, dass die Formation metallisiert erscheint und sich markant vom trockenen Felsen abhebt. Ab hier geht es, vorbei an einer idyllischen Flusslandschaft, zurück zum Bahnhof.

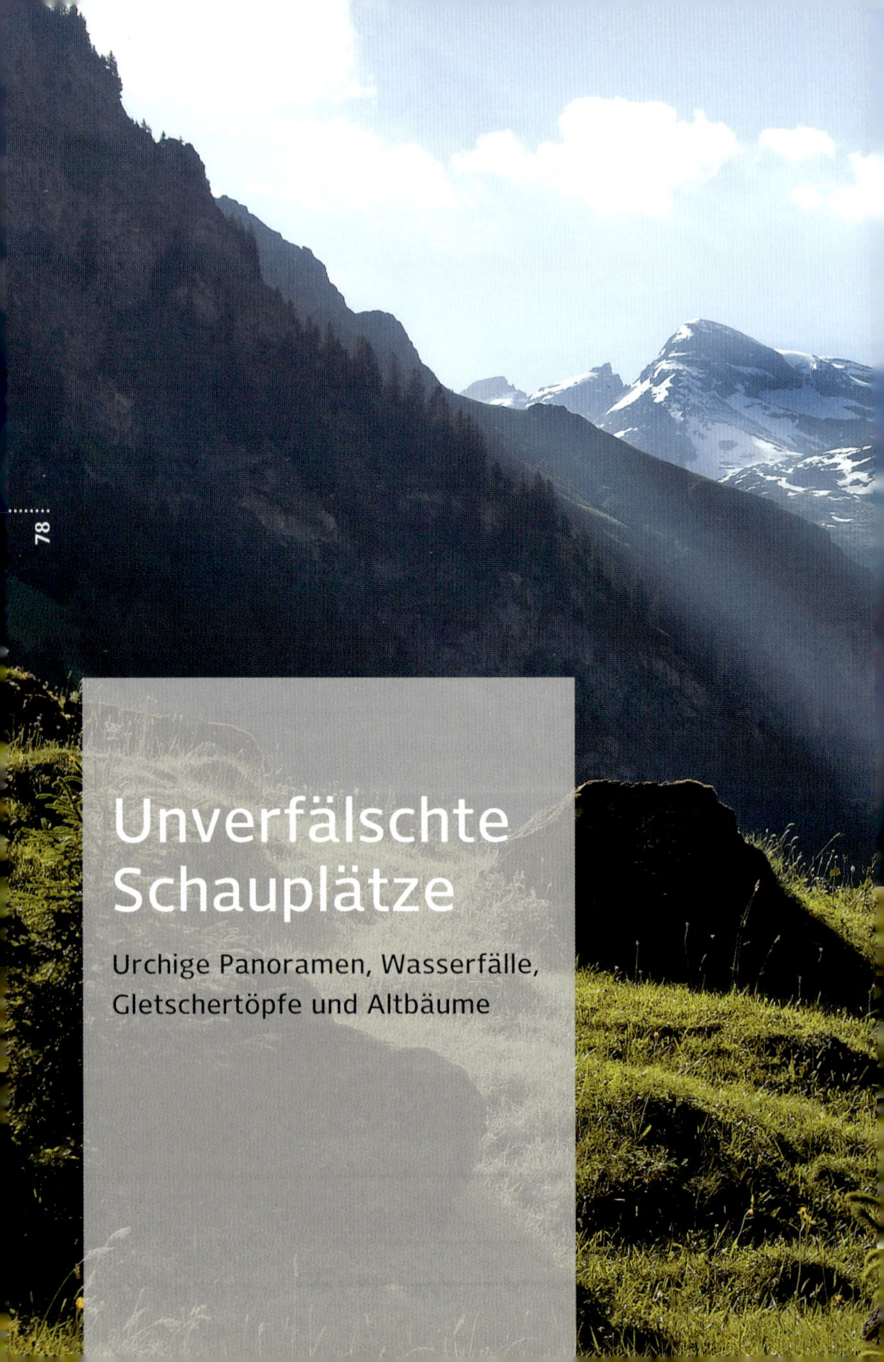

Unverfälschte Schauplätze

Urchige Panoramen, Wasserfälle, Gletschertöpfe und Altbäume

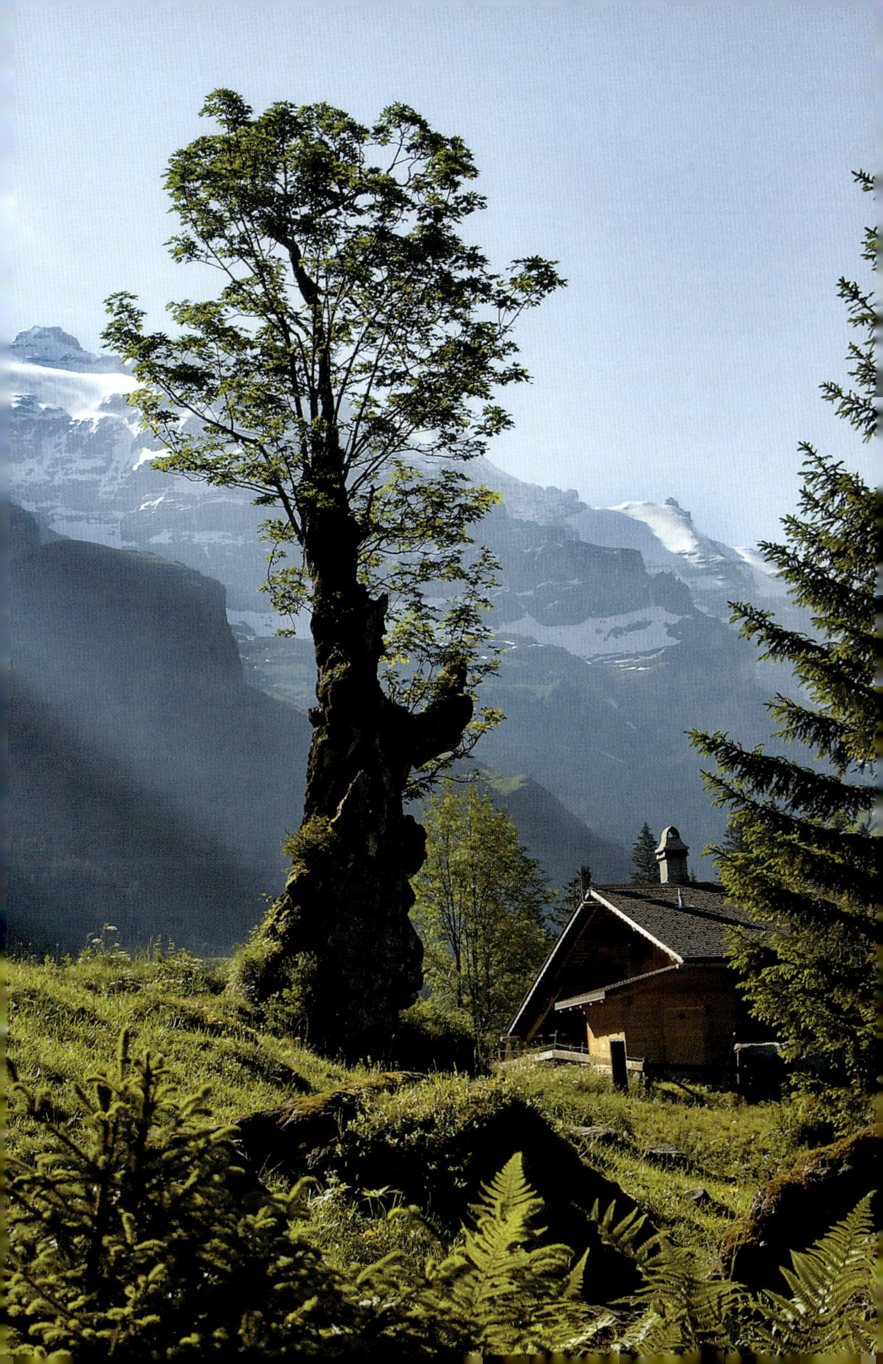

Von der Griesalp via Abendberg zum Tschingelsee BE

T2 (mit / ohne Abendberg)

⏲	7 h	6,5 h
Länge	18 km	15,5 km
▲	2360 m	2200 m

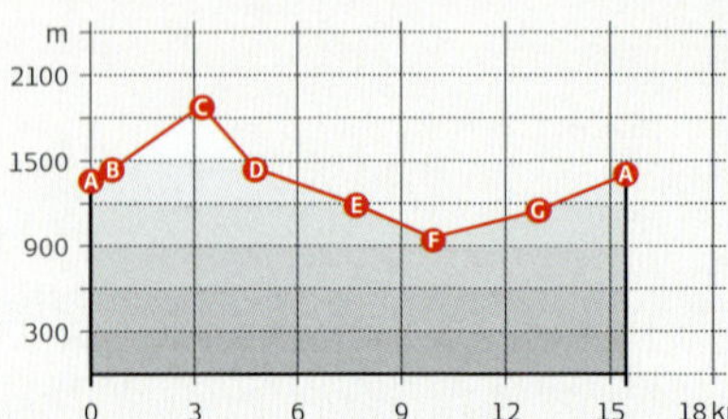

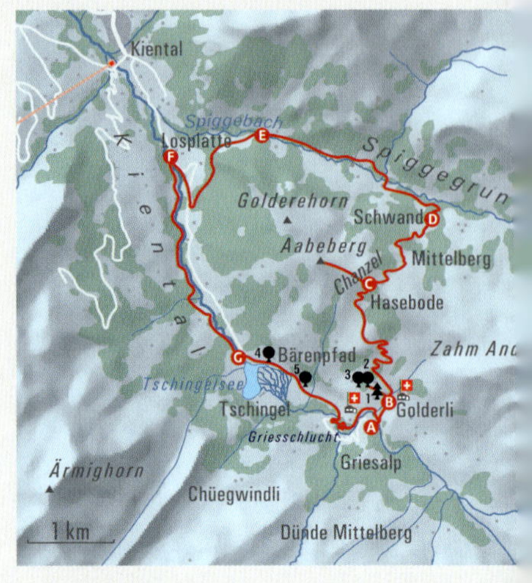

ROUTE A Griesalp (1408 m) – B Golderli (1440 m) – C Chanzel (1885 m) – D Schwand (1446 m) – E Spiggeweid (1195 m) – F Gornerenwasser-Brücke (960 m) – G Tschingelsee (1150 m) – A Griesalp (1408 m)

WANDERZEITEN 7 Std. mit jeweils 1180 m Auf- und Abstieg

TOURENCHARAKTER/SCHWIERIGKEIT T2. Einfache Wanderung zum Spiggegrund, danach dem Gornerenwasser entlang und schliesslich hinauf in die spektakuläre Griesschlucht. Zwischendurch Asphalt, ansonsten Wiesen- und Naturwege. Gelbe Wegweiser und rotweisse Bergwegweiser

BÄUME Eindrücklich sind eine Wetterfichte [1] und zwei Bergahorne [2–3] am Anfang der Wanderung nahe dem Berggasthaus «Golderli». Ein alter Bergahorn [4] mit zwei Beinen sowie eine Salweide [5], die an eine Harfe erinnert, stehen beim Tschingelsee

VARIANTE Vom Abendberg nicht zum Spiggegrund, sondern zur nächsten Abzweigung nach links Richtung Griesalp. Dann Richtung «Bir Alperue» und über Gornerenwasser und Tschingelsee in die Griesschlucht. Gehzeit ca. 5 Std., Distanz 11 km

BESTE JAHRESZEIT Mai bis September

UNTERKUNFT/VERPFLEGUNG Hotels und Restaurants auf der Griesalp. Empfehlenswert ist das «Golderli» (siehe Internetlink)

KARTEN Landeskarte der Schweiz, 1:50 000, Blätter 264 «Jungfrau» und 254 «Interlaken»; 1:25 000, Blätter 1228 «Lauterbrunnen» und 1248 «Mürren»

ANREISE/RÜCKREISE Mit dem Zug nach Reichenbach, von dort mit dem Postauto auf die Griesalp

INTERNETLINK www.golderli.ch

Die steilste Postautostrecke Europas

Wenn das Postauto auf die Griesalp zusteuert, geht es entschieden bergauf. Die Strecke zwischen Kiental und Griesalp gilt mit 28 Prozent Steigung als steilste Postbusstrecke Europas. Das Postauto ist hier kleiner als die üblichen Busse, damit es überhaupt um die engen Kurven kommt.

Seit 2001 gehört die Region Schweizer Alpen Jungfrau-Aletsch zum Unesco-Weltnaturerbe. Das Berner Oberland ist für seine Bergpanoramen berühmt. Die Palette an Naturschauspielen im hintersten Kiental, am Fusse des Blüemlisalpmassives gelegen, ist aber auch sonst nicht zu knapp: uralte Bergbäume, traumhafte Höhenwege, abgelegene Talsenken, spektakuläre Gletschertöpfe, tosende Wasserfälle und Bäche, wohin das Auge reicht. Ein Höhepunkt ist auch das mäandernde Wasser auf der Tschingelalp. Für die vorgeschlagene Route ist eine Übernachtung auf der Griesalp oder in der Nähe empfehlenswert, damit man am Morgen eine möglichst kurze Anreise hat, denn die Tagestour dauert mit Pausen etwa 9 Stunden. Parkplätze sind auf der Griesalp nur wenige vorhanden, die Strasse ist gebührenpflichtig, und Sperrzeiten verunmöglichen zeitweise das Befahren. Am besten informiert man sich vorher über den Postautofahrplan, damit man nicht ungewollt strandet.

Die Griesalp erstaunt trotz der touristischen Anziehungskraft durch ihre Einfachheit. Die meisten Bauten blieben traditionell und fügen sich gut in die Bergkulisse ein. Landschaftsprägend sind die Holzhäuser mit eingekerbten Inschriften und ausgewaschenen Schindeldächern, die bei Sonnenschein silbern reflektieren.

Konkav der Gletschertopf, konvex der Baumtorso

Zu Anfang der Wanderung ist der in 10 Minuten erreichbare Gletschergarten zu empfehlen. Drei gewaltige Wassertöpfe mit mehreren Metern Tiefe haben sich hier während der Jahrtausende gebildet. Der Hauptabfluss des Gamchigletschers hat sich weiter unten ebenfalls einen Weg gebahnt, der auf eindrückliche Weise in der Griesschlucht zu bestaunen ist. Diese sparen wir uns aber für den Schluss der Wanderung auf.

Vorerst gehen wir zurück zu den Wegweisern Richtung Golderli. Unterwegs kommen wir an einigen Gaststätten vorbei; in den meisten davon kann man auch übernachten. Bekannt ist vor allem das 1925 erbaute Berggasthaus «Golderli», da es an der Alpenpassroute vom Rhein zum Genfersee steht. Von diesem sind es nur wenige Schritte zu den ersten alten Bäumen. Sie stehen rund 5 Minuten entfernt in Richtung Fyscheren. Der erste Baum wächst auf einer Weide links der Strasse. Die Krone dieser Fichte [1] ist nur noch klein, der Haupttrieb geborsten. Eindrücklich ist vor allem der wuchtige Stamm mit 5,65 m Umfang und zwei gewaltigen Kandeläbern. Unweit davon steht auf der anderen Seite des Weges ein Bergahorn [2], siehe Bild S. 78, der noch stärker malträtiert ist. Ein Kronenbruch hat den Grossteil des Stammes zerrissen; die Krone wurde daraufhin gekappt. Der Umfang misst jedoch 6,90 m auf 1,5 m Höhe. Wegen der Hanglage ist der Stamm anders nicht messbar.

Ein Bijou von einem Baum

Ganz anders ein Exemplar [3], siehe Bild S. 87, wenige Schritte weiter unten: Dieser Baum ist nicht besonders dick, aber durch seine regelmässige, breite Astverzweigung ein wahres Bijou. Der Baum steht geschützt am Waldrand und ist vollkommen unbeschadet.

SAGENHAFT Unterwegs gelangen wir auf die «Kientaler Sagenwege». Auf dem Bärenpfad berichten zwei Sagen davon, wie ein Senn von einem Bären angegriffen wurde. In der harmloseren Geschichte endet der Zweikampf zu Gunsten des Sennen, der mitsamt dem Bären in die Tiefe stürzt, glücklicherweise aber auf dem weichen Fell von Meister Petz landet und so überlebt. Der Name des Mannes, Hans Andrist, ist in den Bergen oberhalb Gornere verewigt. Die beiden dort befindlichen Berggipfel heissen Zahm und Wild Andrist. Ob auch die «Wildi Frau», ein Berggipfel auf der anderen Talseite, den Namen einer Sage zu verdanken hat? Vorstellbar wäre es.

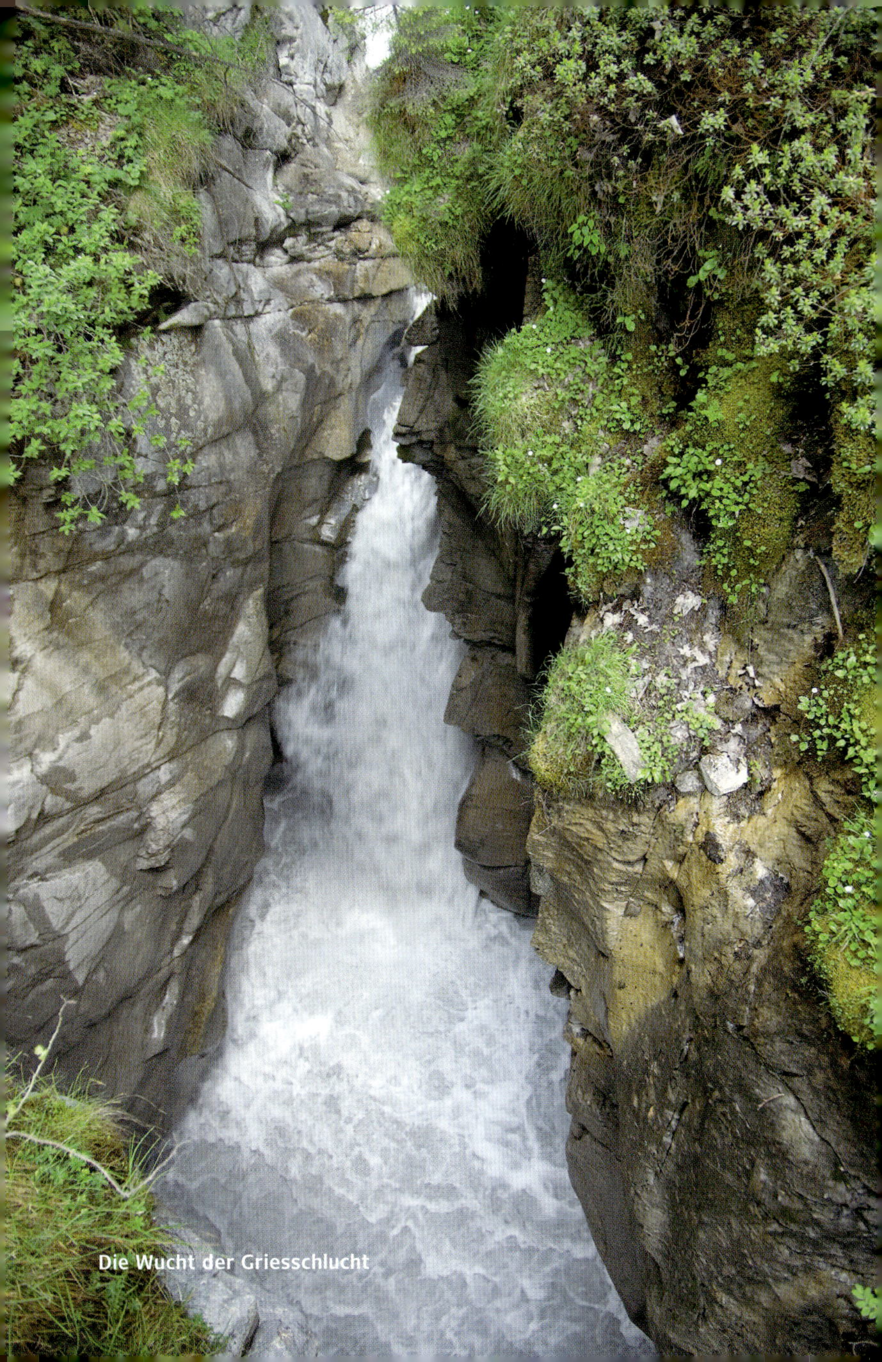

Die Wucht der Griesschlucht

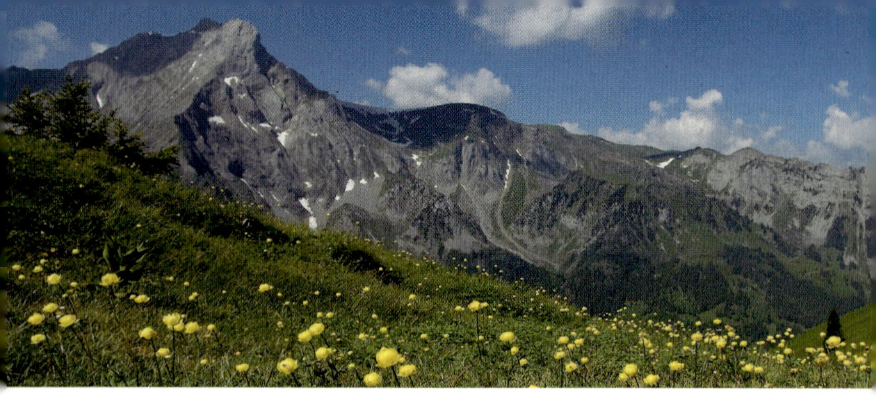

Panorama auf dem Abendberg

Der Besitzer hat die beiden Altbäume zu ihrem Schutze erst kürzlich eingezäunt; das Betreten der eingezäunten Zone ist nicht erlaubt. Man kann sich die Bäume aber auch von der Strasse bestens anschauen. Der dünnere Bergahorn hat in der Region grosse Bekanntheit bei spirituell Suchenden erlangt. Auch mystische Märchen wurden unter ihm bereits vorgetragen.

Zu früher Stund' auf dem Abendberg

Wasser ist zwar in den nächsten Stunden im Überfluss vorhanden, was Baumliebhaber anbelangt kommt nun aber eine lange Durststrecke. Der nächste Baumriese befindet sich etliche Kilometer entfernt. Trotzdem geht es kurzweilig voran. Unser nächstes Ziel ist der «Aabeberg». Beim Restaurant «Golderli» weist der Wegweiser «Abendberg» in seine Richtung im Norden. Der Aufstieg ist zwar teilweise bewaldet, grösstenteils gehen wir aber auf offenen Weiden. Zu dieser Jahreszeit, Ende Juni, entfalten die Blumenwiesen ihre ganze Pracht. Dementsprechend gross ist auch die Anzahl der Insekten. Schmetterlinge, wie beispielsweise Schwalbenschwänze, sind auf Balzflug, und der Kleine Fuchs sonnt sich auf der Spitze des Weissen Germer, einer für Mensch und Tier giftigen Pflanze.

Vom Höhengrat Chanzel, wo der Blick auf den Spiggegrund frei wird, kann man entweder direkt hinunter Richtung Kiental wandern oder den 15-minütigen Abstecher auf den 1964 m hohen Abendberg

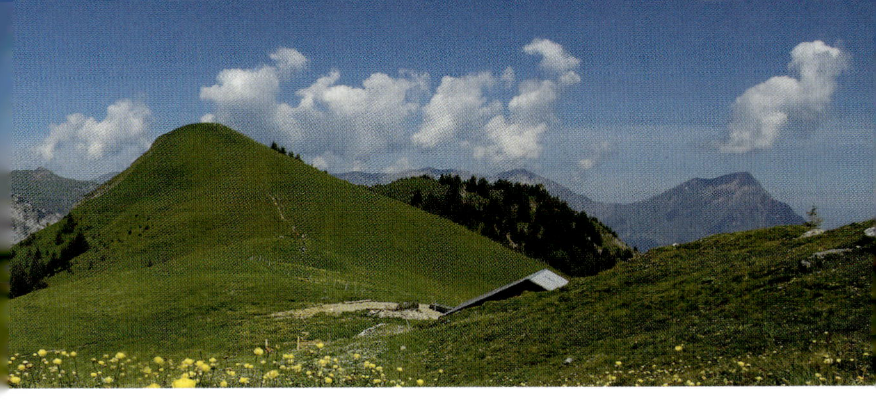

machen. Die nur mit Gras bewachsene Kuppe bietet ein 360-Grad-Panorama auf Blüemlisalp, Dreispitz, Schwalmern, Schilthorn und Niesen bis ins Thuner Westamt. Von hier gehen wir wieder zurück zur Chanzel bis zur Abzweigung nach Schwand.

Schwand selbst ist nur ein Hof, den wir passieren. Aus einem Pfad wird eine Kiesstrasse, der wir so lange folgen, bis sie in eine Teerstrasse übergeht. Davor zeigt das Wanderwegzeichen rechts nach Spiggegrund und bringt uns zum rauschenden Spiggebach, der durch das schmelzende Eis der Berge rundherum gespeist wird. Bei der Abzweigung Spiggegrund verlassen wir den Wanderweg, gehen über die Brücke wieder auf die andere Flussseite und gelangen, immer der Strasse folgend, schliesslich zur Postautohaltestelle «Kiental, Abzw. Spiggengrund». Wir marschieren noch wenige Meter talabwärts. Links öffnet sich der Waldrand, und linker Hand geht es auch einen unscheinbaren Weg hinunter. Der Wanderwegweiser fehlt leider, die Vorrichtung und die Stange sind aber noch zu erkennen. Nach einigen Minuten Fussmarsch gelangen wir wiederum zu einer Brücke, die über das Gornerenwasser führt. Dahinter gehen wir mit Richtungswechsel wieder talaufwärts, immer in Richtung Griesalp.

Rauschende und berauschende Naturschönheiten

Der Bach führt freigiebig Wasser, und erst am Tschingelsee erlahmt das Getöse des reissenden Gewässers. Der Tschingelsee ist alles andere als rauschend. Der natürlich gestaute See bildet einzelne Bachläufe, in denen das milchige Gletscherwasser unterschiedlich rasch fliesst und sich in unzählige Nebenarme verzweigt. Von oben betrachtet wirkt das Ganze wie das Wurzelwerk eines Baumes. Dazwischen wachsen saatgrüne Teppiche aus Sauergras und Wasserschachtelhalm.

An diesem See steht unser nächster Baumriese, ein Bergahorn. Wenn wir den Talwanderweg zur Griesalp nehmen, kommen wir an ihm vorbei. Er fällt durch seine urchige Gestalt auf. Der geneigte Stamm des Bergahorns [4] ist hohl und hat einen Durchbruch, was aussieht, als stünde der Baum auf zwei Beinen. Interessant ist auch eine Salweide [5] wenige hundert Meter weiter am linken Waldrand. Sie präsentiert sich in einer ausgeprägten Harfenform. Der Leittrieb ist durch den schlechten Halt in die Horizontale gekippt, und die Seitenäste haben sich daraufhin in die Vertikale erhoben. Allerdings wurde leider der vorderste Teil dieser Baumkonstruktion abgehauen. Solche Harfenbäume gehören geschützt.

Spektakel in der Schlucht

Die Tschingelalp ist topfeben. Den Felsenkessel rundherum, dessen Wände lotrecht aufsteigen, gilt es nun aber zu bezwingen. Die letzte Etappe erfordert deshalb nochmals Beinkraft, ist aber so eindrücklich, dass man sämtliche Leiden vergisst. Das Gornerenwasser hat hier nämlich eine gewaltige Schlucht in den Stein gewaschen. Ungestüm stürzt sich der Bach mit konzentrierter Kraft

NATURGEWALT Am 28. Juli 1972 löste ein heftiges Hagelgewitter im nördlichen Talboden der flachen Tschingelalp eine Schuttlawine aus, die den Abfluss des Gornerenwassers verschüttete und verstopfte. Innerhalb einer Nacht bildete sich ein natürlich gestauter See. Durch angeschwemmten Kies und Sand entstand ein Delta, das in der Schweiz einmalig ist. In geraumer Zeit wird der Tschingelsee wieder verlanden und erneut die Form einer Wildflusslandschaft annehmen. Die reich verzweigten Flussarme wirken aus der Vogelperspektive wie Wurzeln eines Baumes.

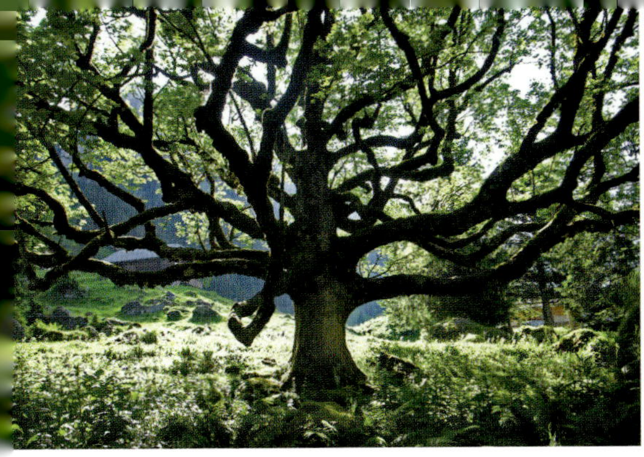
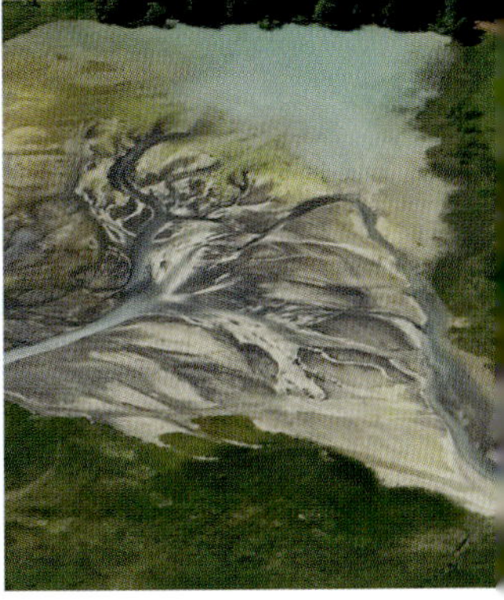

«Märli-Ahorn» und Tschingelsee, beide reich verzweigt

hinunter zur Tschingelalp. Während wir von dem Spektakel anfangs nur aus dem Postauto heraus ein wenig mitbekommen haben, erlaubt der Wanderweg einen vertieften Einblick in all die Strudeltöpfe, die blank geschliffenen Steine und bemoosten Hänge. Teilweise sind die Einschnitte so tief, dass das Wasser für längere Zeit verschwindet und nur die Gischt wie aus einem brodelnden Topf in die Höhe steigt. Wie an einer Perlenschnur reiht sich Wasserfall an Wasserfall. Die beeindruckendsten Stationen haben Namen wie Hexenkessel, Pochtenfall und Dündenfall. Die halbminütigen Abstecher unterwegs dahin sind deshalb ein Muss, und wer vom Aufstieg ins Schwitzen gekommen ist, stelle sich neben den Pochtenfall, um mit einer erfrischenden Dusche beglückt zu werden. Wer ein kühles Getränk bevorzugt, hat nach Ende der Griesschlucht die Qual der Wahl, denn gemütliche Restaurants stehen von hier bis zur Griesalp genug zur Verfügung. Auf der in 1364 m Höhe gelegenen Pochtenalp verweist ein origineller Wegweiser zur nebenstehenden Pension «Waldrand Pochtenalp». Bauernschlau steht darauf geschrieben: «2 Minuten bis Eistee und kühles Bier, 3 Minuten Kaffee und Güetzi und 10 Minuten dauert es, bis der Pochteliteller serviert wird.»

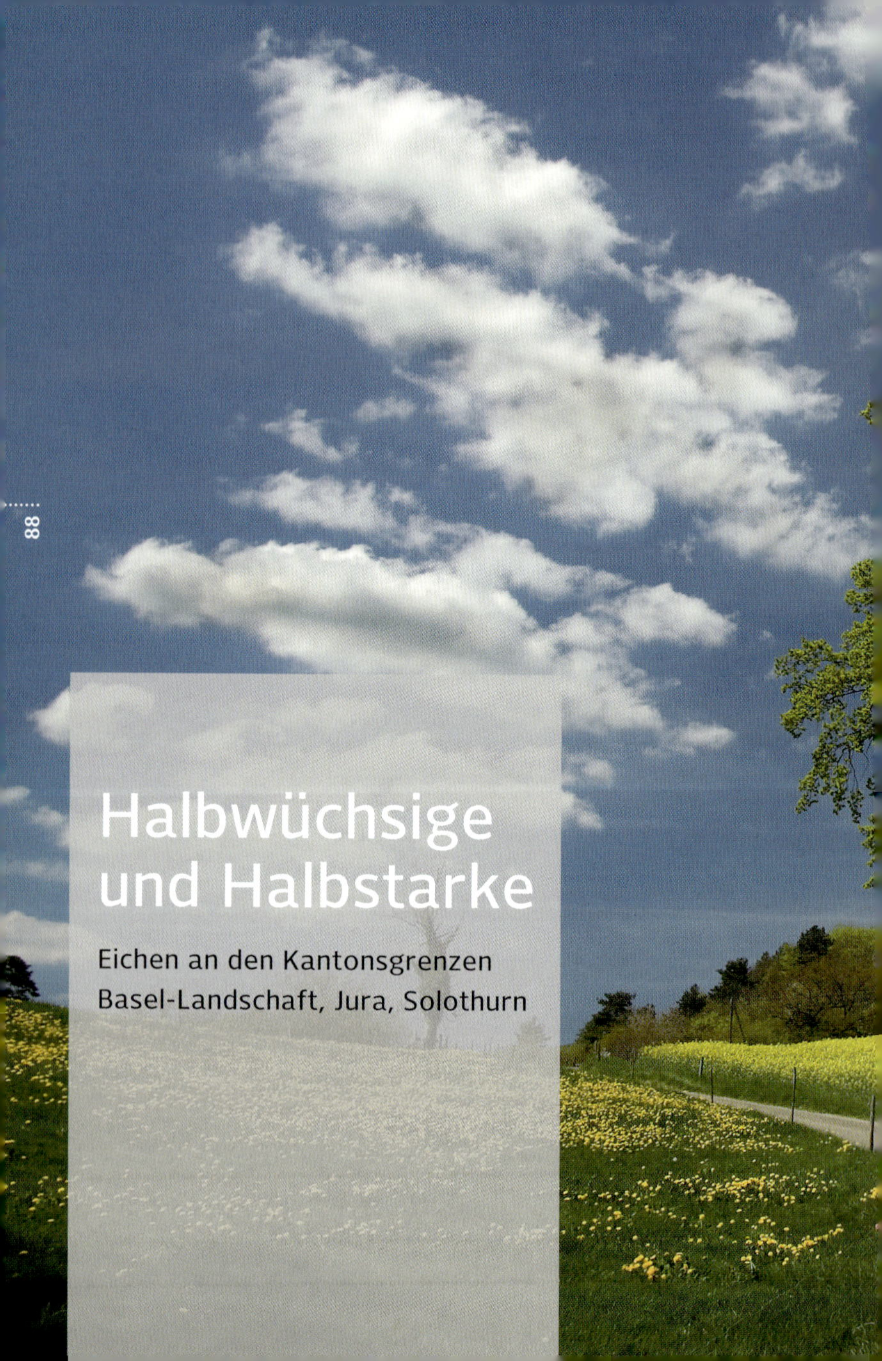

Halbwüchsige und Halbstarke

Eichen an den Kantonsgrenzen Basel-Landschaft, Jura, Solothurn

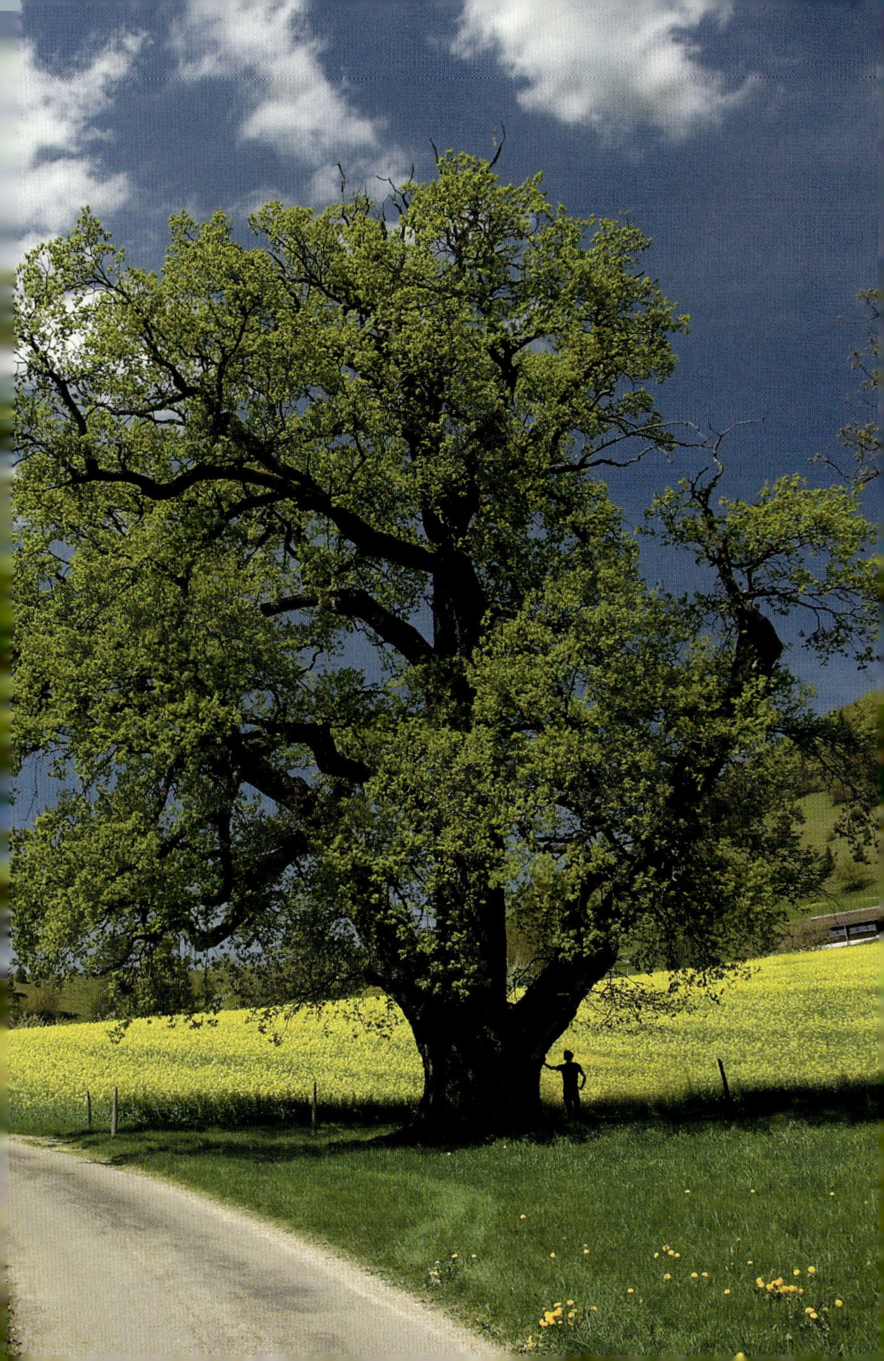

Von Riederwald BL via Soyhières JU nach Liesberg BL

T1

⏲ 4 h

14,5 km

960 m

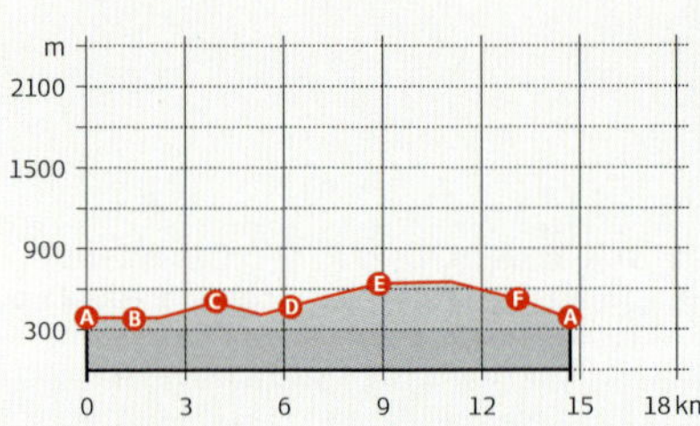

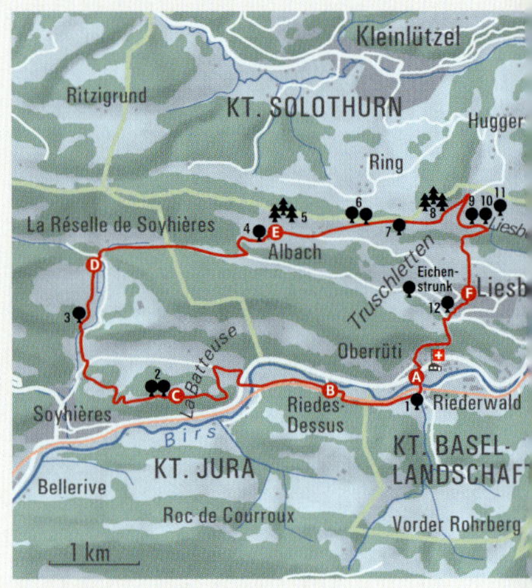

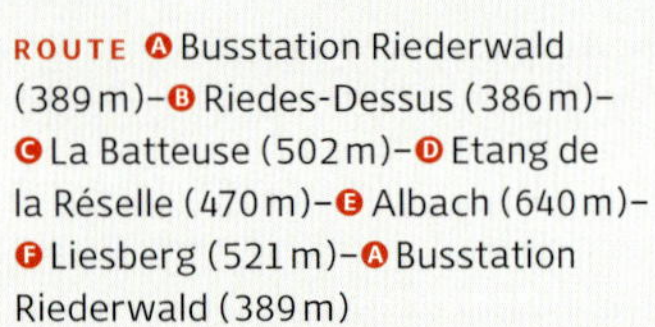

ROUTE Ⓐ Busstation Riederwald (389 m)–Ⓑ Riedes-Dessus (386 m)–Ⓒ La Batteuse (502 m)–Ⓓ Etang de la Réselle (470 m)–Ⓔ Albach (640 m)–Ⓕ Liesberg (521 m)–Ⓐ Busstation Riederwald (389 m)

WANDERZEITEN 4 Std. mit jeweils 480 m Auf- und Abstieg

TOURENCHARAKTER/SCHWIERIGKEIT
T1. Einfacher Weg, nur zu gewissen Zeiten beim Standort der beiden Roteichen durch ein angepflanztes Weizenfeld erschwert begehbar. Allerdings wechselt der Ackerbau von Jahr zu Jahr, weshalb man dieses Stück im schlimmsten Fall umgehen muss. Stellenweise Asphaltwege, ansonsten Wiesen- und Naturwege. Gelbe Wegweiser und rotweisse Bergwegweiser

BÄUME In Soyhières auf der Weide La Batteuse stehen zwei nordamerikanische Roteichen [2]. Die eine ist die dickste ihrer Art. Bedeutende, aber trotzdem weitgehend unbekannte Eichen stehen bei Liesberg [6, 7, 9–11]. Bemerkenswert sind ausserdem Buchs [1], Feldahorn [3], Zwetschge [4], wilde Wacholder [5, 8] und Quitte [12]. Einzeln verstreut findet man oberhalb Liesberg sogar beachtliche Wildäpfel und Wildbirnen (nicht eingezeichnet)

BESTE JAHRESZEIT Ganzjährig

UNTERKUNFT/VERPFLEGUNG Restaurants in Soyhières und Restaurant «Rütli» in Oberrüti bei Liesberg; Hotel «Le Cavalier» in Soyhières und Hotel «Rössli» in Liesberg

KARTEN Landeskarte der Schweiz, 1:50 000, Blatt 223 «Delémont»; 1:25 000, Blatt 1086 «Delémont»

ANREISE/RÜCKREISE Mit dem Postauto nach «Liesberg, Riederwald»

INTERNETLINKS
www.sbb.ch, www.postauto.ch

Der Lauf im Laufental

Wenn in der Schweiz von alten Eichen die Rede ist, fallen bei Baumkennern rasch die jurassischen Ortsnamen Châtillon und Wildenstein. Soyhières und Liesberg, zwei Orte, die dazwischen liegen, scheinen – was Bäume anbelangt – unbekannt geblieben zu sein. Hier trifft man aber auf je einen einzigartigen Eichenstandort.

Unsere erste Wegstrecke führt von der Bushaltestelle Riederwald Richtung Delémont. Im Weiler Niederriederwald (Riedes-Dessous) fällt ein gewaltiger Buchsbaum [1] auf, der durch seine Grösse die Funktion eines Dorfbaumes einnimmt. Aus den Feldern streckt der Klatschmohn Ende Juni eine Unzahl von Köpfen hervor und sorgt für Tausende blutroter Farbtupfer. Wir spazieren im Laufental flussaufwärts der Birs entlang. Die Kantons- und Sprachgrenze haben wir bereits überschritten; im Jura nennt man den Fluss deshalb La Birse. Nach dessen zweiter Überquerung verlassen wir den Wanderweg und kreuzen die gefährliche Hauptstrasse geradewegs Richtung «Stand». Obschon die Strasse kaum befahren ist, könnten Lastkraftfahrzeuge des nahen Kieswerks vorbeidonnern. Bei der nächsten Abzweigung nach links kommen wir zur Abraumhalde und zum Schiessstandgebäude dahinter am Waldrand.

Zwei eigenartige Eichenveteranen

Der Waldweg führt bald an einer gepflegten Feuerstelle vorbei und endet in einem Feld. 2010 beispielsweise wurde hier Weizen gesät, zwei unbewachsene Schneisen machen es jedoch begehbar. Allerdings bleibt man immer wieder am hochgewachsenen Klettenlabkraut hängen, das unscheinbare, aber spürbare Widerhaken aufweist. Am Ende des Feldes wachsen zwei majestätische Eichen. Ihre Blätter sind aussergewöhnlich spitz gelappt. Wer im Herbst kommt, den wird die Rotfärbung verblüffen. Bei den beiden Exemplaren handelt es sich nämlich um Roteichen [2], die aus Nordamerika stammen und erst Ende des 17. Jahrhunderts nach Europa gelangten. Seit das dickste bekannte Exemplar in Zofingen gefällt wurde, ist die eine Roteiche hier mit 5,25 m Umfang die neue Rekordhalterin. Ihr Stamm teilt sich in eine schüttere, aber kräftige Krone. Trotz der Wuchtigkeit ist die Eiche im Vergleich zu ihresgleichen in Nordamerika jedoch als «Halbwüchsige» zu bezeichnen.

Noch eine eindrückliche Eichengruppe

Von den beiden Eichen führt ein Schotterweg weiter über idyllische Weiden, bis er im rechten Bogen zu einem abgelegenen Fussballplatz kommt. Die Einbahnstrasse links daneben bringt uns ins Tal zu den ersten Wanderwegzeichen, die uns zum «Etang de la Réselle» geleiten, einem kleinen See, der zum Pausieren und bei geeignetem Wetter zum Fuss- oder Vollbaden verführt. Zuvor kommen wir links vom Weg an einem stattlichen, mit Misteln bewachsenen Feldahorn [3] vorbei.

In Richtung La Réselle de Soyhières und danach immer Richtung Laufen (Laufon) gewinnen wir in einem länglichen Tal langsam, aber stetig an Höhe. Vor dem «Albach-Hof» stehen linker Hand eine Zwetschge [4] mit 1,65 m Umfang und oberhalb davon, wie auch später oberhalb von Liesberg, wilde Wacholder [5] und Birnen [8], wie man sie nur noch selten antrifft. Unterwegs besticht das «Käpelli» als spirituelle Sehenswürdigkeit. Daneben verläuft der Wiesenweg weiter Richtung Laufen. Auf ihm erreichen wir die Krete mit vier stattlichen Eichen [6], die gewissermassen die Kantonsgrenze zum Schwarzbubenland, der solothurnischen Exklave

HALBSTARKE Anders als z. B. die Linde beharrt die Eiche auf ihrer Kronenarchitektur und versucht, den Widrigkeiten des Klimas zu trotzen. Sie ist so gesehen eine «Halbstarke», denn über kurz oder lang brechen auch ihre stärksten Äste. Diese wachsen nur selten nach, weshalb bei alten Eichen oft nur ein halbtoter Stamm übrig bleibt. Die letzte Eiche auf unserer Wanderung oberhalb Liesberg ist aber noch unbeschadet. Ihre Äste teilen sich ab ein und derselben Höhe in einen gewaltigen Baumstrauss von 36 m Breite. Einer der horizontalen Äste misst alleine 19 m in der Länge. Ganz anders die «Wöschi-Eiche» am Truschletenweg in Liesberg. Seit dem Rückschnitt ist sie nur noch ein efeubewachsener Stumpf und längst tot.

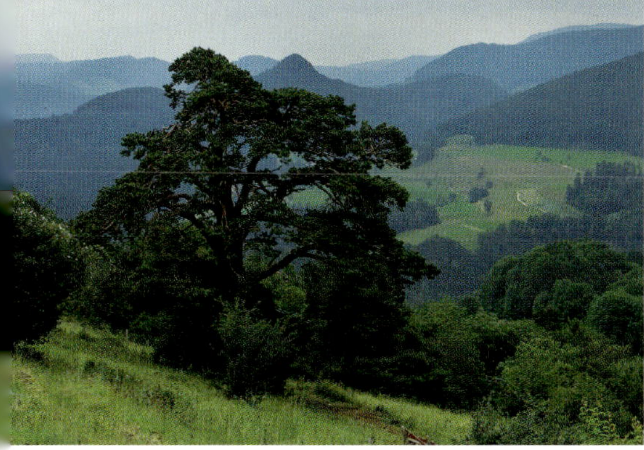
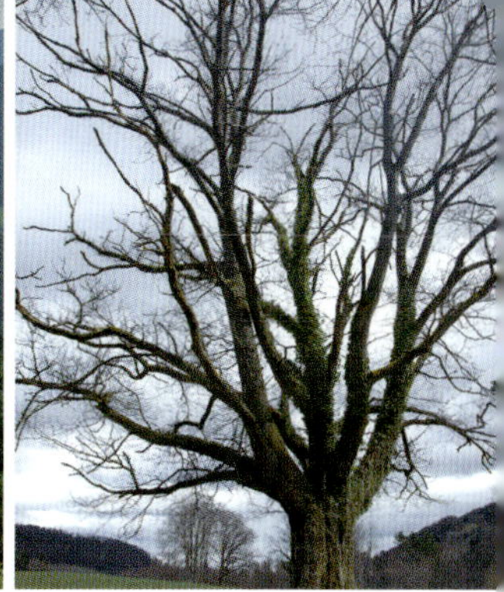

Landschaft mit asiatischem Flair und die dickste Roteiche der Schweiz

Kleinlützel, markieren. Eindrücklich ist auch eine Eiche [7] unterhalb der Wanderwegtafel «Oltme». Sie weist einen ausgeprägten Drehwuchs auf, wie man ihn bei Eichen nur sehr selten feststellen kann. Vermutlich ist der Torsionswuchs ein Zeichen für Trockenheit und hilft dem Baum, Wasser und Nährstoffe effizienter in die Krone zu transportieren. Eine andere Eiche ist vollständig dürr, ihr Totholz aber Insekten und Kleintieren willkommen. Auch die bereits erwähnten Wacholder, an denen wir vorbeikommen, sind ein Hinweis, dass hier nur selten genug Wasser vorhanden ist. Knorrige Waldkiefern und bewaldete Hügel in der Ferne geben der Landschaft eine asiatische Note. Vor allem der 769 m hohe «Stürmenchopf» dominiert durch seine spitzkegelige Form.

Nachdem wir rechts die Asphaltstrasse nach Liesberg hinuntergegangen sind, kommen wir unterhalb des «Liesbergweid-Hofes» zu einer imposanten Eichengruppe. Die beiden dicksten Bäume messen je 6,85 m im Umfang [9, 10]. Kaum zu glauben, dass diese Eichen weitgehend unbekannt geblieben sind. Eine davon hat eine perfekte straussförmige Krone und ist noch sehr vital [10], siehe Infobox S. 92. Nicht weit entfernt liegt das heimelige Dorf Liesberg, das wir Richtung Riederwald durchwandern. Der Weg führt an einer schräg wachsenden Quitte [12] vorbei, die Treppe hinunter und ein Stück dem Ammonitenweg entlang nach Oberrüti bei Riederwald. Von dort sind es nur noch wenige Gehminuten zur Hauptstrasse und zu unserem Ausgangspunkt.

Die legendäre Linde von Linn

Kleinste Aargauer Gemeinde mit grösstem Baum des Kantons

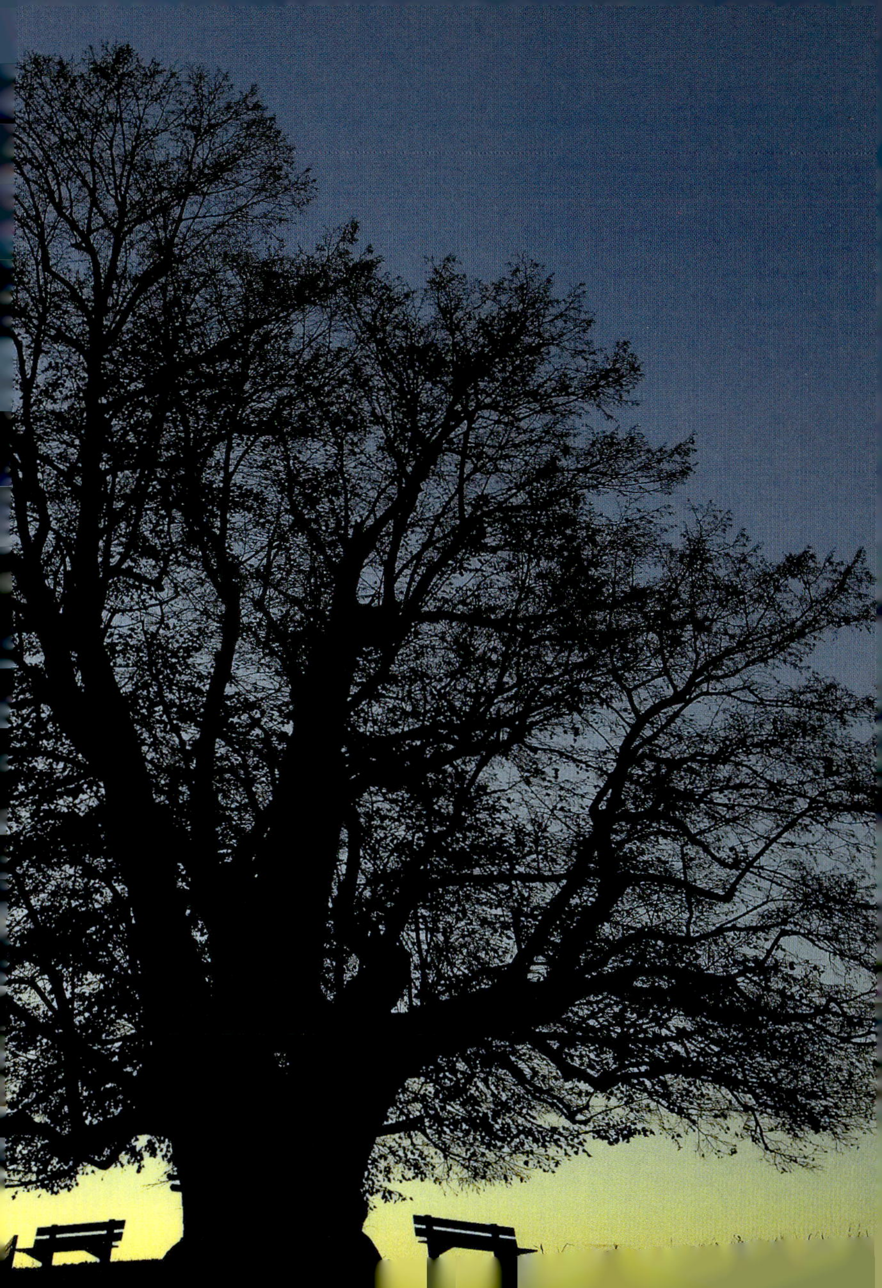

Von Effingen via Linn zum Zeiher Homberg AG

T1

4,75 h

16,5 km

1140 m

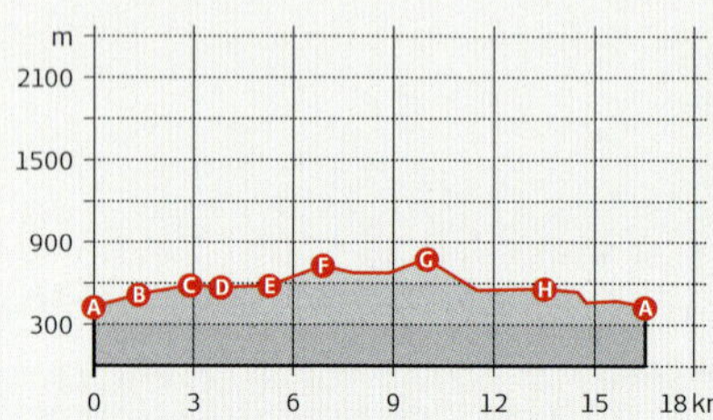

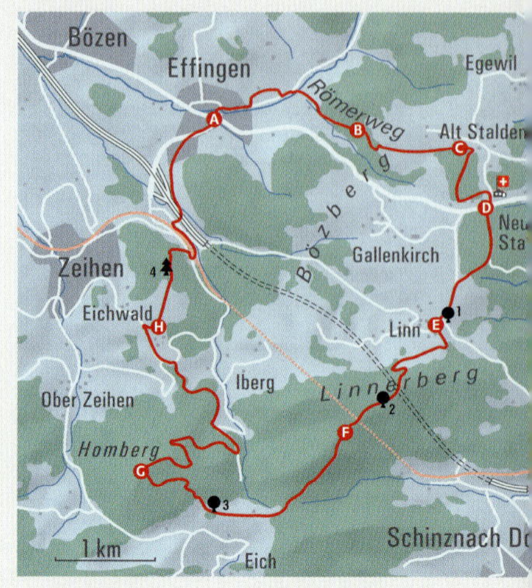

ROUTE Ⓐ Effingen (430 m) – Ⓑ Römerweg (520 m) – Ⓒ Alt Stalden (584 m) – Ⓓ Neu Stalden (569 m) – Ⓔ «Linner Linde» (583 m) – Ⓕ Linnerberg (728 m) – Ⓖ Zeiher Homberg (779 m) – Ⓗ Eichwald (560 m) – Ⓐ Effingen (430 m)

WANDERZEITEN 4,75 Std. mit jeweils 570 m Auf- und Abstieg

TOURENCHARAKTER/SCHWIERIGKEIT T1. Einfache Wanderung von Effingen über den Römerweg nach Linn und von dort über den Linnerberg und den Zeiher Homberg zurück nach Effingen. Stellenweise Asphalt, ansonsten Naturwege. Der Römerweg ist ein schmaler, in den Kalkstein gehauener Weg mit Furchen, der bei Nässe sehr rutschig sein kann. Gelbe Wegweiser

BÄUME Der Weg bringt uns zur legendären «Linner Linde» [1], dem seit vielen Jahren bekanntesten Baum der Schweiz. Wir treffen auf Feldahorn [2–3] und Douglasie [4]

VARIANTE Kürzer, aber ebenso reizvoll ist die Route, die von Linn in knapp einer Stunde direkt zurück nach Effingen führt. Über ein abgelegenes Tal erreichen wir das Sagenmülitobel. Wasserfälle mit teils starker Tuffbildung sind auf der insgesamt 10 km langen, zweieinhalbstündigen Variante zu sehen

BESTE JAHRESZEIT Ganzjährig

UNTERKUNFT/VERPFLEGUNG Hotels in Effingen oder Brugg; Restaurants in Effingen oder am Passübergang Bözberg bei Neu Stalden

KARTEN Landeskarte der Schweiz, 1:50 000, Blatt 214 «Liestal»; 1:25 000, Blatt 1069 «Frick»

ANREISE/RÜCKREISE Mit dem Postauto nach Effingen

INTERNETLINK www.pro-boezberg.ch

Auf den Spuren der Vegetationskulte

Staunen und Dankbarkeit für die Gaben von Mutter Natur sind durch die Rationalisierung der Agrarwirtschaft oft abgeflaut. Gedankenlos besorgen wir essbares Grünzeug im Laden. Wie viel Arbeit, Geduld und Wissen benötigten dagegen unsere Ururgrosseltern, um Gemüse und Obst anzuziehen und zu ernten?

Die Frühlingsmonate waren entscheidend für das Überleben eines Bauern. Das Wiederergrünen der Landschaft wurde entsprechend hoch gewichtet. Unzählige Fruchtbarkeits- und Vegetationsrituale in ganz Europa zeugen noch heute davon. In der Schweiz haben sich die Maikulte insbesondere im Fricktal erhalten. In Effingen, dem Startpunkt unserer Wanderung, findet in geraden Jahren am Weissen Sonntag die «Eierleset» statt. Im verträumten Weinbaudorf erwachen an diesem Tag die Vegetationsdämonen zu neuem Leben; die «Grünen» und der «Eierleser», die den Frühling verkörpern, sagen den «Dürren» und dem «Reiter», die den Winter versinnbildlichen, den Kampf an. Der Brauch will es, dass der «Eierleser» (Eierläufer) in einem Wettlauf 162 Eier aufliest, während der «Reiter» eine gewisse Strecke hinter sich bringt. Natürlich gewinnt stets der Frühling.

Ein Passübergang mit 2000-jähriger Geschichte

Über den Bözberg, der das Frick- vom Aaretal trennt, geht die kürzeste Verbindung zwischen Zürich und Basel. Schnell kommt man heute durch die 1996 erstellte unterirdische Autobahnverbindung oder den 1875 fertiggestellten Eisenbahntunnel, der zur damaligen Zeit als gekonntes Beispiel der Ingenieurbaukunst galt. Doch bereits zu Römerzeiten führte die übliche Traverse von Vindonissa (Windisch) und Augusta Raurica (Kaiseraugst) über den Bözberg, «Vocetius mons» genannt. Die Spuren der Römer sind heute noch auf eindrückliche Art und Weise erkennbar. Auf der Römerstrasse, auf der wir von Effingen Richtung Alt Stalden gehen und die unter eidgenössischem Denkmalschutz steht, sind die Radspuren als tiefe Furchen im Jurastein unübersehbar. Im Gegensatz zu früher wird diese Wegstrecke, die heute vollständig im Wald gelegen ist, kaum noch begangen. Umso mythischer wirken die Felsrinnen, über die bei Regen die angesammelten Herbstblätter weggeschwemmt werden. Kaum zu glauben, dass sich die Wagenräder in den Felsritzen nicht festfuhren und Pferd und Wagen die steile und rutschige Strecke überwinden konnten.

Bevor wir uns weiter darüber Gedanken machen können, sind die Spuren unter unseren Füssen bereits versandet. Die Steigung flacht ab, und vor uns öffnet sich ein mit Kalksteinschotter übersäter Acker, dessen orangefarbene, lehmige Erde in Regenzeiten am Schuhwerk hängen bleibt. Wer sich bleischwere Füsse ersparen möchte, sollte deshalb auf dem Weg bleiben. Dieser führt zum Weiler Alt Stalden, wo wir dem Wegweiser nach Linn folgen. Beim Gasthaus «Bären» gibt es, ausser währschaften Speisen, sporadisch auch eine Bäckerei-Standbude mit frischem Gebäck.

Die «Linner Linde», ein Pest- und Schicksalsbaum

Haben wir den Wald hinter uns gebracht, lugt gleich danach die Kronenspitze der dicksten Bewohnerin von Linn hinter einem Hügelband hervor. Die «Linner Linde» [1] ist der bekannteste lebende Baum der Schweiz und wird fälschlicherweise immer wieder als dickster des Landes bezeichnet. Dass etliche Edelkastanien, Mam-

PFINGSTSPRÜTZLIG Ehemalige Vegetationskulte finden sich auch in den Nachbardörfern von Effingen. Was anderswo in Europa «Maikönig», «Pfingstkönig», «Grüner Georg», «Hans im Grün» oder «Mary Gipsy» genannt wird, ist in den Aargauer Gemeinden Gansingen und Sulz der «Pfingstsprützlig». Bei diesem Brauch wird ein Bursche in Buchenlaub eingewoben. Der «Pfingstsprützlig» kann mit seinem belaubten Kleid kaum gehen und wird mit Hilfe von zwei Begleitern ins Dorf gebracht, wo er von Brunnen zu Brunnen zieht, um das lebensspendende Quellwasser zu beschwören und Schaulustige mit Brunnenwasser bespritzt. In seine Arme werden junge Frauen geschubst, die dadurch lebenslange Fruchtbarkeit erhalten sollen.

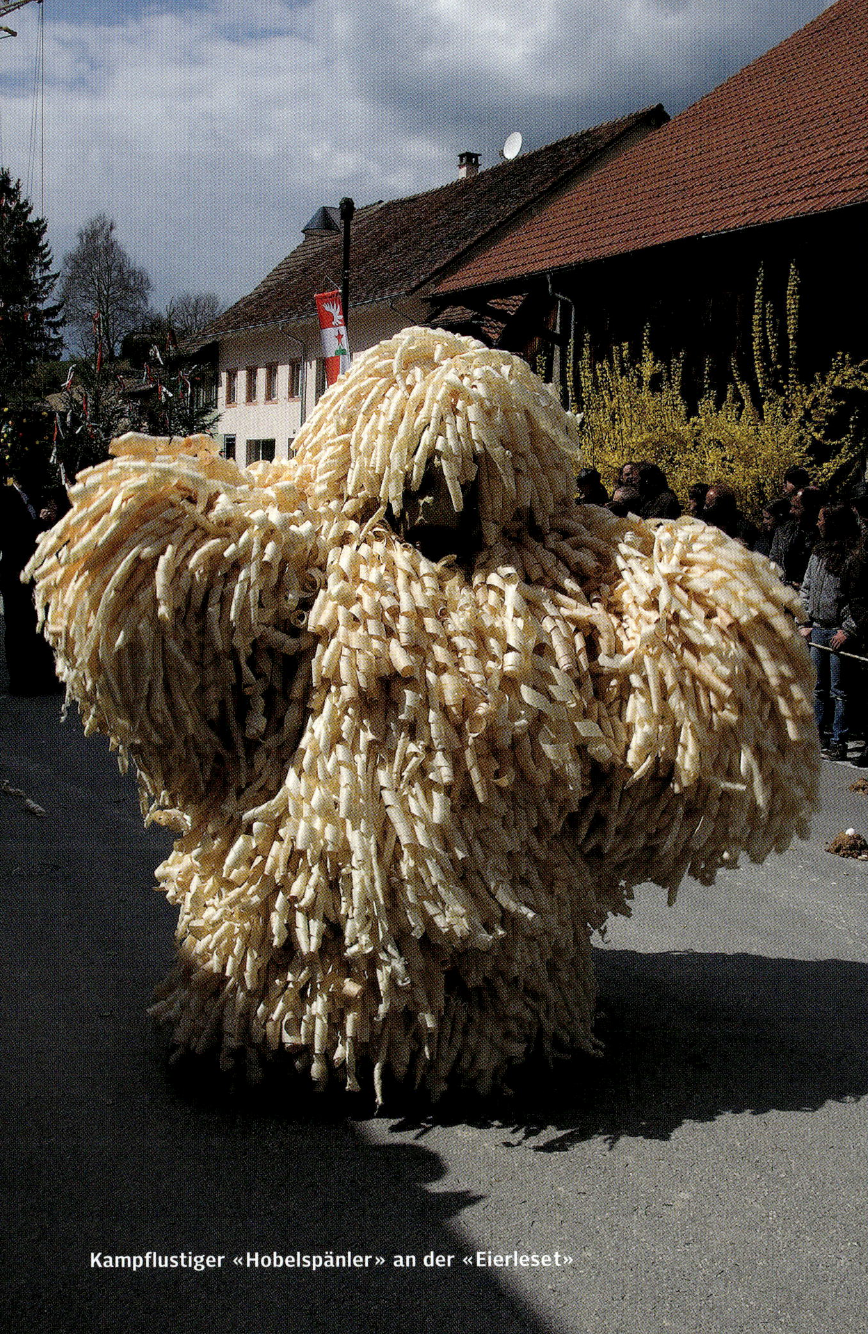

Kampflustiger «Hobelspänler» an der «Eierleset»

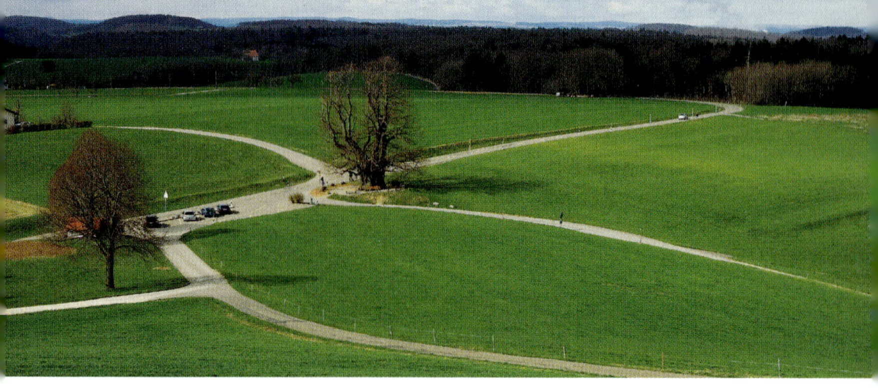

Treffpunkt bei der Pestlinde in Linn

mutbäume und sogar zwei Bergahorne, eine Lärche sowie eine andere Linde seinen Umfang auf 1 m Höhe noch übertrumpfen, ist erst seit der Publizierung von «Baumriesen der Schweiz» bekannt. Zu den beeindruckendsten Bäumen Europas gehört die «Linner Linde» aber nach wie vor. Kaum ein Baum verkörpert maximale Wachstumsreife und jugendliche Vitalität so schön wie der grösste Baum im Aargau, der in der kleinsten Gemeinde des Kantons steht. An Ort und Stelle führt übrigens auch der europäische Fernwanderweg Pyrénées–Jura–Balaton vorbei.

Die Meinungen, was das Alter des Baumes betrifft, gehen weit auseinander. Überliefert ist die Sage, dass der heilige Gallus, ein irischer Missionar, im 6. Jahrhundert unter der Linde ausruhte oder sie sogar pflanzte. Die Wahrscheinlichkeit, dass Gallus an diesem exponierten Ort tatsächlich eine Linde pflanzte, ist gross, denn die Linde galt als Symbol des Christentums und wurde deshalb überall verbreitet. Vermutlich lebte diese Linde oder eine Nachfolgerin noch 1307, als das Dorf erstmals in einer Urkunde als «in dem dorf ze Lind» Erwähnung fand.

Als in Europa eine der schlimmsten Pestepidemien wütete, kam die todbringende Krankheit 1348/49 auch nach Linn. Etwa zur selben Zeit wurde wahrscheinlich die heutige Linde gesetzt. Nach dem Volksglauben hielt dieser Baum nämlich Krankheiten fern und sollte so das Land vor weiterem Unheil schützen. Als weiteres Pflanzdatum käme das Jahr 1415 in Frage, als die habsburgische

Macht endete und die neuen Herren aus Bern eintrafen. Die «Linner Linde» steht apokalyptisch mit der zwei Kilometer Luftlinie entfernten Habsburg in Verbindung. So hiess es: «Leit d'Linde-n-ihr's Chöpfli ûfs Ruedelis Hûs, se-n-isch's mit alli Welten ûs.» Was bedeutet: Spätestens wenn die Linde so gross ist, dass sie ihren Schatten auf die Habsburg wirft, dann ist die Zeit der österreichischen Macht vorüber. Der Mathematiker Karl Matter berechnete, dass zweimal im Jahr tatsächlich der Schatten auf die gegenüberliegende Talseite geworfen wird. Die Wirtin auf der Habsburg hat dies allerdings innerhalb von 65 Jahren erst einmal erlebt.

Zäher Baumveteran

Es ist ein Wunder, dass die Linde überhaupt so gross werden konnte. Erstmals in Gefahr war sie 1586, als sie gefällt werden sollte, weil unter ihr eine Anna Meier mit dem Teufel in Verbindung getreten sein soll. Die als Hexe verschriene Frau wurde des Landes verwiesen und die Linde glücklicherweise stehen gelassen.

1863 wurde sie durch einen Brand massiv beschädigt. Danach war ein Stammdurchgang entstanden, weshalb man, um den hohlen Stamm zu füllen, eine andere Linde in den Hohlraum pflanzte. Es war fast schon ein Glück, dass der konkurrenzierende Jungbaum 1908 bei einem Lagerfeuer Jugendlicher abbrannte. Allerdings stand auch diesmal die alte Linde wieder lichterloh in Flammen, der Brand konnte aber von der Feuerwehr rechtzeitig gelöscht werden. Der Grossteil der Krone war beschädigt, und mit Drahtseilen und Betonplombierungen versuchte man, das Leben

BERNER AARGAU Das Dorf Effingen ist von Brugg aus das erste Juradorf des Fricktals und gehört zusammen mit Elfingen und Bözen zum Berner Aargau, welcher sich 1415 bis hier ausbreitete. Auch wenn sich die Einwohnerzahl Effingens in den letzten 20 Jahren stark erhöht hat, blieb die Ortschaft doch zu klein, um den nahe gelegenen SBB-Bahnhof erhalten zu können, weshalb dieser 1993 für den Personenverkehr geschlossen wurde. Anschlussmöglichkeiten zu Fernverbindungen gibt es heute mit Bussen, die nach Frick oder Brugg fahren.

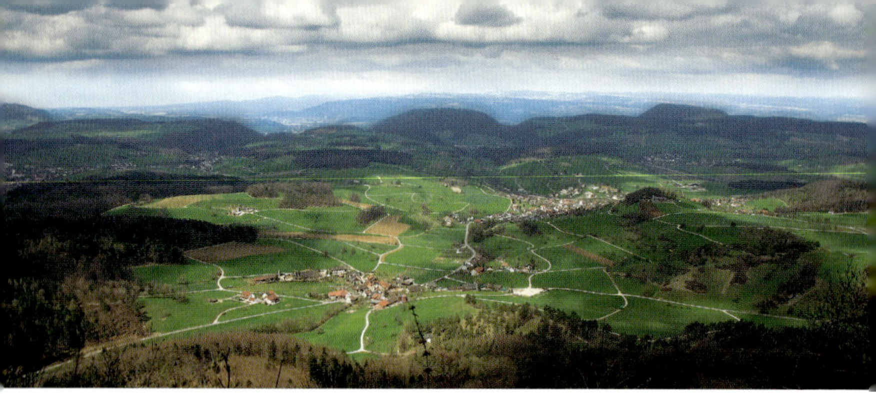

Grüne Aussicht vom Zeiher Homberg und netzartige Feldwege

des Baumes zu erhalten. Bis 1979 blieben die veralteten Sanierungsmethoden, die mehr geschadet als genützt hatten, am Baum. Kurz nach deren Entfernung brannte die Linde Anfang Juli 1979 allerdings erneut. Sie erholte sich jedoch wiederum und ist heute kräftiger denn je. Linden sind glücklicherweise sehr zäh.

Vom Linnerberg zum Zeiher Homberg

Nur schwer lösen wir uns vom Bann der «Linner Linde» und setzen die Wanderung Richtung Staffelegg fort. (Wer hier schon zurückkehren möchte, kann den Wanderweg über das Sagenmülitobel Richtung Effingen nehmen, der knapp eine Stunde dauert, siehe Bild S. 103). Im Frühling wird der Linnerberg mit einem Teppich aus Bärlauch überzogen, der, je nachdem, ob er bereits blüht, grün oder weiss wie Schnee erscheint. Am höchsten Punkt des Linnerberges befindet sich eine Bratstelle mit schöner Aussicht. Daneben steht ein alter zweistämmiger Feldahorn [2].

Vom Linnerberg gelangen wir hinunter auf die Juraweide, wo wir linker Hand auf einem entfernten Hügel die Überreste der Ruine Schenkenberg entdecken. Wenig später machen wir uns an den Aufstieg zum Zeiher Homberg, in dessen Waldbestand bald hochgeschossene Douglasien und Lärchen auffallen. Die stattlichste und mit einem Informationsschild gekennzeichnete Douglasie [4] werden wir aber erst passieren, wenn wir den Weiler Eichwald hinter

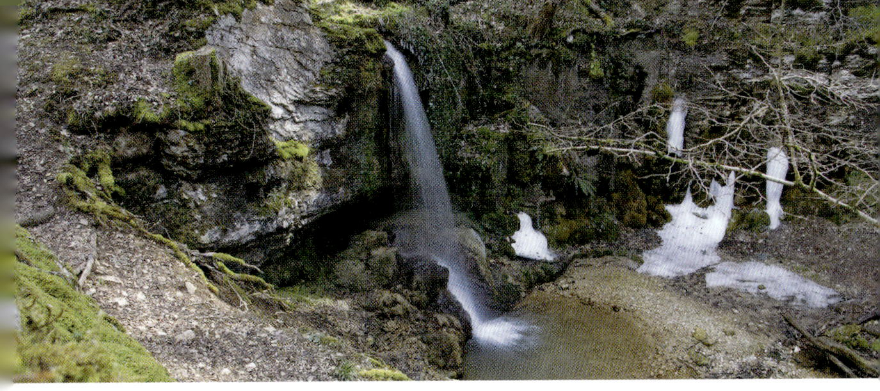

Das Sagenmülitobel ist eine reizvolle Abkürzung

uns gelassen haben und in den Summerholzwald kommen. Zuvor erreichen wir den aussichtsreichen Rastplatz am Zeiher Homberg. Kleine Dörfer und puzzleartige Felder stehen im Wechselspiel mit Waldungen und buckligen Hügeln. Die Sicht kann unter guten Bedingungen bis nach Bad-Säckingen und zum Schwarzwald reichen. Hier oben endet der «Eisenweg», ein historischer Weg, der in Wölflinswil beginnt (siehe Tafeln vor Ort).

Unser Weg ist allerdings noch nicht ganz zu Ende. Kurzweilig geht die Route entlang einer Felsabrisskante zwischen Panzerhindernissen vorbei, über Felder und Wälder bis zur abgelegenen Bahnstation Effingen (siehe Infobox S. 101). Der Weg wird für kurze Zeit zwischen Bahngeleise und Autobahn gezwängt, bevor er wieder frei Richtung Effingen zieht. So monoton die letzte Teilstrecke auch ist – der Beschluss, die Autobahn in einen Tunnel zu verlegen, ist bei weitem die bessere Lösung als die anfängliche Idee, sie über den Bözberg zu bauen, wo sie nur wenige Baumlängen neben der «Linner Linde» vorbeigeführt hätte. Mit einem ähnlichen landschaftszerstörenden Projekt hat der Verein «Pro Bözberg» zu kämpfen, da der Bau eines Zementwerks droht, das in der Nähe der Römerstrasse liegende Naturschutzgebiet zu einem Steinbruch zu degradieren.

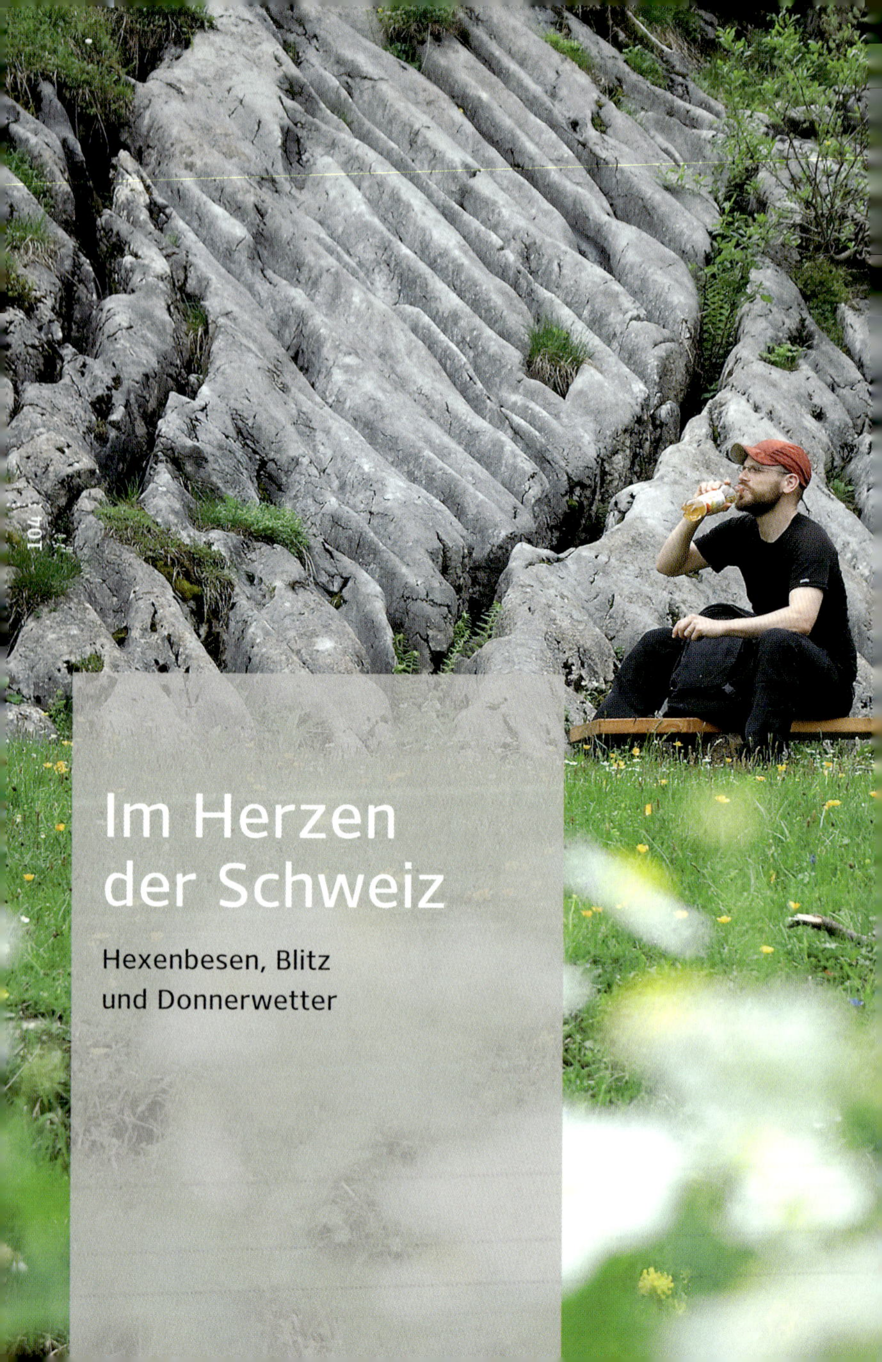

Im Herzen der Schweiz

Hexenbesen, Blitz und Donnerwetter

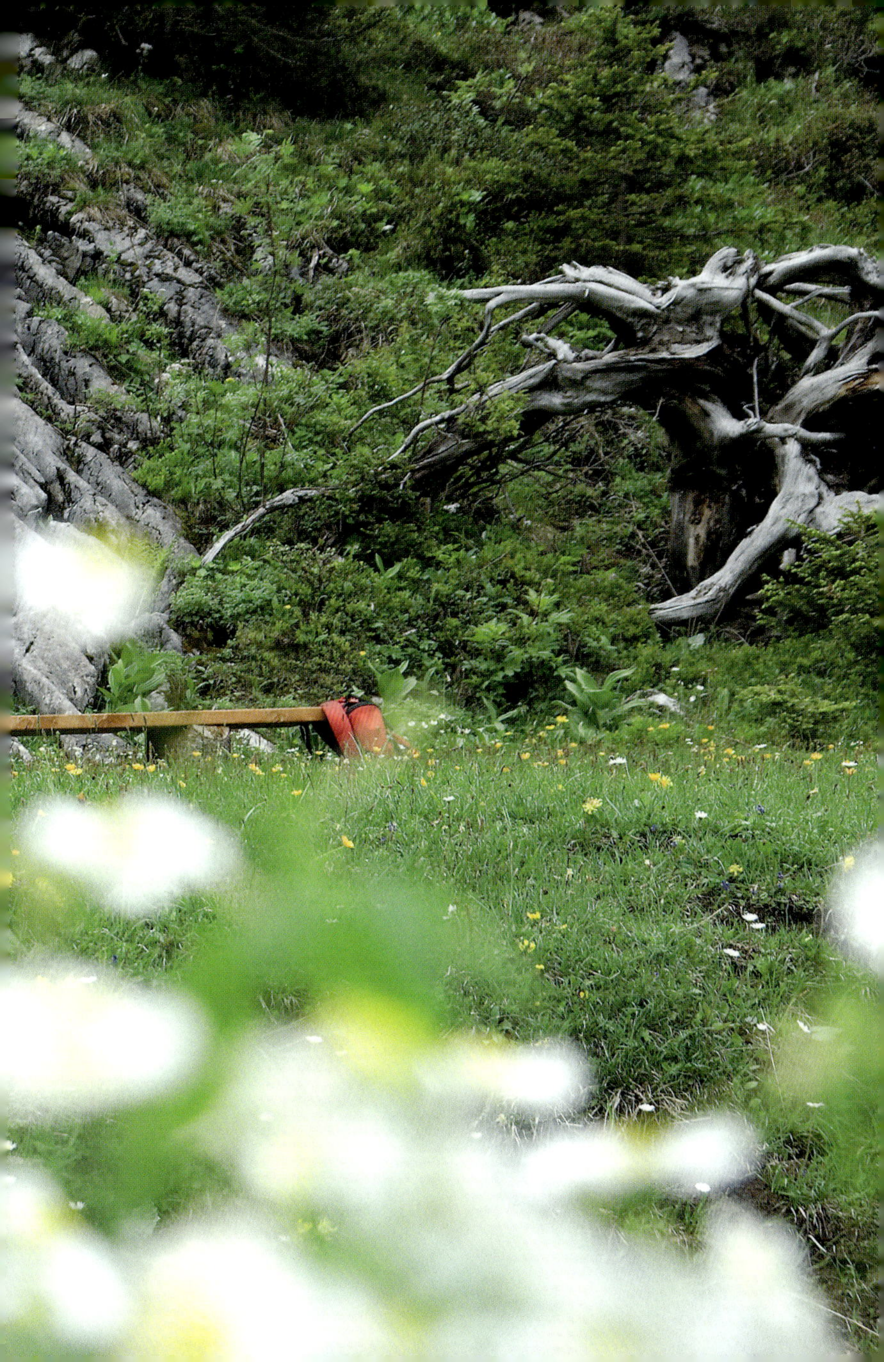

Von der Älggialp via Stollen zur Schwandalp OW

T2

3,25 h

8 km

1210 m

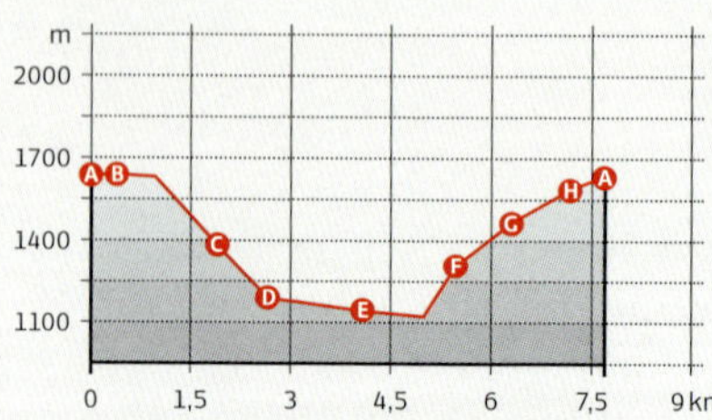

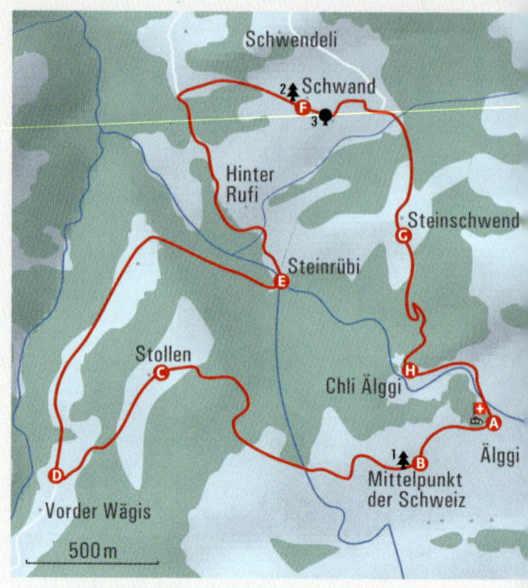

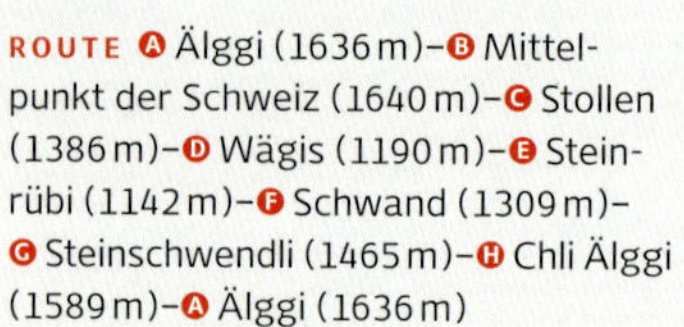
ROUTE Ⓐ Älggi (1636 m)–Ⓑ Mittelpunkt der Schweiz (1640 m)–Ⓒ Stollen (1386 m)–Ⓓ Wägis (1190 m)–Ⓔ Steinrübi (1142 m)–Ⓕ Schwand (1309 m)–Ⓖ Steinschwendli (1465 m)–Ⓗ Chli Älggi (1589 m)–Ⓐ Älggi (1636 m)

WANDERZEITEN 3,25 Std. mit jeweils 605 m Auf- und Abstieg

TOURENCHARAKTER/SCHWIERIGKEIT T2. Einfache Wanderung von der Älggialp hinunter nach Stollen und wieder zurück über die Schwandalp. Stellenweise Asphalt-, ansonsten Naturwege. Der Pfad zwischen Heidenbrunnen und Stollen kann bei Nässe sehr rutschig sein und ist etwas ausgesetzt. Feucht und matschig kann es je nach Wetter auch zwischen Vorder Rufi und Schwandalp sein. Gelbe und rotweisse Wegweiser

BÄUME Eine «Hexenbesenfichte» in der Nähe des geografischen Mittelpunktes wurde wegen ihrer natürlichen Knospenmutation mit einer Informationstafel ausgestattet [1]. In Schwand steht eine beeindruckende Wettertanne [2]; weiter oben ein alter, knorriger Bergahorn [3]

BESTE JAHRESZEIT April bis Mitte Oktober

UNTERKUNFT/VERPFLEGUNG Älggialp Berggasthaus mit Gästehaus und separatem Gruppenhaus (siehe Internetlink)

KARTEN Landeskarte der Schweiz, 1:50 000, Blatt 245 «Stans»; 1:25 000, Blatt 1190 «Melchtal»

ANREISE/RÜCKREISE Mit dem Auto oder nach Voranmeldung mit dem Kleinbus ab Sachseln zur Älggialp. Voranmeldung Kleinbus bei Garage Kurt Rohrer, Telefon 041 660 30 35 oder Mobil 079 709 54 65

INTERNETLINK www.aelggialp.info

Das «bäumige» Zentrum der Schweiz

Während sowohl der alte als auch der neu errechnete geografische Mittelpunkt Deutschlands jeweils durch eine Linde gekennzeichnet werden, ist von einem Baum im Herzen der Schweiz nichts bekannt. Das soll aber nicht heissen, dass die Schweiz in ihrem geografischen Mittelpunkt keinen aussergewöhnlichen Baum besitzt.

Im Zentrum neben der Trockenmauer, die aus der Vogelperspektive den Grundriss der Schweiz nachempfindet, steht keine «gewöhnliche» Fichte, sondern eine mit einem riesigen «Hexenbesen» [1]. Diese seltene Wuchsform wird vermutlich durch Pilze hervorgerufen, die dazu führen, dass die betroffenen Triebe der Fichte nur kurz und dicht gedrängt wachsen, wodurch eine Globusform entsteht. Der ganze Baum erinnert deshalb an eine Stecknadel und passt so gesehen hervorragend zu diesem bedeutsamen Fixpunkt. Die Kuriosität wird vor Ort sogar mit einer Tafel geehrt. Der exakte Mittelpunkt der Schweiz liegt streng genommen übrigens an unbegehbarer Stelle, einige hundert Meter nordwestlich im felsigen Abhang. Der Platz hier ist aber praktischer und einfach begehbar.

Geschützte, aber dennoch gefährdete Alpensalamander

Überraschenderweise ist die Älggialp, trotz ihrer touristischen Attraktion, von üblen Verbauungen verschont geblieben. Die Alp geht im Norden in einen Abhang über, wo sich der Älggibach als Wasserfall in die Tiefe stürzt. Im Westen wird sie vom selben Bach begrenzt, während sich im Süden eine Felswand bis in den Westen zieht – weiter unten liegt das kleine Melchtal. Unser Bergwanderweg folgt anfangs dem «Steimandlipfad» bis zur heilbringenden Quelle namens Heidenbrunnen. Schon in kurzer Zeit führt aber ein steiler, ausgesetzter Abstieg nach Stollen. Bei feuchtem Wetter treffen wir hier mit Glück auf lebende schwarze Alpensalamander. Zu Dutzenden kleben die geschützten Tiere, von Autos totgewalzt, auf den Bergstrassen. Eine solche beginnt bei der Alp Stollen. Auf dieser Strasse gehen wir bis zur Abzweigung. Mittlerweile ist eine Stunde Laufzeit verstrichen. Rechts der nördlichen Talstrasse folgend, gelangen wir zur Brücke über den Älggibach, der die steile Felsflanke hinunterbraust. Unwetter bilden hier oftmals reissende Fluten, die ganze Hangabschnitte mit sich ziehen.

Um auf die Alp Schwand (auch «Schwendeli» genannt) zu kommen, nehmen wir erst die zweite Abzweigung «Schwand–Spycher» und marschieren an zwei weiteren Bächen und einem Bienenhäuschen vorbei. Danach leitet uns der Wanderweg hinauf in den steilen Einschnitt eines spitzwinkligen Waldrandes. Dahinter kreuzen wir ein Rinnsal, das, wenn es vorher geregnet hat, anschwillt und schwieriger zu durchqueren ist. Wenn Kühe die nasse Erde mit ihren Hufen durchgeknetet haben, ist der Weg teilweise in einem miserablen Zustand. Der Vorteil dieser Route ist jedoch, dass sie uns ohne Umwege zu den gesuchten Bäumen führt. Deren Stämme dienen sogar als Unterlage für die Bergwanderzeichen. Eine praktische, aber unsensible Lösung.

Zwei uralte Wetterbäume

Nach zwei Stunden haben wir zwei Drittel der Wanderung hinter uns und kommen schliesslich unweigerlich zu einer mächtigen Weisstanne [2]. An ihrem zerzausten Haupt merkt man, dass sie etwas durch den Wind gekommen ist. Landwirt Niklaus Schaelin

EXKLUSIVER FAHRDIENST Wer über keine Fahrmöglichkeit verfügt, kann einen exklusiven Fahrdienst beanspruchen: Bei frühzeitiger Anmeldung gibt es für Gruppen ab sechs Personen die Möglichkeit, in Sachseln einen Kleinbus zu bestellen. Die Kostenbeteiligung für den Fahrdienst liegt pro Person bei rund 30 Franken. Der Fahrer Kurt Rohrer holt die Gruppe nach Vereinbarung am Bahnhof Sachseln oder anderswo ab, bringt sie auf die Alp und wieder zurück. Wichtig ist, dazwischen genügend Zeit einzuplanen. Aus einer Wanderung von 3 Stunden wird, mit allen Pausen gerechnet, rasch eine doppelt so lange Tour. Zu empfehlen ist ansonsten eine Übernachtung im Berggasthaus Älggialp.

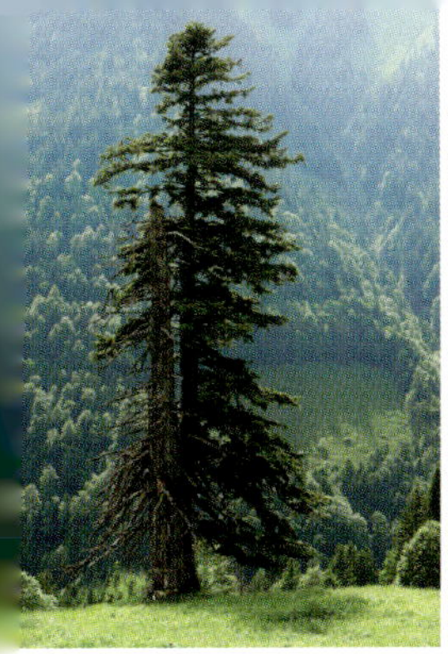
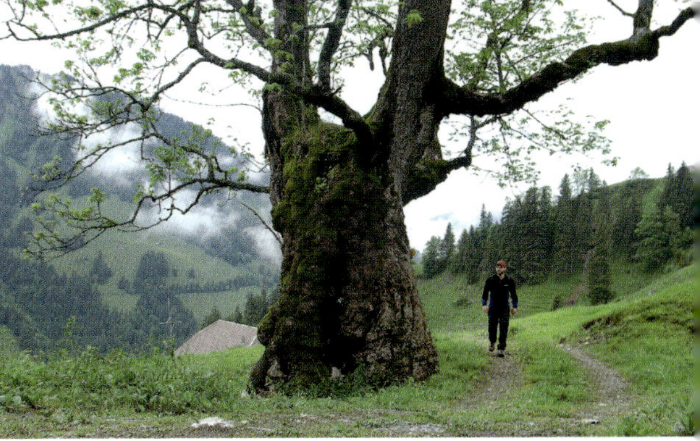

Der Weg führt vorbei an Tanne und Bergahorn

kennt sie von Kindesbeinen an und kann sich erinnern, dass der alte Baum einst drei mächtige Dolden aufwies und die untersten Äste bis zum Boden reichten, wo sie einen schützenden Schirm bildeten. Vor über 50 Jahren wurde jedoch eine der Hauptdolden vom Blitz getroffen. Ein zweiter Haupttrieb kam zu Schaden, als 1999 das Sturmtief Lothar übers Land fegte. Die Tanne besitzt aber noch einen letzten grünenden Dolden und gedeiht weiterhin prächtig. Solche «Schirmtannen» sind zäh und bilden oft neue Kandelaberäste, womit sie sich gut über Wasser halten.

Der einzige Baum ihrer Altersklasse in dieser Gegend ist ein Bergahorn [3], der weiter oben bei zwei Ställen steht. Mit 7 m Stammumfang dürfte er ebenfalls bereits ein Alter von über 250 Jahren aufweisen. Wir kommen automatisch an ihm vorbei, wenn wir den Wegzeichen folgen. Hinter den Ställen geht man am besten der Wasserfurche im Hangboden entlang und erreicht somit die oben befindliche Strasse, die zurück zur Älggialp führt. Diese Strasse kann zeitweise stark befahren sein; am Wochenende ist sie allerdings bloss alternierend befahrbar. Die Bergfahrt ist nur in geraden, die Talfahrt in ungeraden Stunden erlaubt.

Zurück auf der Älggialp, pilgert man zur Kapelle und zum Wasserfall dahinter oder besucht das Restaurant. Wer sich sein Essen lieber selber angelt, kann von Mitte Juni bis Ende September im Restaurant ein Fischerpatent für den 35 Minuten entfernten Seefeldsee erstehen.

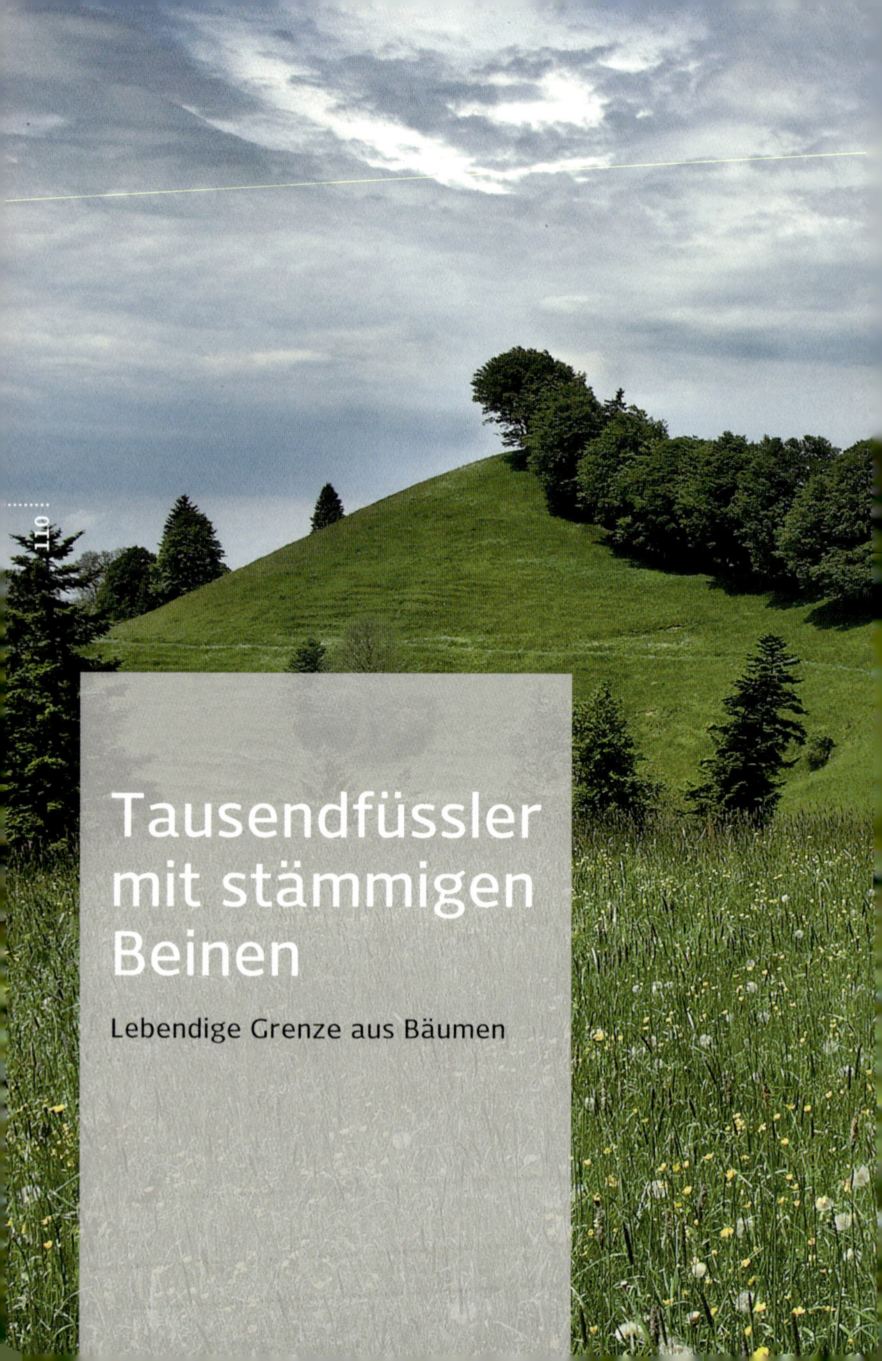

Tausendfüssler mit stämmigen Beinen

Lebendige Grenze aus Bäumen

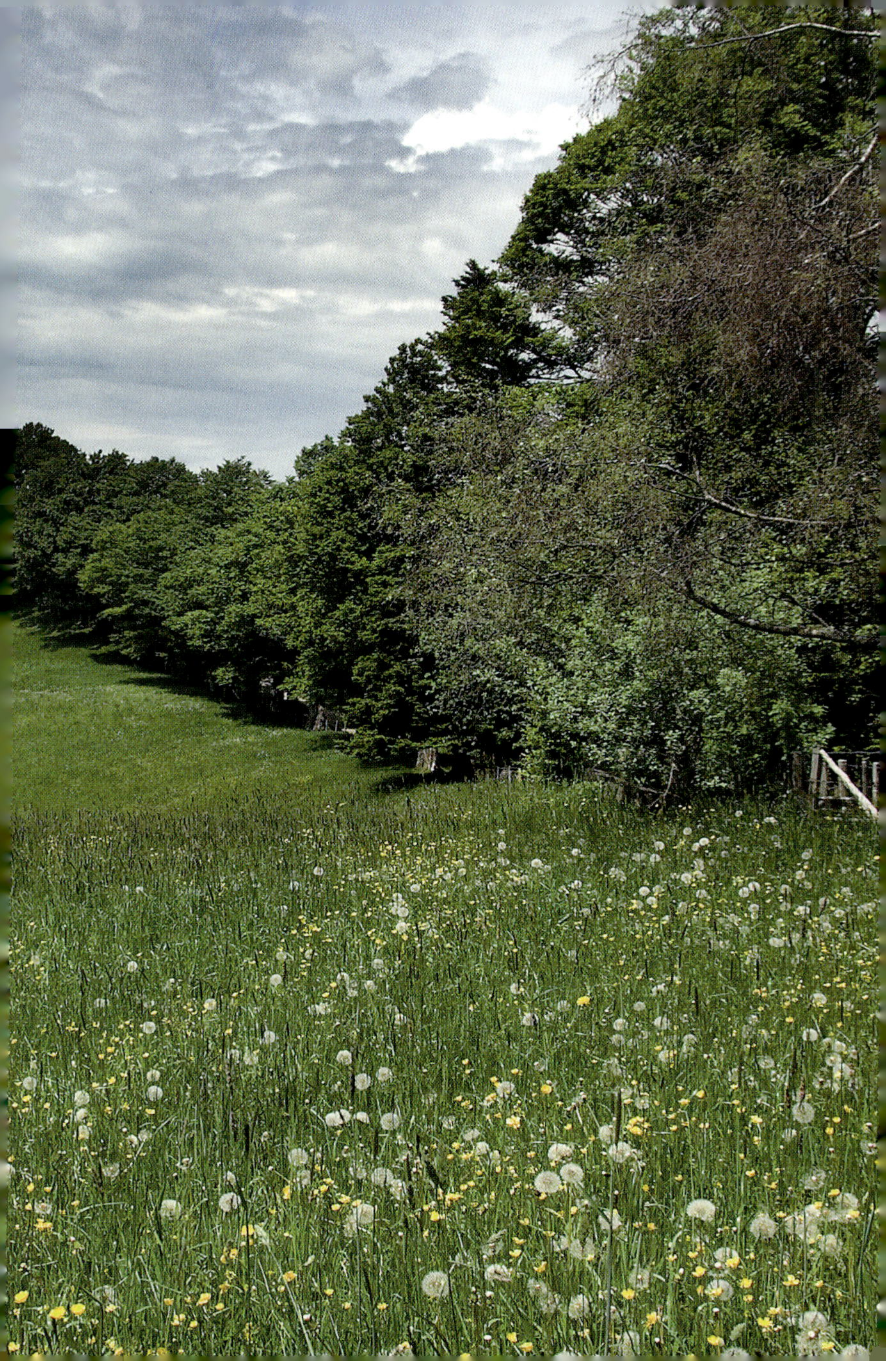

Von Luthern LU via Ahorn BE zum «Hagstelli»

T1

4 h

12,5 km

1280 m

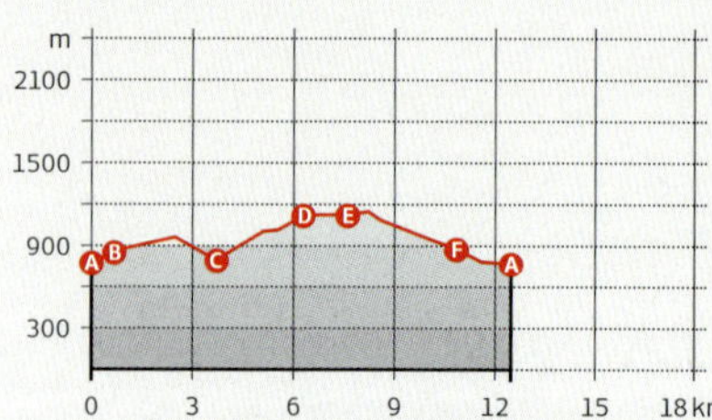

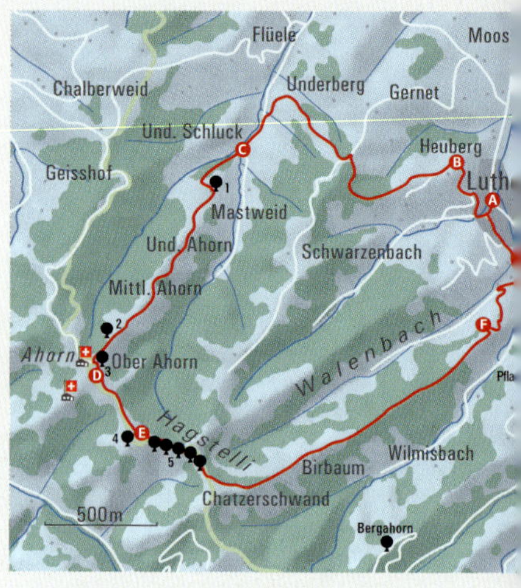

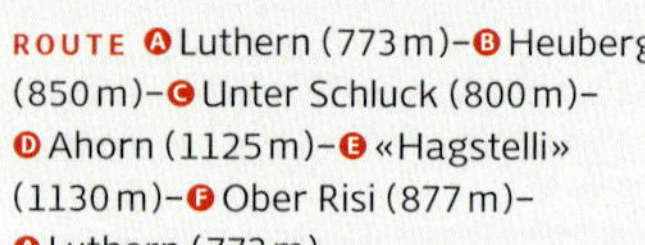

ROUTE Ⓐ Luthern (773 m)–Ⓑ Heuberg (850 m)–Ⓒ Unter Schluck (800 m)–Ⓓ Ahorn (1125 m)–Ⓔ «Hagstelli» (1130 m)–Ⓕ Ober Risi (877 m)–Ⓐ Luthern (773 m)

WANDERZEITEN 4 Std. mit jeweils 640 m Auf- und Abstieg

TOURENCHARAKTER/SCHWIERIGKEIT
T1. Einfache Wanderung. Zum Teil befinden sich die Wanderwegzeichen an einem Zaun und können leicht übersehen werden, weshalb etwas Konzentration bis Unter Schluck erforderlich ist. Feucht und matschig je nach Wetter; der Napf ist bekannt für seine hohen Niederschläge. Zwischendurch Asphaltwege, ansonsten Wiesen- und Naturwege. Gelbe Wegweiser

BÄUME Unterwegs auf den Ahorn kommen wir an zwei alten Stechpalmen vorbei, wie auch beim «Hagstelli» auf Bernbietseite [1–2, 4]. Letztere weist um die Krone gemessen 25 m Basisumfang auf. Der unterste Teil hat eine eigenwillige Form. Diese kommt vom Vieh, das die Blätter zurückschert. Die Jungtriebe sind nämlich noch nicht so zäh wie die Blätter. Der «Hagstelli» ist eine Baumreihe [5], die die Grenze von Luzern und Bern markiert und zur Hauptsache aus Buchen besteht. Lindenstrunk beim Ahorn [3]

BESTE JAHRESZEIT April bis Oktober

UNTERKUNFT/VERPFLEGUNG Restaurant und Übernachtungsmöglichkeit auf der Ahornalp (siehe Internetlink), rustikales Restaurant «Brestenegg-Alp» (donnerstags Ruhetag)

KARTEN Landeskarte der Schweiz, 1:50 000, Blatt 234 «Willisau»; 1:25 000, Blatt 1148 «Sumiswald»

ANREISE/RÜCKREISE Mit dem Bus nach «Luthern Dorf, Post»

INTERNETLINK www.ahornalp.ch

Auf der Grenzlinie zweier Kantone

Wir wandern von der Postautohaltestelle «Luthern Dorf, Post» los und folgen den Wegweisern nach Heuberg, die in Luthern ab der Kirche die Richtung weisen. Hinter dem Schulhaus darf man den links abzweigenden Wiesenweg nicht verpassen. Im Frühsommer ist das Gras so hoch, dass selbst eine erwachsene Person zeitweise nur knapp über die höchsten Grasspitzen gucken kann.

Sogar der Pippau, eine gelbe Blume, die farbenbestimmend die Landschaft ziert, erreicht hier stattliche Ausmasse. Das Napfgebiet ist bekannt für seine hohen Niederschlagsmengen, weshalb die Wege oft lange Zeit aufgeweicht bleiben. So kann es auch sein, dass in der Wiese trotz Trockenheit nasse Schuhe nicht zu vermeiden sind. Wasserdichtes Schuhwerk ist deshalb von Nutzen.

Auf dem Heuberg treffen wir auf den Stationsweg, der zur Kapelle «Heubärg-Chäppeli» führt. Wir folgen aber den Wanderwegzeichen nach Unter Schluck (auf Karten oft mit «Under Schluck» angegeben). Der Wanderweg kann unvermittelt abzweigen, weshalb man stets achtsam sein muss, um kein Zeichen zu verpassen. Abgelenkt wird man indes ständig: von Magerwiesen, Rehen, stattlichen Weisstannen oder Pilzen, die wie Nasen aus einem Baumgesicht wachsen und unsere Fantasie beflügeln.

Stechende Palmen und beissende Gänse

Hinter dem Älbach beim Weiler Schluck geht es noch eine Stunde bis zur Ahornalp. Im Garten des Gehöfts Mastweid sticht eine stattliche Stechpalme [1] ins Auge, nicht die einzige auf unserer Route. «Welcome friends», grüsst eine Tafel die Besucher. Der einzige vernehmbare Gruss kommt allerdings vom Hofhund, der mit seinem Gebell nur darauf gewartet hat, dass Wanderer vorbeikommen. Wie heisst es doch so schön: «Hunde, die bellen, beissen nicht.» Ob ähnliches auch bei Gänsen zutrifft, konnten wir nicht in Erfahrung bringen, aber beim nächsten Gehöft wird durch deren Geschnatter auch der Hund alarmiert. Er hat seinen Einsatz jedoch verpasst, denn wir befinden uns bereits unweit des nächsten Hofes, als er loslegt. Unter, Mittler und schliesslich Ober Ahorn heissen die drei obersten Höfe. Letzterer ist ein bekanntes Bergrestaurant. Die Leute kommen von Eriswil aus mit dem Auto, um die Aussicht zu geniessen. Rustikaler ist das Restaurant «Brestenegg-Alp».

Ein Tatzelwurm mit stämmigen Beinen

Richtung Napf, wenige Gehminuten von der Wirtschaft entfernt, beginnt das Highlight der Wanderung: eine Baumreihe. Sie stellt die Grenze zwischen Luzern und Bern dar; eine Grenze, an der man stets zu rütteln versuchte, weshalb die Luzerner als Zeichen ihrer Unverrückbarkeit vor über 300 Jahren Bäume als Markierung anpflanzten [5]. Die erste Erwähnung stammt aus dem 17. Jahrhundert, Einzelbäume wurden aber immer wieder nachgepflanzt. Die ältesten Nachgängerbäume dürften heute mindestens 200 Jahre alt sein. Für viele dieser Bäume ist die Grenze dennoch überschritten – zumindest die ihres Wachstums. Die Bäume sind klein und sehr langsam gewachsen. In einer Baumreihe bleibt ohnehin wenig Platz zur Entfaltung, aber wenn zusätzlich im Winter der Boden gefriert und Trockenheit den Sommer über Normalfall ist, muss der Überlebenswille stark sein, um bestehen zu können. Obschon am Napf genügend Regen fällt, dürften die Bäume hier oben wenig davon haben. Das Wasser scheidet sich auf dieser Höhenlinie und fliesst entweder auf Luzerner oder Berner Seite ab.

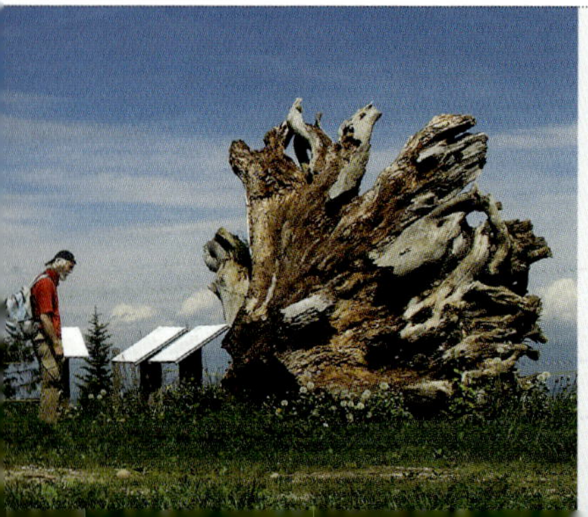

MAHNMAL FÜR SCHÄDEN Auf der Ahornalp schweift der Blick über das hügelige Land bis zum Napf, und die Jurakette fehlt nur, wenn die Sicht verschleiert ist. Der am Boden liegende, mächtige Strunk ist der Rest der vom Sturm Lothar 1999 umgelegten Schlosslinde Trachselwald und Mahnmal für die verheerenden Sturmschäden.

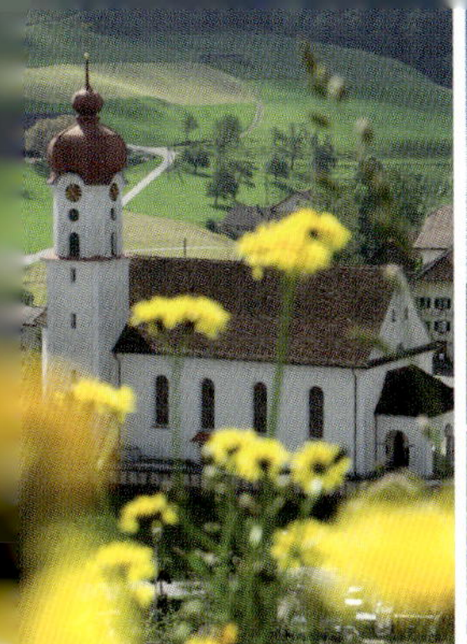
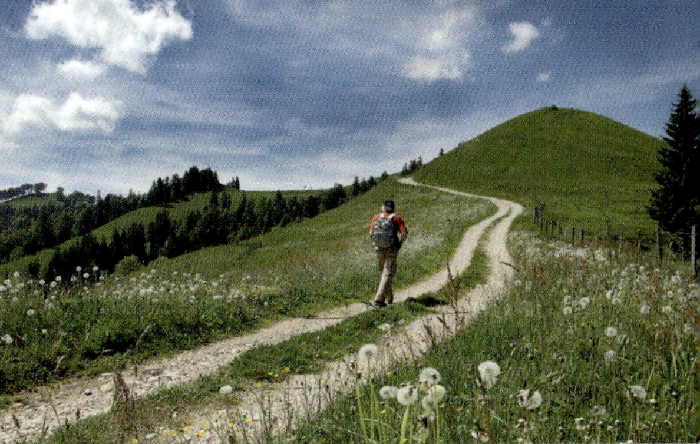

Kirche in Luthern und Aufstieg zur Ahornalp

Die Baumreihe wird von den Einheimischen «Hagstelli» genannt, was auf die historische Bedeutung als Grenze hindeutet. Anderswo dienten solche Reihen als Zaun, oder sie wurden als Markierungspunkt auf die «Chnubel» und «Eggen» – wie man hier die Moränenhügel nennt – gesetzt. Der «Hagstelli» ist aber eine symbolische Kompromisslösung zwischen zwei Kantonsmächten, die man mittlerweile aus kultureller Sicht zu bewahren versucht. In die Lücken werden auch heute wieder Bäume nachgepflanzt, daneben stecken Pfosten mit der Inschrift der jeweiligen Sponsoren. Bisher scheint das Unterfangen aber nicht zu gedeihen. Die Jungbäume sind verkümmert, oft sogar abgestorben. Bei der Abzweigung «Gumen», auf Berner Seite, erinnern die Bäume an einen Tatzelwurm. Hoffen wir, dass er mit dem nächsten Gewitter nicht abzieht und seine Beine sich wacker an den Bergrücken klammern. Weitere informative Geschichten erfährt man auf einer Tafel vor Ort.

Vom Napf her kommt bereits die nächste Regenfront, weshalb wir zügig über Chatzerschwand (erst die zweite Abzweigung nach Luthern) zurück marschieren. Beim Abstieg passieren wir noch einmal einen Hof mit Baumnamen, Birbaum genannt. Aber auch hier ist, wie bei den Ahorn-Höfen, von einem Namensgeber – sofern überhaupt ein Baum dafür Pate stand – nichts mehr auffindbar. Nach einer Stunde Abstieg erreichen wir schliesslich die Postautohaltestelle in Luthern, die sinnigerweise den Namen «Daheim» trägt.

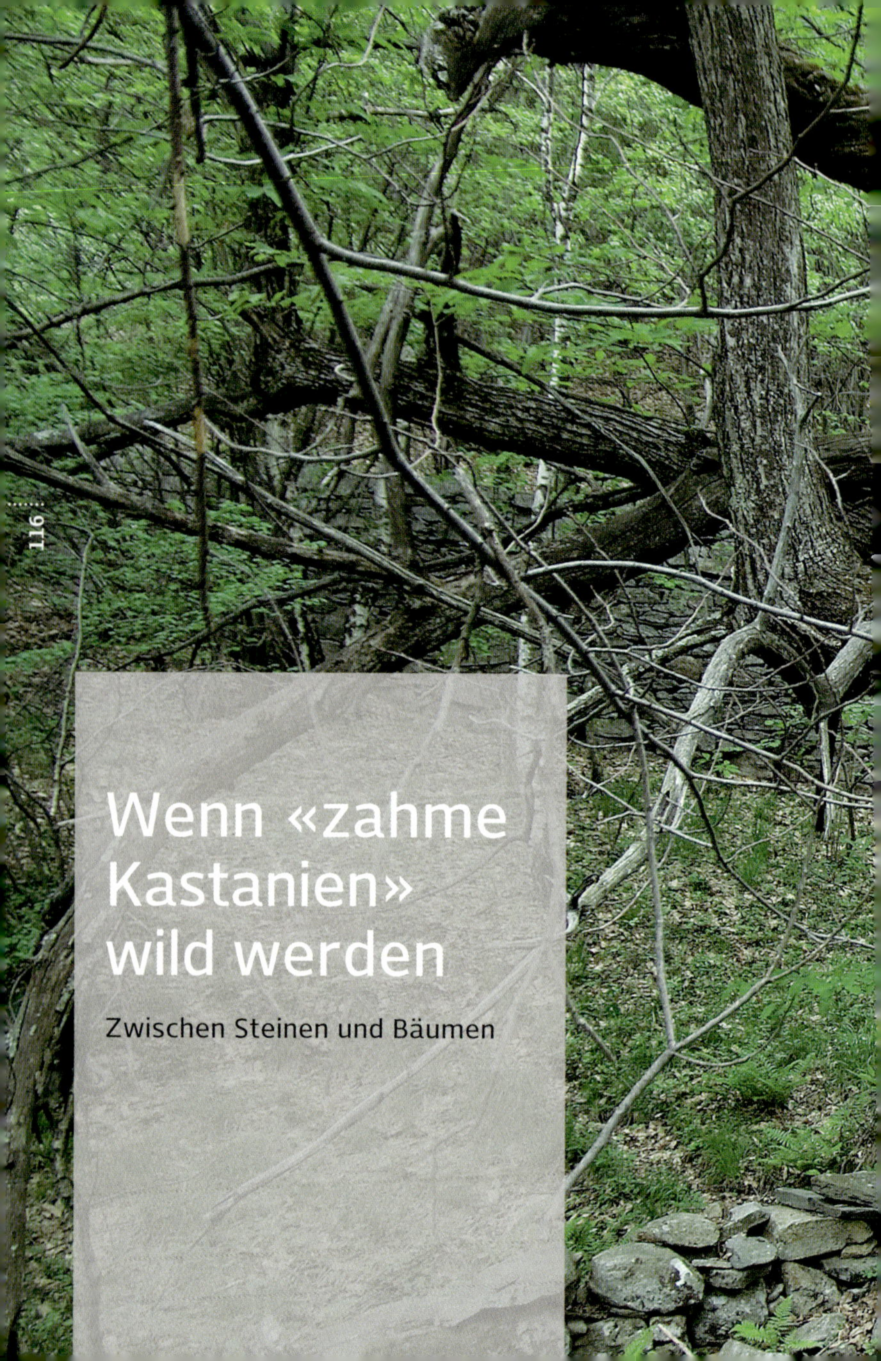

Wenn «zahme Kastanien» wild werden

Zwischen Steinen und Bäumen

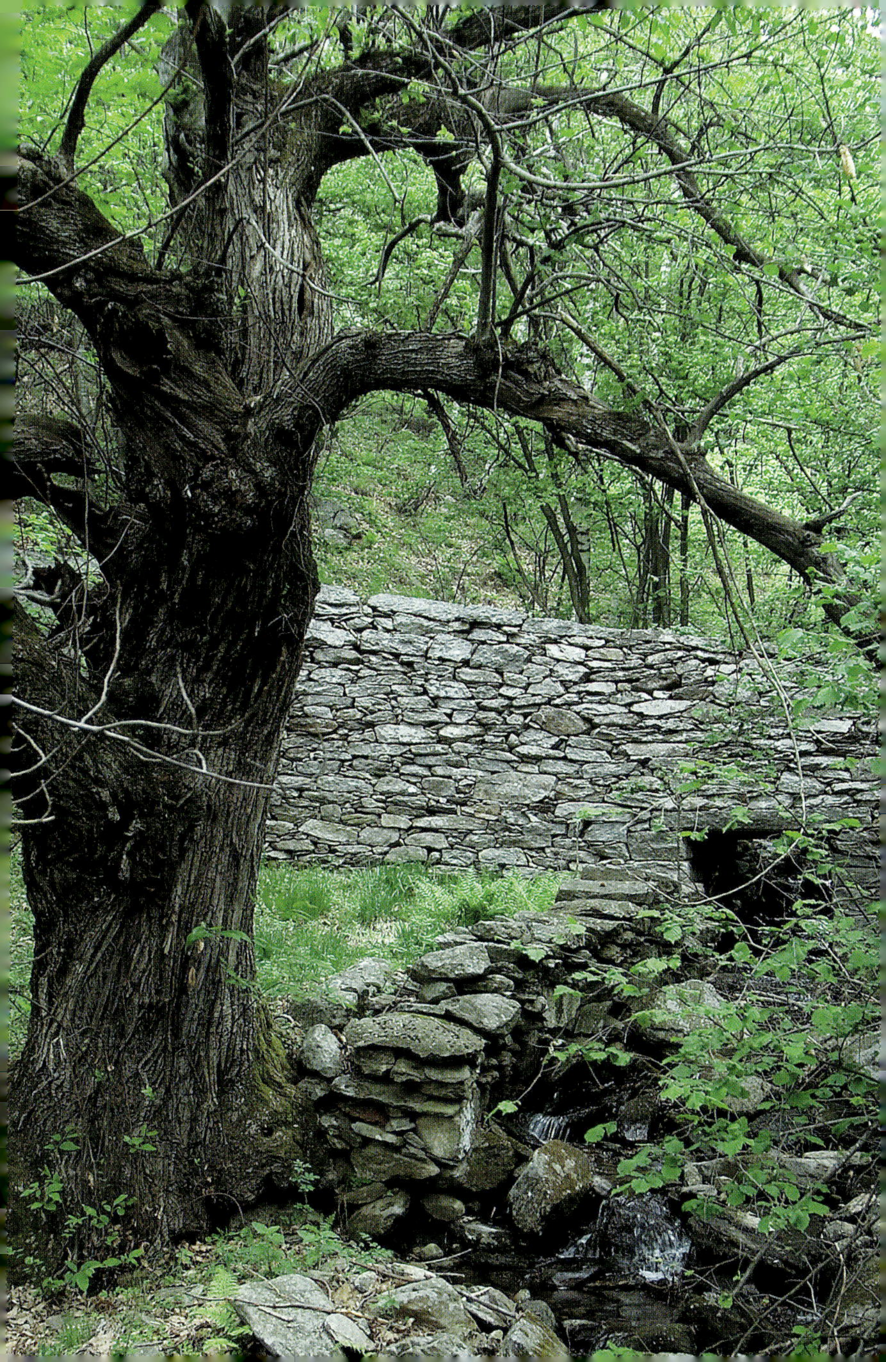

Von Chironico via Orsino nach Caradenca TI

T2/T3

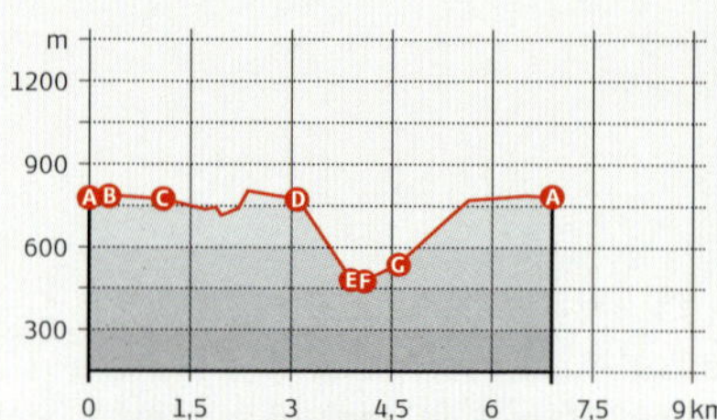

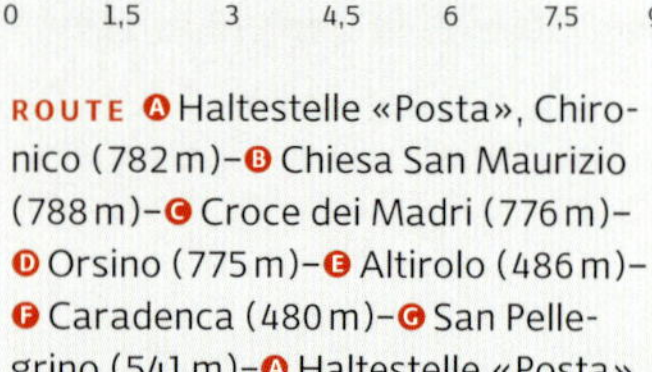

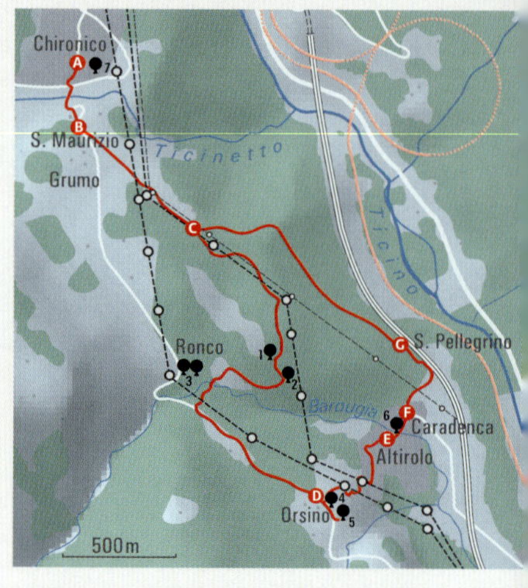

ROUTE Ⓐ Haltestelle «Posta», Chironico (782 m)–Ⓑ Chiesa San Maurizio (788 m)–Ⓒ Croce dei Madri (776 m)–Ⓓ Orsino (775 m)–Ⓔ Altirolo (486 m)–Ⓕ Caradenca (480 m)–Ⓖ San Pellegrino (541 m)–Ⓐ Haltestelle «Posta», Chironico (782 m)

WANDERZEITEN 3 Std. mit jeweils 530 m Auf- und Abstieg

TOURENCHARAKTER/SCHWIERIGKEIT T2/T3. Dadurch, dass wir den Weg vollständig verlassen, erfordert die Wanderung zeitweise einige Konzentration, damit man sich nicht verläuft. Stellenweise Asphaltwege, ansonsten Naturwege oder freier Gang durch den Wald. Wichtigste Anhaltspunkte bilden die Strommasten, die sich sporadisch über uns befinden. Ab Orsino ist der Weg gut gekennzeichnet und führt auf Steinstufen einen steilen Hang hinunter nach Altirolo und Caradenca, von dort sind die Wege wieder einfacher und steigen leichter an. Gelbe Wegweiser und rotweisse Bergwegweiser, ansonsten gemäss Routenbeschrieb

BÄUME Die meisten der hier beschriebenen Edelkastanien [1–7] findet man nur anhand der Angaben im Text

BESTE JAHRESZEIT April bis November

UNTERKUNFT/VERPFLEGUNG Restaurant «Pizzo Forno» in Chironico und Hotel «Defanti» in Lavorgo (siehe Internetlinks)

KARTEN Landeskarte der Schweiz, 1:50 000, Blatt 266 «Valle Leventina»; 1:25 000, Blatt 1273 «Biasca»

ANREISE/RÜCKREISE Mit dem Zug nach Faido, von dort mit dem Bus nach Lavorgo und Umsteigen auf das Postauto nach Chironico

INTERNETLINKS www.pizzoforno.ch, www.defanti.ch

Kletterparadiese aus Stein und Holz

Kastanie ist nicht gleich Kastanie. Im Volksmund ist die «wilde Kastanie» die Rosskastanie. Gerade die Rosskastanie wurde aber mit Vorliebe in Pärken und bei Herrenhäusern angepflanzt. Verwildert findet man im Tessin die «zahme Kastanie», auch Marone genannt.

Die Strada Principale führt uns in den Süden zur Chiesa San Maurizio. Wenige Meter danach nehmen wir links den Feldweg. Im hohen Gras zirpen im Sommer Heuschrecken und Grillen und mischen sich akustisch bald mit dem Surren der Stromleitungen über uns. Bevor wir zum steinernen Marienhäuschen kommen, zweigt ein Weg rechts nach unten ab; folgt man den Strommasten rechts, kann man ihn nicht verfehlen. Prinzipiell halten wir uns nun immer an ihn. Es ist deshalb wichtig, die Stahlseile über uns nicht aus den Augen zu verlieren. Dort, wo der Weg direkt auf den Mastenträger zuläuft, verlassen wir ihn jedoch. Es sind zwar einige Trampelpfade erkennbar, einzige Markierungshilfe bleibt aber weiterhin die Stromleitung. Jetzt gehen wir möglichst rechts davon.

Horizontal- und Vertikalwanderer auf selber Höhe

Bereits am Anfang unserer Wanderung begegnen wir knorrigen Edelkastanienselven. In die urwaldähnlichen Forste gesellt sich eine Unzahl von Granitblöcken, die bei einem Felssturz liegen geblieben und besonders bei Boulderern bekannt sind (siehe Infobox S. 120). Die knorrigsten Edelkastanien befinden sich hier zwischen unserem Weg und dem grossen Felsband rechts von uns, in einem Waldstreifen von maximal 60 Höhenmetern. Wer effizienter suchen möchte, muss das GPS oder eine ausreichend genaue Karte zur Hand nehmen. Die dicksten und ältesten Exemplare [1, 2] wachsen an Stellen mit den Koordinaten E 708.863/N 141.065 und E 709.001/N 140.876 (nach Schweizer Landeskoordinatensystem). Wie bereits erwähnt, ist es wichtig, dass wir am Ende unserer Suche zur Stromleitung zurückfinden und ihr so lange rechter Hand folgen, bis eine Talsenke vor uns dies erschwert. Ein kleiner Trampelpfad führt rechts zu einer Granitsteinkuppe, von wo man auf das Valle Leventina schauen kann. Von hier sieht und hört man leider auch bereits die Autobahn, ein Begleiter, an den man sich erst gewöhnen muss. Der Trampelpfad weitet sich bald zu einem Weglein aus und führt über eine Steinmauer. Dieser Abschnitt ist nicht hoch, dient aber dazu, eine kleine Bachsenke bequem zu überwinden. Wenige Meter weiter oben steht eine Steinbrücke, deren Geländer nicht mehr viel taugt. Darunter ergiessen sich, vor allem im Frühling bei Schneeschmelze, mehrere Wasserfälle über die formreich geschliffenen Granitfelsen. Den Bach namens Barougia überqueren wir übrigens später, in Altirolo, noch einmal.

Drei weitere Baumpersönlichkeiten

Wenn der Wanderweg in die oben befindliche Strasse mündet, folgen wir dieser nach links bis zum Maiensäss Orsino. Hier steht, etwas unterhalb auf einer Weide, eine der Edelkastanien [5] mit dem grössten Stamminhalt. Sie überwächst mittlerweile auf einer Seite einen Stein. 10,45 m misst der Umfang des Stammes, der sich nicht verjüngt, bis er sich in einzelne Äste aufteilt.

Um den Abstieg nach Altirolo zu nehmen, müssen wir nochmals wenige Meter zurück zu den Wanderwegzeichen. Anfangs verpasst man den Abstieg an der Trockenmauer fast, da eine besondere Edelkastanie [4] die Blicke auf sich lenkt: Durch eine eingebaute

BOULDERN Beim Bouldern, dem Klettern ohne Seil an Felsblöcken, Felswänden oder künstlichen Kletterwänden in Absprunghöhe, zählt vor allem die Geschicklichkeit und nicht die Höhenüberwindung wie beim «normalen» Klettern. Oft hängt man dabei kaum zwei Meter über dem Boden, nur gesichert durch eine unten liegende Matte. Da die Gegend bei Boulderern so beliebt ist, finden sich an den meisten Felsbrocken Abdrücke unterhalb der Steine und weisse Reste von Magnesiumpulver.

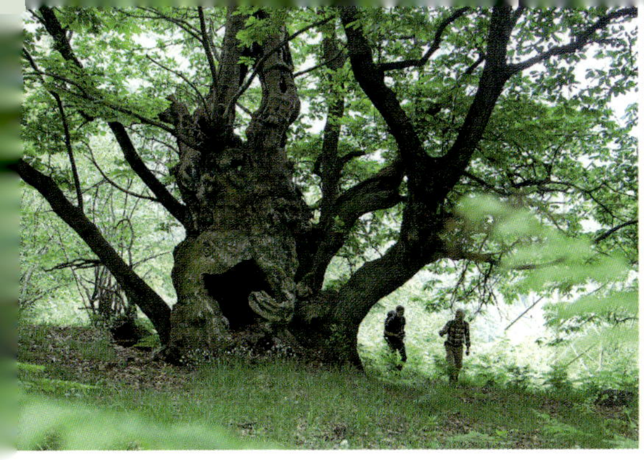
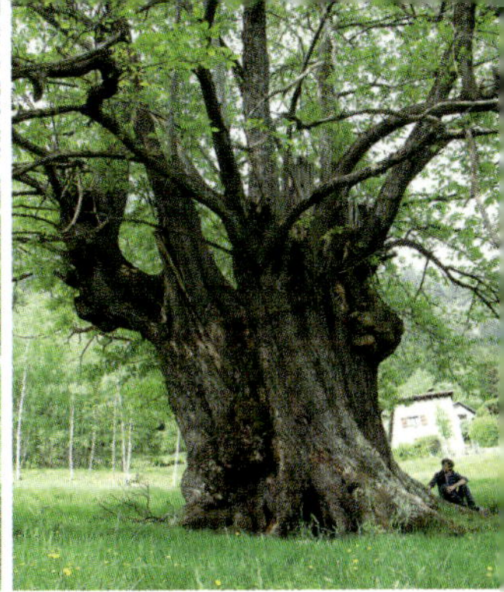

Knorrige Edelkastanien auf Schritt und Tritt

«Hundetüre» kann man in das Innere dieses Baumes kriechen; der Boden ist allerdings mit spitzen Kastanienfrüchten belegt, und man muss auf Schlangen achtgeben.

In Altirolo angekommen, nehmen wir am Dorfeingang den mittleren Weg, der als Bergwanderweg gekennzeichnet ist. Beim Dorfbrunnen an der Rebenpergola geht es links zur Kirche, wo die Wanderwege uns wieder Richtung Chironico zurückbringen. Eine der kuriosesten Edelkastanien [6] ist an der Grenze zu Caradenca zu sehen, hinter der Brücke, die über den Barougia führt. Allerdings steht dieser Baum auf Privatgrund, das Betreten des Grundstücks ist verboten, man sieht ihn aber gut von der Strasse aus.

Ausserhalb von Caradenca taucht der Wanderweg abrupt in den Wald, wo er sich der Autobahn bis auf wenige Meter nähert. Das Rauschen des Verkehrs nimmt aber bald stetig ab, da wir uns von ihr wieder entfernen. Vorbei an der einsamen Waldkirche San Pellegrino gehen wir auf direktem Weg nach Chironico und erreichen wieder das Marienhäuschen, vor dem wir anfangs abgebogen sind. Von Caradenca ist es noch gut eine Stunde Marschzeit zurück nach Chironico. Einer der dicksten Bäume der Schweiz steht unweit der Postautohaltestelle «Posta», unterhalb des Gemeindehauses von Chironico. Der hälftige Stamm dieser Edelkastanie [7] mit seinen gigantischen Überwallungen ist mit 12,55 m Umfang eine Attraktion.

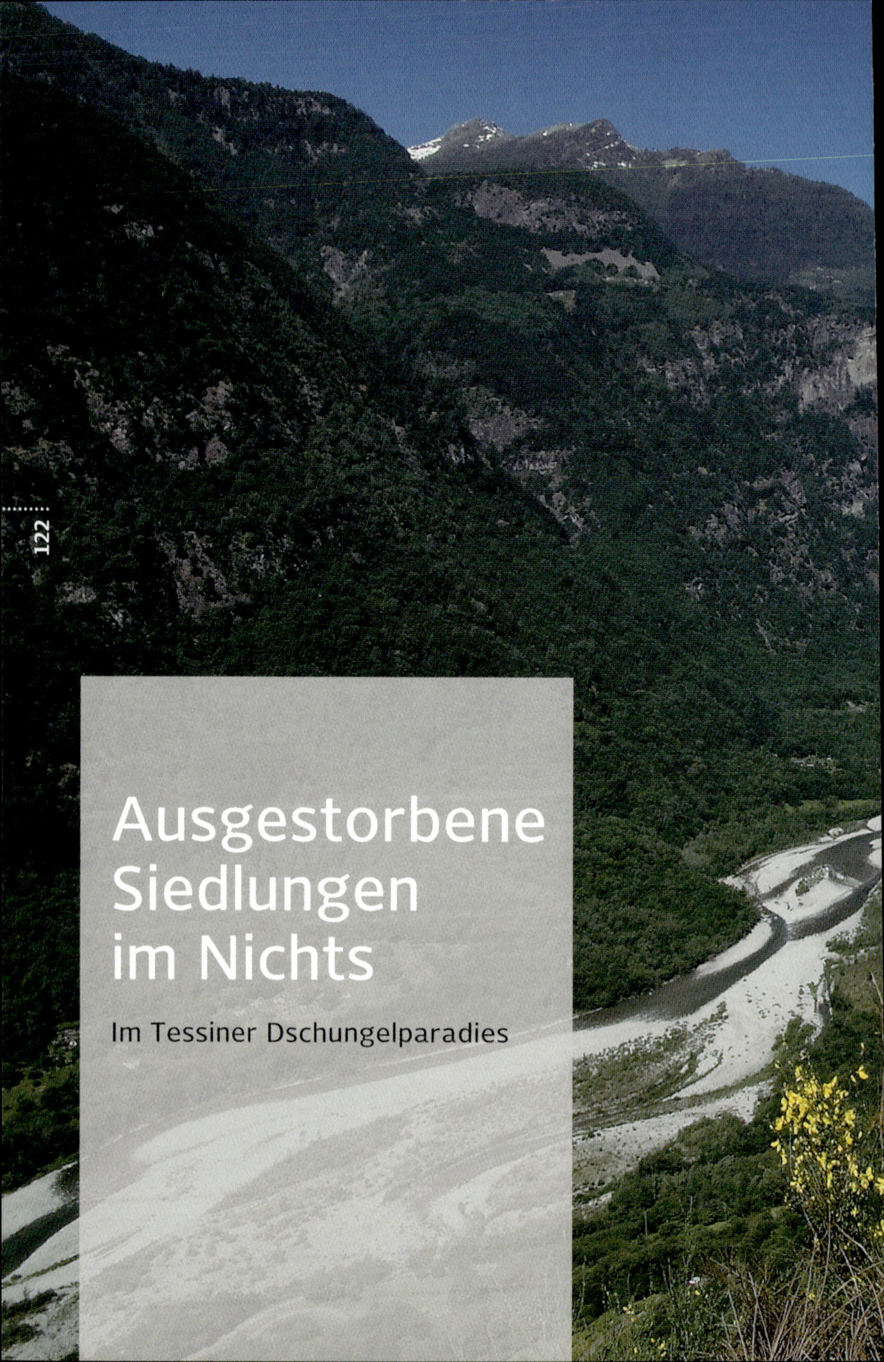

Ausgestorbene Siedlungen im Nichts

Im Tessiner Dschungelparadies

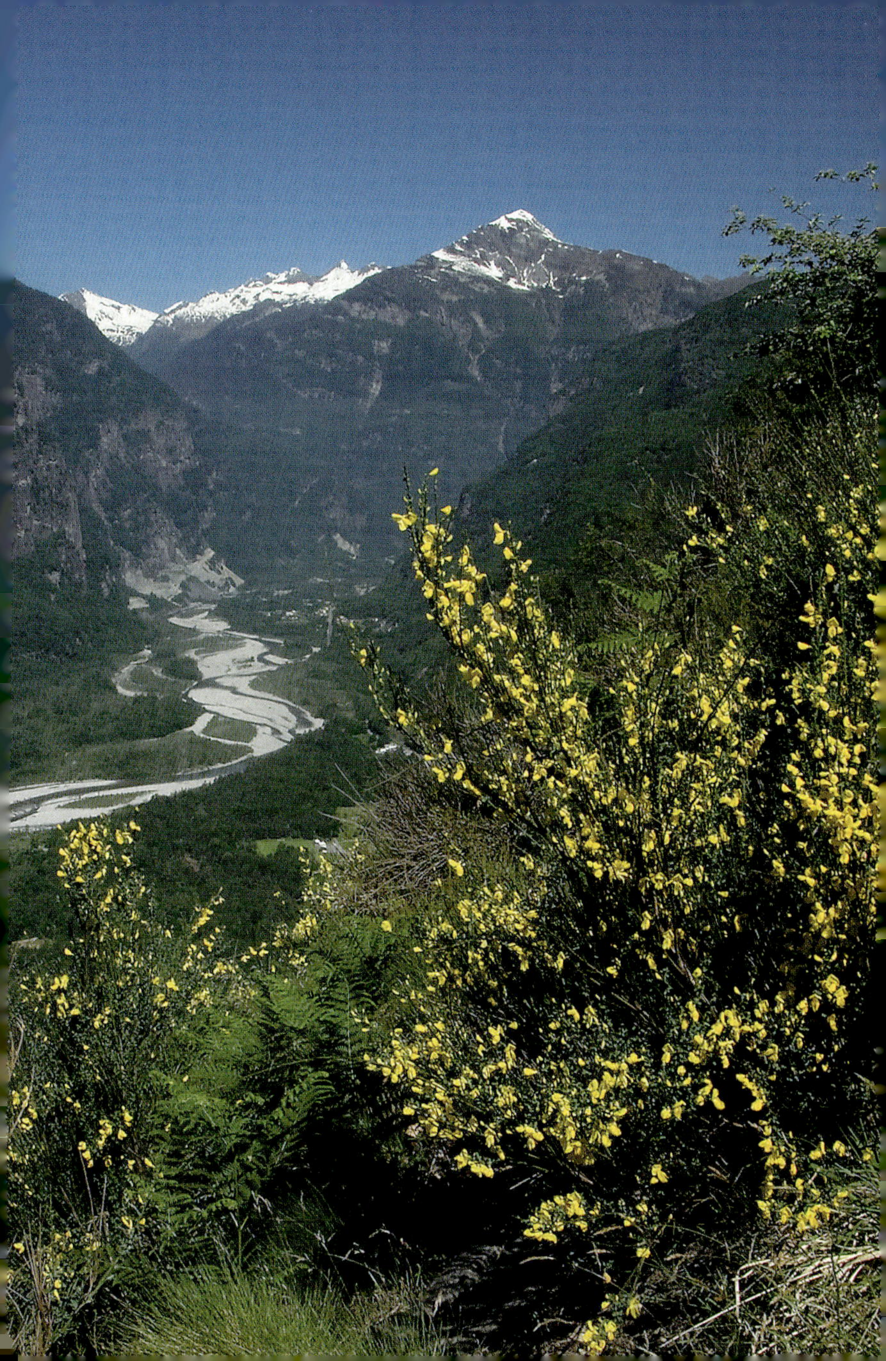

Von Giumaglio via Arnau nach Berzona TI

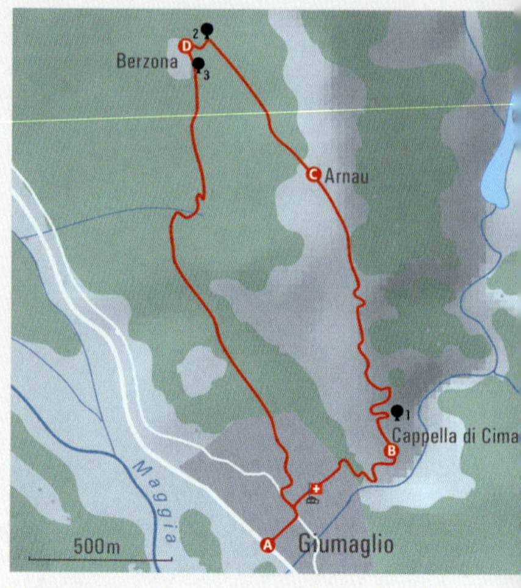

T2

3,5 h

5,5 km

1500 m

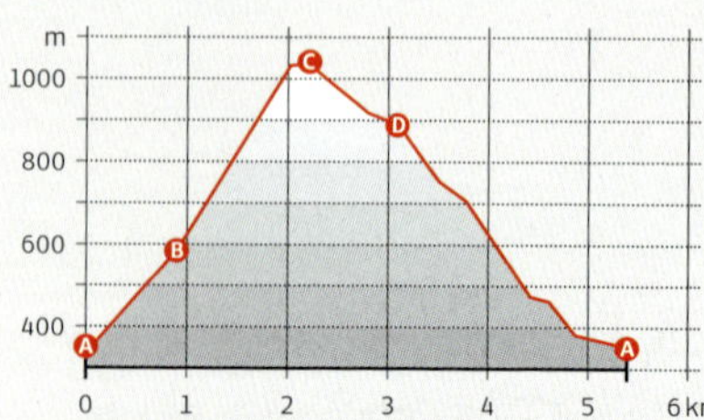

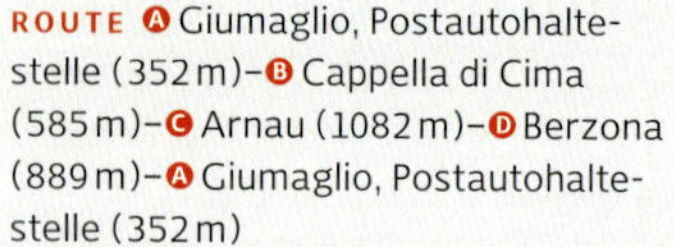

ROUTE Ⓐ Giumaglio, Postautohaltestelle (352 m)–Ⓑ Cappella di Cima (585 m)–Ⓒ Arnau (1082 m)–Ⓓ Berzona (889 m)–Ⓐ Giumaglio, Postautohaltestelle (352 m)

WANDERZEITEN 3,5 Std. mit jeweils 750 m Auf- und Abstieg

TOURENCHARAKTER/SCHWIERIGKEIT
T2. Einfache, wenn auch anfangs anstrengende Wanderung. Im Dorf asphaltierte und gepflasterte Wege, sonst Wiesen- und Naturwege. Gelbe Wegweiser und rotweisse Bergwegweiser

BÄUME Eine Edelkastanie mit ausgesprochen vielen Stockloden steht etwa 10 Minuten vom Weg entfernt an einer sehr schwer erreichbaren Stelle unterhalb einer Felswand. Der Besuch dieses Baumes ist umständlich und wegen Steinschlaggefahr nicht ungefährlich. Wer ihn trotzdem sehen möchte [1], suche die Koordinaten E 696.180/N 126.210. Wesentlich einfacher sind die beiden Edelkastanien [2–3] im komplett zerfallenen Maiensäss Berzona zu finden. Die Koordinaten sind E 695.514/ N 127.143 und E 695.467/N 126.940

BESTE JAHRESZEIT März bis Mitte November

UNTERKUNFT/VERPFLEGUNG Hotels in Locarno; Restaurant «Osteria dal Nito» in Giumaglio (nicht immer geöffnet)

KARTEN Landeskarte der Schweiz, 1:50 000, Blatt 276 «Val Verzasca»; 1:25 000, Blatt 1292 «Maggia»

ANREISE/RÜCKREISE Mit dem Zug nach Locarno und von dort mit dem Bus nach Giumaglio

INTERNETLINKS
www.sbb.ch, www.postauto.ch, www.canyoningtessin.ch

Ein sportlicher Aufstieg

Bereits an der Postautohaltestelle «Giumaglio» im gleichnamigen Dorf weist ein Wegweiser nach Arnau; unserem höchstgelegenen Zwischenziel. Es ist jedem selbst überlassen, ob er das 740 m höher gelegene weisse Gipfelkreuz bei Arnau erspähen möchte. Der hohe Bergrücken mag von unten abschreckend wirken, wer sich aber nach oben durchringen kann, ist um eine eindrückliche Panoramasicht reicher.

Der Bergwanderweg beginnt im reizenden Dorf Giumaglio. Die rotweiss gestrichenen Zeichen, die anfangs auf dem Boden zu finden sind, lenken uns durch enge, verwinkelte Gässchen. Wir kommen an Steinhäuschen und der Dorfkirche vorbei, bis uns der Weg nach kurzer Zeit in den Wald führt. Stufen aus Granit prägen die ruppige Steigung, die, je nach Kondition, zwei Stunden dauert. Meist beschirmen Edelkastanien, Eichen und Birken die Etappe. Hin und wieder öffnet sich aber der Blick auf das Maggiatal, und die Hitze im heissen Granitfelsen wird unangenehm spürbar. An diesen Steinflanken tummeln sich zu Dutzenden Zaun- und Smaragdeidechsen und vereinzelt sogar Vipern (siehe Infobox S. 126), die vor unseren Schritten fluchtartig das Weite suchen. Die Sonne brennt im Sommer schon früh auf die exponierten Stellen. Wer auf sonnenbadende Amphibien verzichten möchte und lieber im Schatten wandelt, muss die Wanderung ab Juni bereits um 8 Uhr oder früher beginnen.

Vergessene Kulturen

Sehenswert sind die beiden kleinen Kapellen, die man unterwegs antrifft. Zwischen der zweiten und dem oben erwähnten Gipfelkreuz befindet sich ein Felsband, an dem der Weg, nach mehr als einer Stunde Wanderung, links vorbeiführt. Auffallend sind hier die alten Edelkastanien. Eine besonders mächtige hat sich in etwa zehn Minuten Entfernung einen gefährlichen Platz ausgesucht.

Der Besuch dieses Baumes [1] ist nicht empfehlenswert; wer ihn aber unter allen Umständen sehen möchte, geht rund zehn Meter unter der Felswand entlang. Wuchernde Sträucher und Steinschlag erschweren und gefährden das Unternehmen. Die Edelkastanie mit 8 m Stammumfang zeichnet sich vor allem durch die Bildung von Nebentrieben aus, die wie eigenständige Bäume auf alle Seiten wachsen. Früher hat man solche Triebe abgehauen.

Wesentlich mächtigere Bäume treffen wir aber in Berzona an. Zunächst müssen wir dafür die restliche Kuppe hinter uns bringen. Am schroffen Steilhang wurzeln immer wieder einzelne Bäume; bald passieren wir das letzte Gatter, das Ziegen und Schafe daran hindert, sich in die Steilhänge zu verirren und abzustürzen. Früher waren die Maiensässe im Sommer bewohnt. Man liess das Vieh weiden, und in der parkähnlichen Weidelandschaft standen gepflegte Edelkastanien, die genug Maronen trugen, um die Bauernfamilien zu ernähren.

Die Edelkastanie kam mit den Römern ins Tessin und wurde bewusst als «Brot der Armen» angepflanzt. Lange Zeit war sie die Hauptnahrungsquelle und prägte so das heutige Bild der Tessiner Landschaft entscheidend mit. Die Kastanienkultur ist aber seit der Einführung von Kartoffel und Mais im 19. Jahrhundert weitgehend verloren gegangen, und die Menschen haben ihre Siedlungen für eine andere Arbeit im Tal aufgegeben. Das ist der Grund, warum heute die mächtigsten Exemplare in Steilhängen zu finden sind und die lichtliebenden Bäume mit der Zeit vom Wald eingeschlossen wurden. An Bäumen wie Maiensässen nagt der Zahn der Zeit. Gerade dies vermittelt aber auch den urchigen Eindruck des heuti-

BISSIG Die giftige Viper erkennt man an ihrem schwarzen, schlanken Körper. Das scheue Tier beisst nicht ohne Grund. Nur wenn es sich in die Enge getrieben fühlt oder erschrickt, sollte man aufpassen. Man muss im Tessin immer damit rechnen, dass sich unter grösseren Steinen oder sonstigen Unterschlüpfen Schlangen verbergen. Vorsicht ist aber vor allem vor Zeckenbissen geboten. Dieses landesweit verbreitete Übel kann schlimme Folgen haben. Es ist deshalb ratsam, auch im Hochsommer mit langen Hosen zu wandern und von Zeit zu Zeit einen prüfenden Blick auf die Hosenbeine zu werfen. Die meisten Zecken liest man nämlich im hohen Gras und besonders in Brombeerhecken auf.

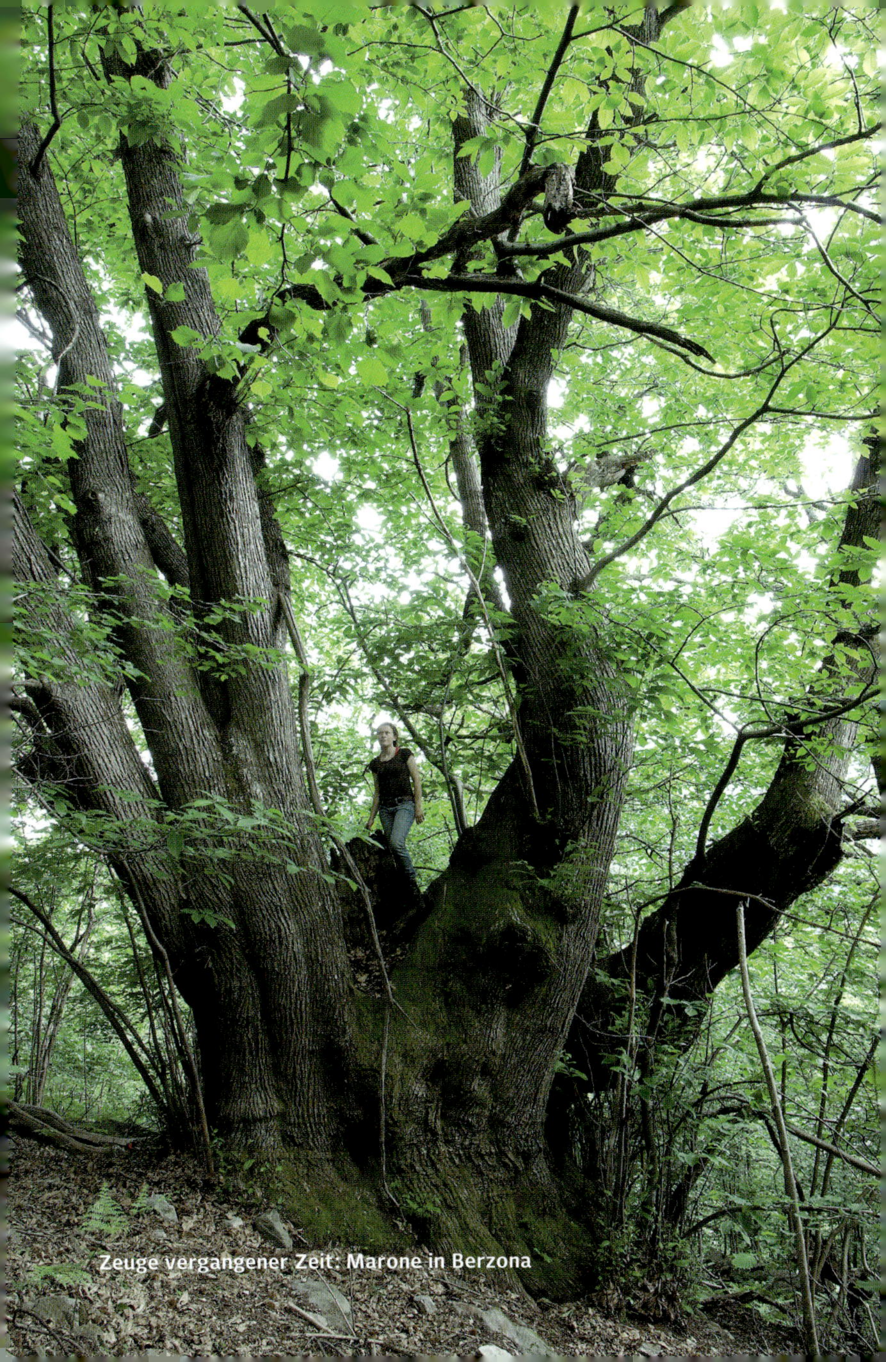

Zeuge vergangener Zeit: Marone in Berzona

gen Tessins und birgt nicht zuletzt dessen magische Anziehung auf den Wandertourismus. In Arnau wurden die Rusticos teilweise zu Ferienhäusern ausgebaut und sind den Sommer über bewohnt. Die Hochebene wird vom Vieh beäst, und lichte Weiden mit Birken und einem feinen Grasteppich sind prägend. So sah es früher in fast allen Maiensässen aus, als noch bewirtschaftet wurde.

Skurrile Tempelstädte

Beim Kreuz in Arnau befindet sich ein gepflegter Steintisch mit Bank, der zum Picknicken einlädt. Der Blick von hier oben ist eindrücklich. Die bewaldeten Hänge an der gegenüberliegenden Talseite – einige von ihnen noch schneebedeckt – sind frei von modernen Überbauungen. Im Talbecken mäandriert die Maggia geradezu verschwenderisch und lagert breite, strukturierte Kiesbänke ab. Ein unübersehbarer Farbtupfer sind Anfang Juni die Ginster, die sich bei Blüte an manchen Sonnenhängen gelb zeigen. Dieser niedrige Strauch fällt unter dem Jahr höchstens an kargen Bahntrassees oder Autobahnböschungen auf. Der Ginster ist ein trockenliebendes Gewächs und ein typischer Vertreter der mediterranen Macchiavegetation.

In knapp einer halben Stunde kommen wir zu einer der dicksten Edelkastanien des Landes. Unser Wanderweg führt vom Kreuz aus noch etwas weiter nach oben durch die kleine Siedlung und biegt dann beim Wegweiser «Berzona» nach links ab. Hier haben wir unseren höchsten Punkt erreicht und folgen dann dem Weg immer nach unten. Bald gelangen wir zum zerfallenen Maiensäss Berzona. Die Natur hat hier die Überhand gewonnen, und die Häuschen erinnern an eine aztekische Tempelstadt. Um in diesem Dschungel den dicksten Baum zu finden, muss man die Karte zu Hilfe nehmen. Die Edelkastanie [2] mit einem Taillenumfang von 10 m steht am nördlichsten Ende der Wanderroute, einige Meter oberhalb des Weges. Imposant sind nicht nur der gedrungene Stamm, sondern vor allem auch die mächtigen Hauptäste. Der Stamm ist ausgehöhlt, und an einem der dicksten Äste ist ein grosser Riss erkennbar. Dieser dürfte früher oder später dafür sorgen, dass der Baum, wenn der Ast abreisst, stark beschädigt wird und

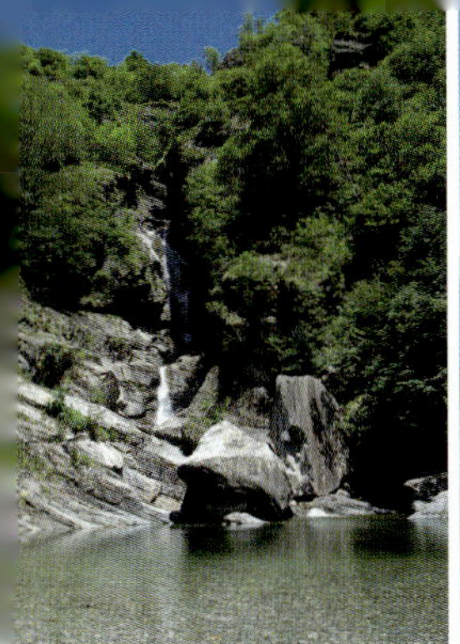
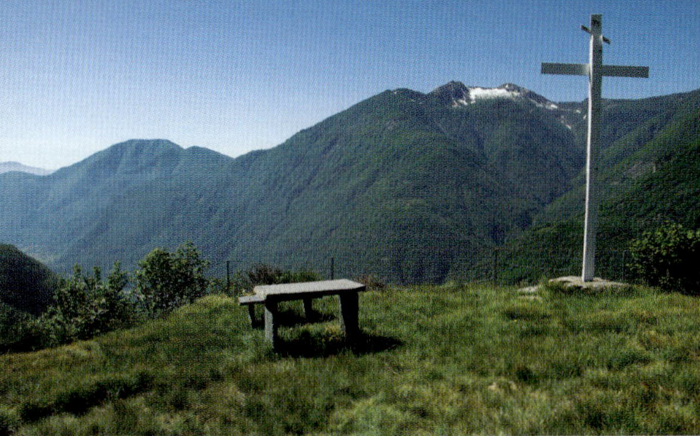

Kristallklares Wasser und Rastplatz in Arnau

einen zweihälftigen Charakter bekommt. Vielleicht kann er aber die Wunde ausbessern und den Abriss verhindern.

Wenn man dem Wanderweg weiter nach unten folgt, kommt man an weiteren stattlichen Kastanien [3] vorbei. Eine davon misst immerhin noch 8,45 m und steht direkt links am Weg. Die restliche Wegstrecke zieht sich in die Länge, die Beine werden beim Abstieg müde, und wer endlich aus dem Wald auf die Rebenwege nach Giumaglio gelangt, dürfte gegen eine Rast nichts einzuwenden haben. Ein Restaurant oberhalb der Kirche verspricht unter einer gemütlichen Rebenpergola die ersehnte Erfrischung. Allenfalls geht man aber lieber noch ein paar Schritte weiter. Denn unmittelbar am südöstlichen Dorfende, wenige Gehminuten von der Kirche entfernt, befindet sich eine Badelandschaft mit Wasserfall, geschliffenen Steinen und natürlichen Schwimmbecken, in deren klarem Wasser sich nicht nur Fische gerne tummeln.

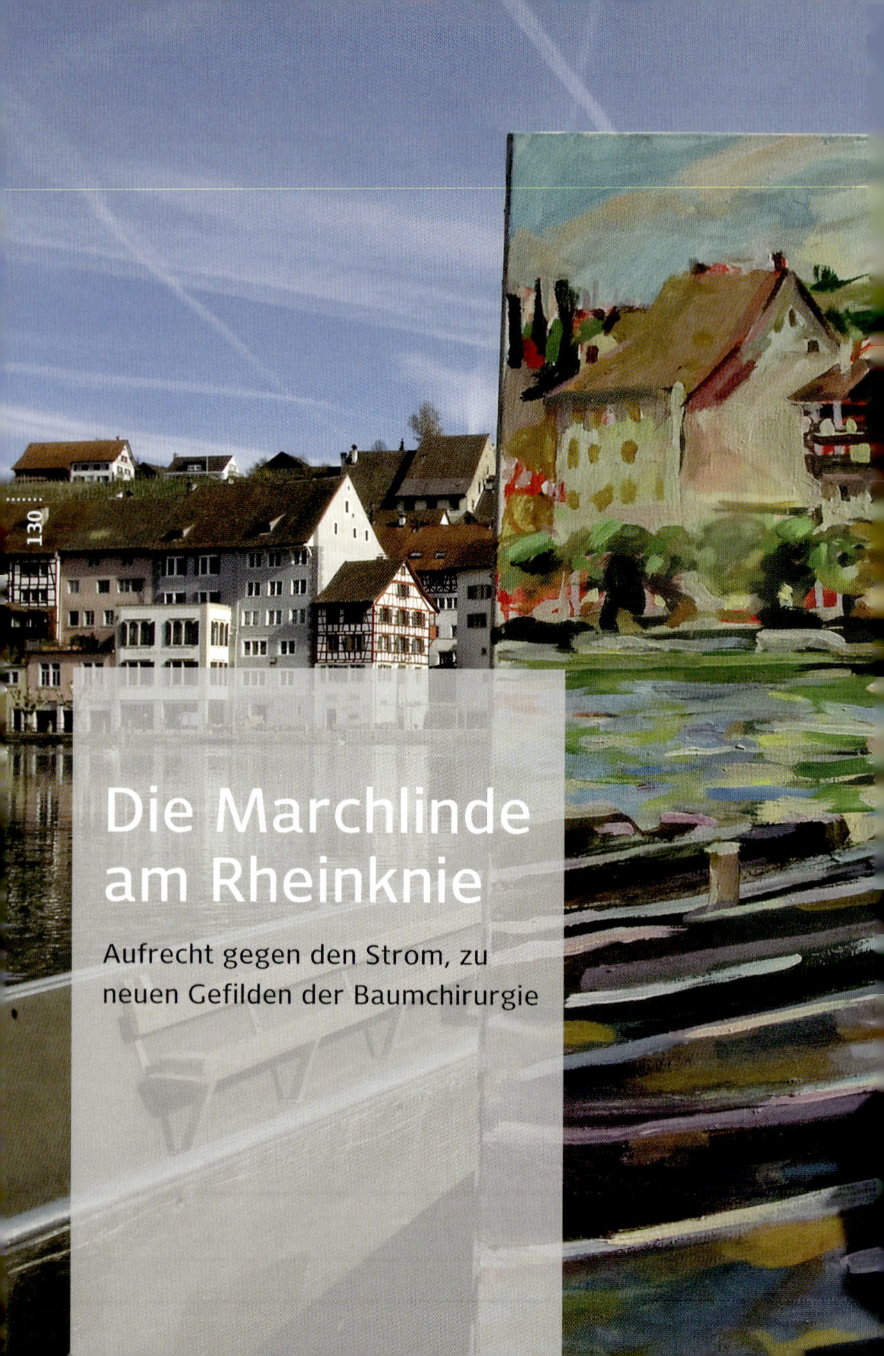

Die Marchlinde am Rheinknie

Aufrecht gegen den Strom, zu neuen Gefilden der Baumchirurgie

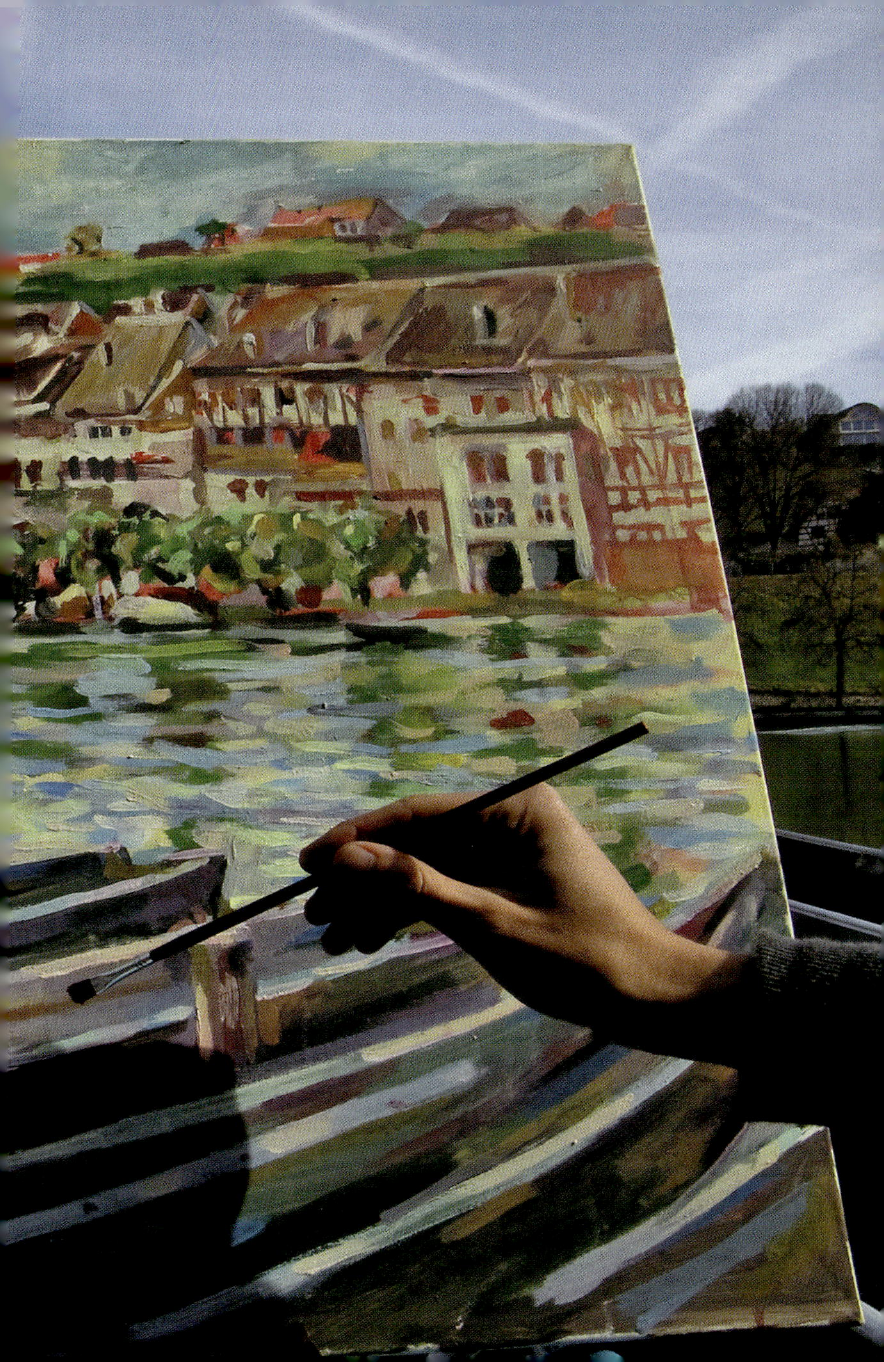

Von Eglisau ZH dem Rhein entlang nach Buchberg SH

T1

⏲ 3,25 h

12 km

▲ 740 m

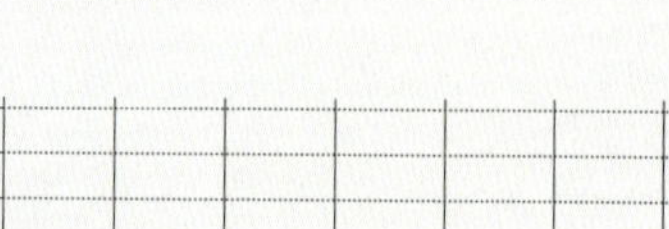

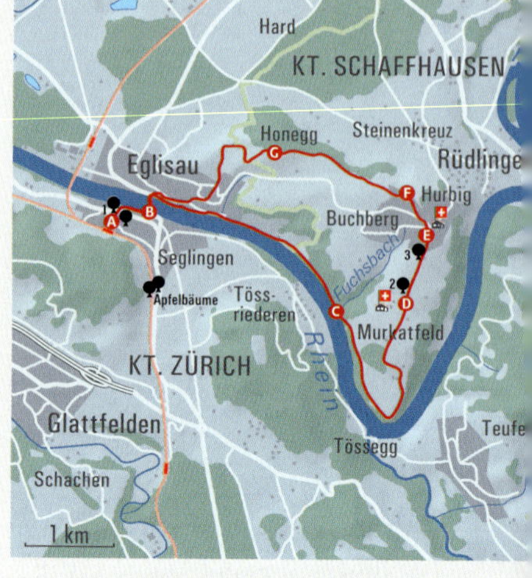

ROUTE Ⓐ Eglisau Bahnhof (388 m)–Ⓑ Rheinbrücke (347 m)–Ⓒ Rastplatz Fuchsbach (346 m)–Ⓓ Lindenhof (480 m)–Ⓔ Buchberg (487 m)–Ⓕ Aussichtspunkt Hurbig (520 m)–Ⓖ Honegg (512 m)–Ⓐ Eglisau Bahnhof (388 m)

WANDERZEITEN 3,25 Std. mit jeweils 370 m Auf- und Abstieg

TOURENCHARAKTER/SCHWIERIGKEIT T1. Einfache Wanderung von Eglisau ZH dem Rhein entlang nach Buchberg SH. Asphalt und Naturwege. Gelbe Wegweiser

BÄUME Zu Beginn der Wanderung kommen wir durch eine ältere Rosskastanienallee [1]. Das Hauptziel sind aber zwei markante Linden in Buchberg [2–3]. In Seglingen stehen zwei alte Apfelbäume (siehe Karte)

VARIANTEN Von Rüdlingen ans andere Rheinufer dem Biberlehrpfad entlang nach Tössegg. Distanz knapp 10 km, Dauer 2,5 Std.; fast vollständig bewaldete Strecke mit wenig Höhenprofil. Oder mit dem Schiff der «Züri-Rhy Schifffahrtsgesellschaft» von Rüdlingen bzw. Tössegg nach Eglisau in ca. 45 Minuten. Das Schiff verkehrt nicht bei jeder Witterung. Fahrplan unter www.szr.ch. Abstecher zur Kirsche (S. 139) über Buchberg–Hurbig

BESTE JAHRESZEIT Ganzjährig

UNTERKUNFT/VERPFLEGUNG Restaurants in Eglisau und Buchberg; Besenbeiz am Lindenhof in Buchberg

KARTEN Landeskarte der Schweiz, 1:50 000, Blatt 215 «Baden»; 1:25 000, Blatt 1051 «Eglisau»

ANREISE/RÜCKREISE Mit der Bahn nach Eglisau

INTERNETLINKS www.szr.ch, www.dragonboatcup.ch

Was Eglisau mit Fischen und Borstentieren zu tun hat

An der Bahnhofstrasse drängt uns eine Allee zum Tunnelblick. Die Doppelreihe, bestehend aus noch zwanzig Rosskastanien, wurde vor etwa 150 Jahren gepflanzt. Als eine Umfahrungsstrasse projektiert wurde, sollte die ganze Allee gefällt werden. Glücklicherweise wurde das kostspielige Vorhaben 1985 vom Volk abgelehnt.

So weist uns der belaubte Portikus [1] weiterhin den Weg, der sich alsbald in einer Rechtskurve zur Rheinbrücke neigt. Links von uns rollt der Transitverkehr vorüber, weiter hinten teilt die stählerne Konstruktion der 1897 eingeweihten Eisenbahnbrücke den Horizont. Auf der anderen Seite des Rheins treffen wir auf ein komplementäres Stadtbild: Eine gepflegte dreizeilige Stadtanlage ziert die Flusspromenade, am anderen Ufer ankern Boote – ein ideales Plätzchen für einen Idyllenmaler. Pittoresk geht es auch beim Drachenbootrennen zu, das im Sommer durchgeführt wird. Aus der Idee eines Kanu-Clubs wurde mit der Zeit ein professionell organisiertes Event, das viele Schaulustige nach Eglisau zieht.

Sobald wir die geräuschstarke Brückenkulisse hinter uns haben, finden wir uns in der Ober- und später der Untergass der Altstadt wieder. Obschon um die Mitte des 19. Jahrhunderts die historischen Stadttore verschwanden, ist der Charme des alten Zürcher Landstädtchens nicht verloren gegangen. Von 1497 bis 1798 residierten Zürcher Landvögte im Schloss Eglisau. Der letzte war Landvogt Salomon Landolt, der durch eine Novelle von Gottfried Keller unter dem Namen «Landvogt von Greifensee» berühmt wurde.

Wo sich Fuchs und Biber gute Nacht sagen

In Richtung Tössegg erreichen wir die Rebberge ausserhalb der Stadt und gelangen über einen Schotterweg in die Waldungen des Rheinufers. Im kühlen Schatten der Bäume erspähen wir immer wieder den neckisch durch das Pflanzendickicht blinzelnden Rhein. Wie lange die grüne Üppigkeit noch anhält, ist allerdings fraglich, denn seit der Wiederansiedlung des Bibers sind viele der Bäume beschädigt. Der Biber spitzt für den Bau seiner Dämme Ufergehölze an; selbst eine Pappel von 3 m Umfang bringt der kleine Nager zu Fall. Wer mehr darüber wissen möchte, dem sei der WWF-Biberlehrpfad zwischen den Schiffstegen Rüdlingen und Tössegg am südlichen Rheinufer empfohlen. Ausser dem Biber ist auf unserer Strecke der Fuchs beheimatet, wie der strenge Geruch verrät. Am Fuchsbach, wo sich bereits die zweite, grössere Bratstelle befindet und sich ein Wasserfall im nahen Tobel ergiesst, hat er seine Höhlen in den weichen Sandstein gegraben.

Vom Fuchsbach geht es hoch zu den Rebhügeln und weiter zum Rheinknie, wo wir Richtung Murkatfeld-Buchberg wandern. Zur anderen Flussseite bei Tössriederen setzte früher eine Fähre über und ermöglichte eine Nord-Süd-Verbindung; nicht auszuschliessen, dass in trockenen Jahren sogar eine Furt existierte. Dort verlief vermutlich auch ein ehemaliger Saumpfad nach Norden, eine Nebenstrecke des Jakobsweges. Bis Mitte des 19. Jahrhunderts existierte beim heutigen Pfarrhaus in Buchberg eine Jakobskapelle.

Auf Saumpfaden zur Gerichtslinde

Auf Pilgerwegen wurden oft in grösseren Abständen Bäume als Markierungshilfe gepflanzt; als christliches Symbol vorwiegend Linden. Auch auf der Gemarkung Buchbergs wachsen noch zwei dieser Nachgängerlinden und haben in der Gemeinde ein grosses

EGLI ODER SCHWEINE? Das Städtchen Eglisau wurde auf einer Au, althochdeutsch «ouwa», gegründet. Bereits 892 standen auf dieser Au Höfe. 1294 findet sich erstmals eine urkundliche Erwähnung: «in der stat ze Owe ze Segelingen». Seglingen heisst die linke Rheinseite bei Eglisau; der Ortsname geht auf eine alemannische Sippe namens «Segelinge» zurück. Aus «ze Segelinges Owe» wurde sukzessive «ze Eglins Owe» und ab Ende des 18. Jahrhunderts schliesslich «Eglisau». Der Name hat also nichts mit Egli oder Schweinen zu tun.

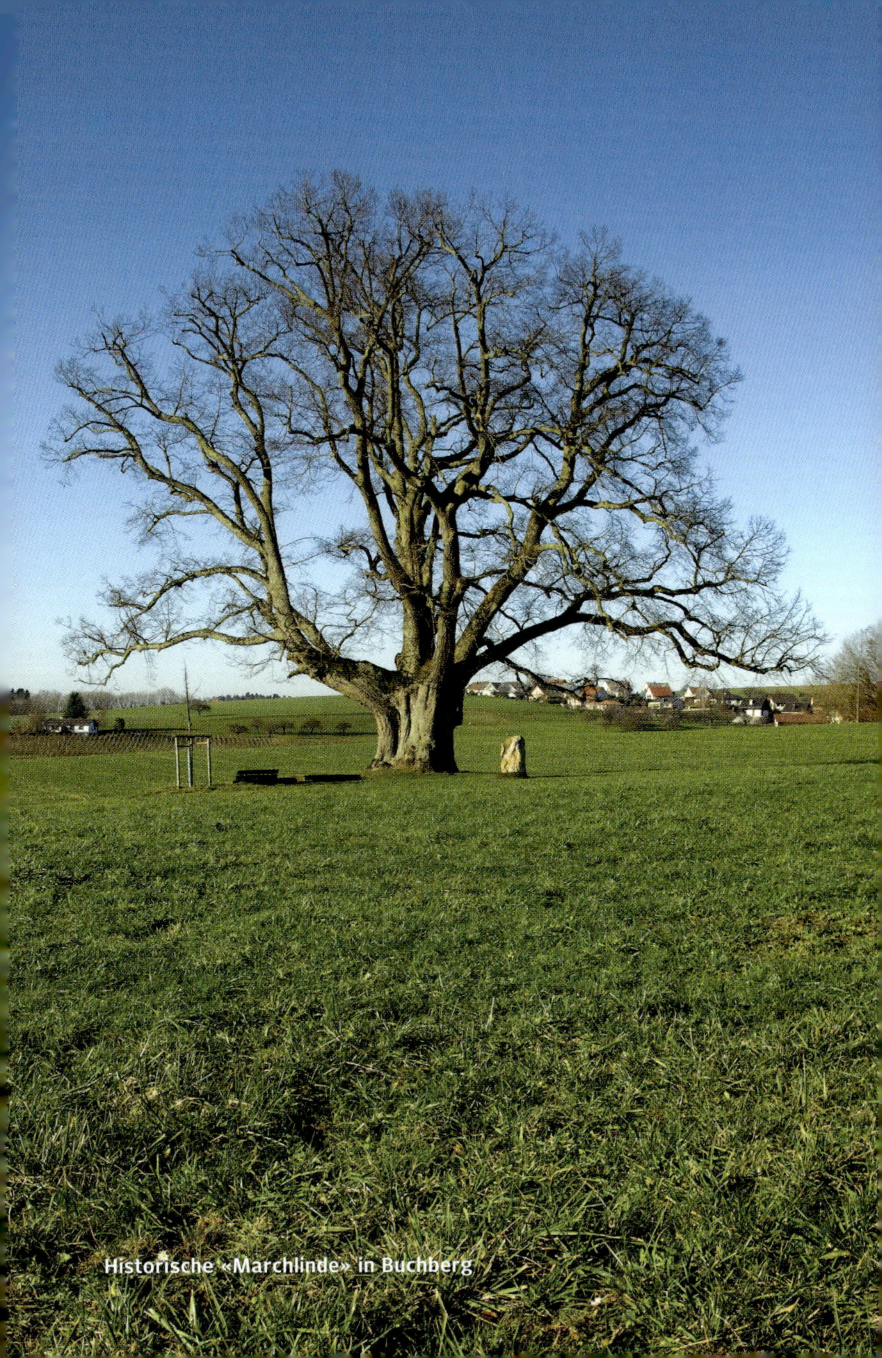
Historische «Marchlinde» in Buchberg

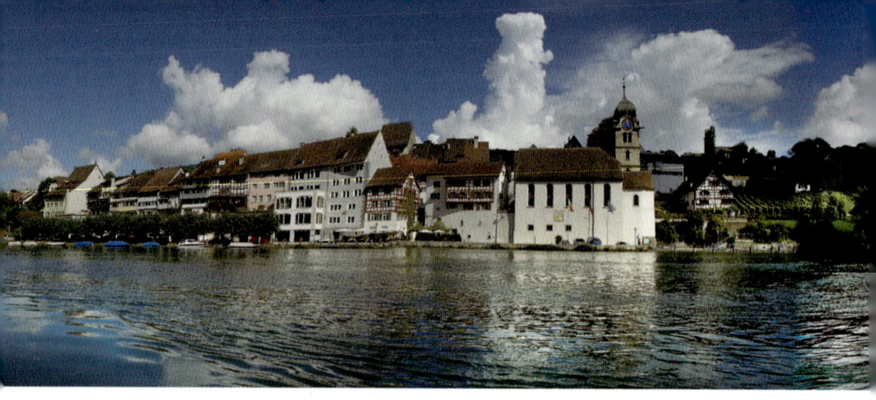

Eglisau und der Rhein

Ansehen. Allein die Tatsache, dass im Gemeindewappen von Buchberg nicht etwa eine Buche, sondern eine Linde steht, zeigt ihre frühe Bedeutung. Auf der Hochebene Murkatfeld erhebt sich weit und breit die prägnanteste: die «Marchlinde» [2]. Die «March» (althochdeutsch «Mark») markiert hier die Grenze zwischen den Kantonen Zürich und Schaffhausen, die nur wenige hundert Meter entfernt verläuft.

Vor wenigen Jahren waren es noch zwei «Marchlinden», die nebeneinander standen. Zusammen bildeten ihre Silhouetten einen perfekten Halbkreis. Als aber 1947 ein Blitz in die kleinere, jüngere Linde einschlug und der Baum zu serbeln begann, beschloss man, die Linde umzuhauen. Die Holzfäller standen bereits unter dem Baum, als noch einmal anders entschieden und die Fällaktion abgeblasen wurde. Statt ihn zu fällen, plombierte man den hohlen Stamm mit Beton. Mit dieser gut gemeinten Pflegemassnahme erwies man der angeschlagenen «Marchlinde» jedoch einen Bärendienst. In der Folge konnte sie keine Innenüberwallungen und Adventivwurzeln aufbauen und wurde durch den Beton zusätzlich in ihrer Bewegungsfreiheit eingeschränkt, worauf sie schliesslich im Sommer 2007 bei einem Sturm zerbarst.

Leider pflanzte man neben die alte, noch vitale «Marchlinde» eine Junglinde. Der Jungbaum kann wegen des grossen Altersunterschiedes keine geschlossene Kronenform mit dem alten Baum bilden und bedrängt diesen stattdessen zunehmend. Keine ideale

Bedingung für die alte Linde, um über 1000 Jahre alt zu werden, wo sie noch nicht einmal einen Viertel dieser Zeit auf dem Buckel trägt. Noch dominiert aber die alte «Marchlinde» und beeindruckt vor allem durch ihre breite Astauslage, die einst sogar um drei Meter eingekürzt wurde.

Geleitete Linde oder Laune der Natur?

Auffallend ist, dass die Hauptäste der «Marchlinde» alle aus ein und derselben Höhe entspringen, was den Gedanken aufdrängt, dass dieser Baum vielleicht hätte geleitet (in die Breite gezogen, siehe Infobox unten) werden sollen. Alle noch stehenden geleiteten Bäume der Schweiz befinden sich, mit einer Ausnahme, unweit der deutschen Landesgrenze, von wo die Tradition herkam. Ob auch unsere «Marchlinde» in jungen Jahren in ihre Form geleitet wurde, ist nicht mehr nachvollziehbar. Tatsache ist, dass gerade bei der Winterlinde, um welche es sich bei diesem Baum handelt, die breitwüchsige Form relativ oft vorkommt.

An Beachtung fehlte es der «Marchlinde» nicht. Bis 1910 fanden hier Sühneverhandlungen statt, auch der nahe gelegene «Lindenhof», der sich an schönen Tagen in eine Besenbeiz verwandelt, ist nach ihr benannt.

Eine andere etwa 200-jährige Linde [3] steht am Eingang des Dorfes. Ihre perfekte kugelrunde Krone wurde etwas deformiert, als einer der Hauptäste von einem Laster abgerissen wurde. Glücklicherweise wurde ihr Stammknollen, der Assoziationen an ein Gesicht weckt, nicht beschädigt.

GELEITETE LINDEN Woher die Tradition der geleiteten Linden stammt, ist nicht bekannt. Erste Urkunden findet man um 1200. Im Herzen Deutschlands werden geleitete Linden nach wie vor gepflegt. Dabei werden mittels Stützwerk ein oder zwei Astkränze in die Horizontale gezogen, um eine möglichst effiziente Schattenlaube zu schaffen. Teilweise erweitert man das Stützwerk und legt eine Holzplattform auf die Astkränze, auf der die Leute sich zur «Lindenkerwa» zum Tanz einfinden. Solche Tanzlinden dürften Ausdruck einer alten Weltanschauung sein, nach der im untersten Bereich des Stammes Kobolde und Dämonen hausen, darüber die Menschen auf dem ersten Astkranz und in der Krone die Götter.

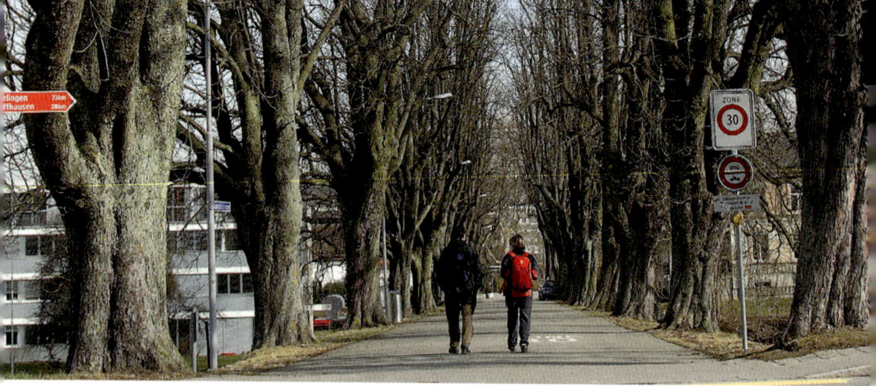

Rosskastanienallee beim Bahnhof Eglisau

Drei Varianten für den Rückweg nach Eglisau

Wer sich eine kulinarische Pause gönnen möchte, kann dies beispielsweise im Gasthaus «Engel» im Dorfzentrum an der Murkatstrasse tun. Hier lässt sich bei einem Umtrunk gemütlich darüber sinnieren, wie man den Rückweg in Angriff nehmen möchte.

Wer noch lange nicht genug hat, kann den auf der anderen Rheinseite gelegenen, oben erwähnten Biberlehrpfad begehen, der nach Tössegg führt. Dort münden die Töss und ihr mitgebrachtes Geschiebe in den Rhein, wo sie gemeinsam in einem spitzen Knick nach Nordwesten fliessen. Die Route ist knapp 10 km lang und dauert etwa 2,5 Stunden, ist fast vollständig bewaldet und weist nur wenige Höhenunterschiede auf.

Eine bequemere Variante ist, von Rüdlingen ein Schiff der «Schifffahrtsgesellschaft Züri-Rhy» zu besteigen (Betriebs- und

SCHLAFAPFEL Auf unserem Weg zurück in die Altstadt treffen wir immer wieder auf den Namen der Bushaltestelle-Endstation «Schlafapfel». In seinem Artikel «Vom Schlaföpfelbaum ob Eglisau» schreibt Hans P. Schaad, der Name habe nichts mit echten Schlafäpfeln zu tun. Vermutlich habe die Platane am hiesigen Platz im Volksmund den Übernamen «Schlaföpfelbaum» bekommen. Die kugeligen Blüten der Platane ähneln nämlich stark den echten Schlafäpfeln, wie die durch die Rosengallwespe hervorgerufenen Larvengallen an Rosen genannt wurden. Wenn man solche unter das Kopfkissen lege, so glaubte man früher, hätten sie eine schlaffördernde Wirkung. Heute kennt man dafür effizientere Mittel.

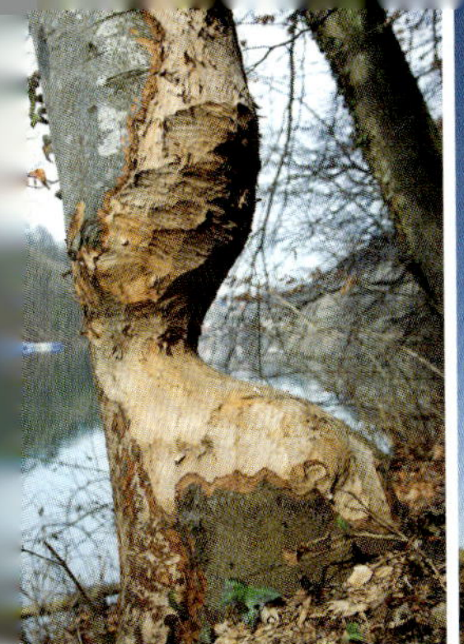
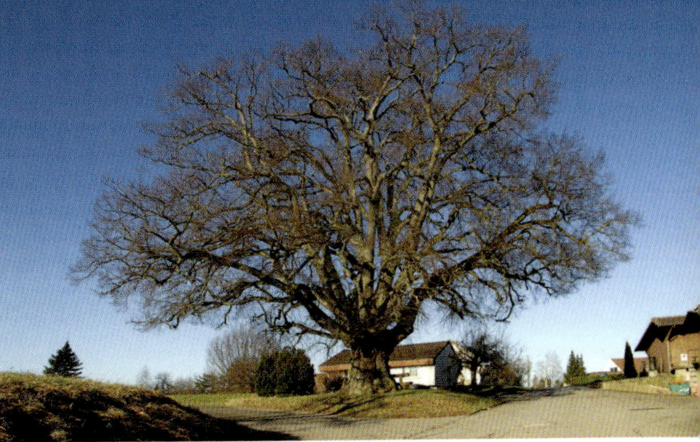

Biberspuren und Dorflinde am Eingang von Buchberg

Abfahrtszeit unter www.szr.ch; die Schiffe verkehren nicht immer und nicht bei jeder Witterung). Mit etwas Glück kommt man sogar in den Genuss des zweistöckigen Schifftyps. Doch Vorsicht: Wer die wärmende Frühlingssonne auf dem oberen Deck des Schiffes verspürt, vergisst gerne den kühlen Fahrtwind. Halstuch und langärmliges Shirt sind deshalb nicht unangebracht. Wen es dagegen im Sommer nach mehr Erfrischung gelüstet, der kann die Badeanstalt «Flussbadi Burgweg» vor der Andockstelle besuchen. Sportliche Schwimmer entladen hier ihre Energie, indem sie gegen den Strom anzukämpfen versuchen.

Die dritte Möglichkeit besteht darin, den vom Gasthaus «Engel» ausgehenden Höhenweg nach Eglisau zu nehmen, für den wir uns entscheiden. Dieser dauert knapp eine Stunde und führt grösstenteils entlang des Waldrandes Richtung Steinenkreuz, danach zur Honegg und von dort der linken Wegvariante folgend zurück nach Eglisau. Auf dem Weg ist der Blick auf das weiter unten liegende Flaachtal lohnenswert. Bei sichtigem Wetter erkennt man sogar die auf deutschem Gebiet stehenden Vulkanschlote bei Singen. Unmittelbar unter uns, in Steinenkreuz der Gemeinde Rüdlingen, stand übrigens einer der dicksten Kirschbäume des Landes. Ganze 3,65 m mass er im Umfang. Im Juni 2011 war nur noch ein Ast übrig, und seit 2012 steht an Ort und Stelle nur noch ein Stumpf.

Bald kommen wir über die Obergass zur «Rhi-Brugg» und von dort hinüber auf die andere Seite zurück zum Bahnhof.

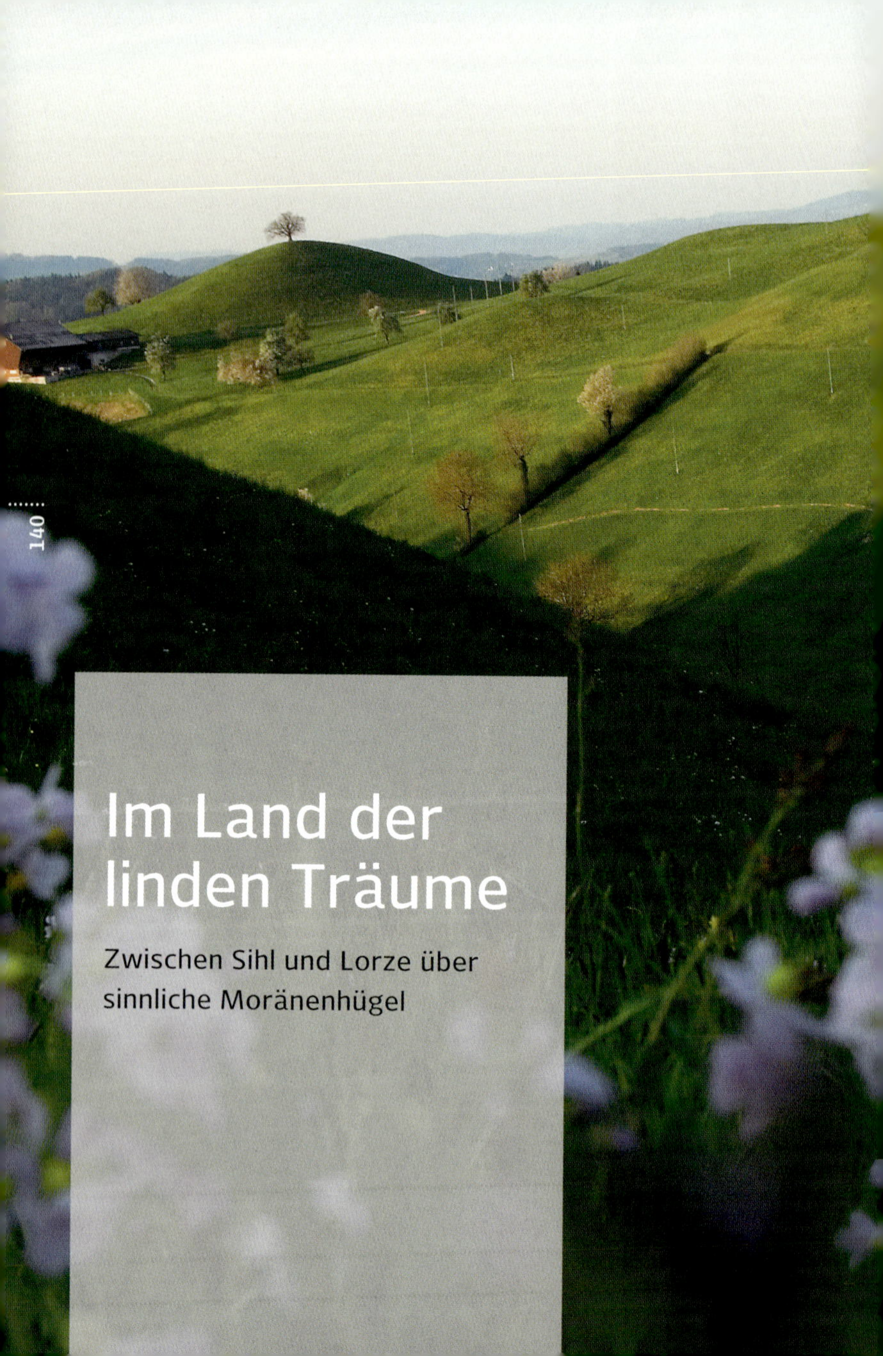

Im Land der linden Träume

Zwischen Sihl und Lorze über sinnliche Moränenhügel

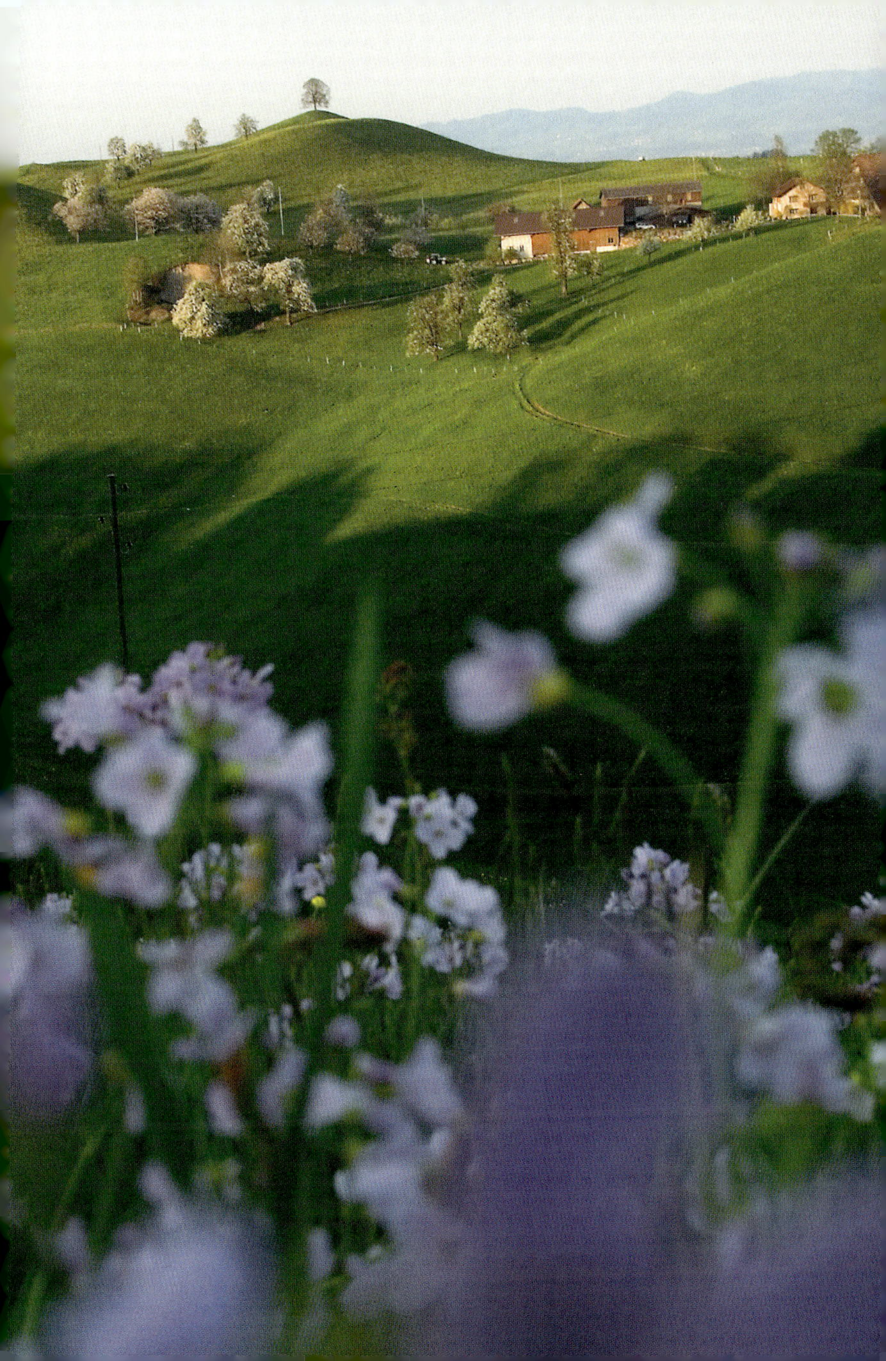

Von Hirzel ZH via Sihlsprung nach Menzingen ZG

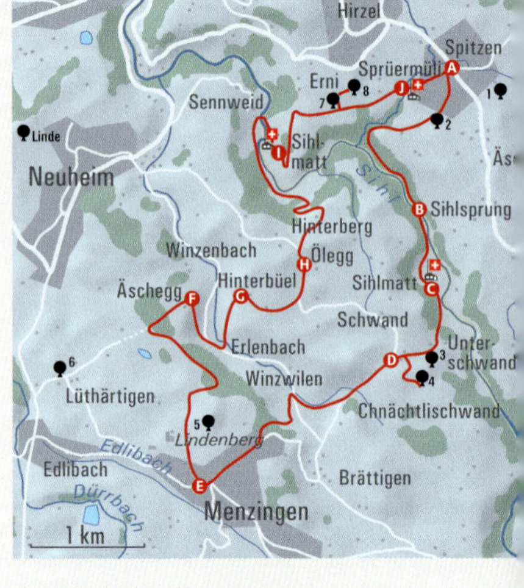

T1

4,5 h

15,5 km

1160 m

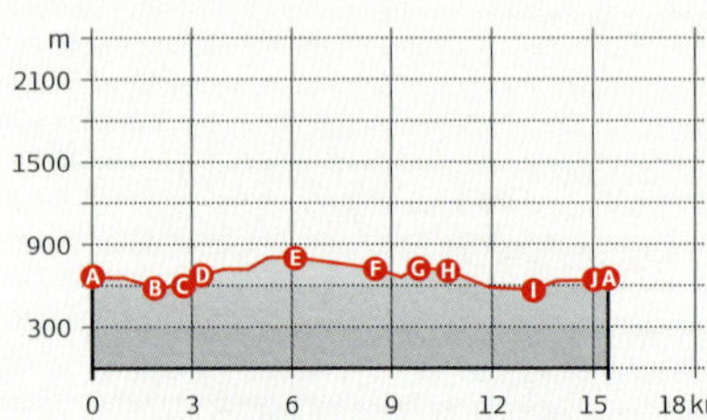

ROUTE Ⓐ Hirzel Spitzen (655 m)–Ⓑ Sihlsprung (582 m)–Ⓒ Sihlmatt (599 m)–Ⓓ Schwand (670 m)–Ⓔ Menzingen (802 m)–Ⓕ Äschegg (721 m)–Ⓖ Hinterbüel (724 m)–Ⓗ Ölegg (708 m)–Ⓘ Sihlmatt (567 m)–Ⓙ Sprüermüli (634 m)–Ⓐ Hirzel Spitzen (655 m)

WANDERZEITEN 4,5 Std. mit jeweils 580 m Auf- und Abstieg

TOURENCHARAKTER/SCHWIERIGKEIT T1. Einfache Wanderung von Hirzel Spitzen hinunter zur Sihl, nach Menzingen und von dort auf einer nördlicheren Strecke wieder zurück. Stellenweise Asphalt, ansonsten Wiesen- und Naturwege. Gelbe Wegweiser

BÄUME Linden säumen die ganze Tour. Die beeindruckendsten Bäume stehen in Hirzel Spitzen, auf dem Lindenberg in Menzingen und am Hof Erni [1, 5, 8]. Als Abstecher sind die Linde in Neuheim auf dem Josefsgütsch und die Linde in Lüthärtigen [6] sehenswert. Bei Schwand treffen wir auf zwei alte, beachtliche Kirschen [3–4], ausserdem auf einen Walnussbaum [2] bei Bächenmoos und eine Birne [7]

BESTE JAHRESZEIT Ganzjährig, besonders aber im Frühling

UNTERKUNFT/VERPFLEGUNG Hotels in Menzingen, Horgen oder Wädenswil; Restaurants in Hirzel an der Sprüermüli und in Menzingen; Besenbeiz in der Sihlmatt

KARTEN Landeskarte der Schweiz, 1:50 000, Blatt 235 «Rotkreuz»; 1:25 000, Blätter 1111 «Albis» und 1131 «Zug»

ANREISE/RÜCKREISE Mit dem Postauto nach Hirzel Spitzen oder Menzingen Institut (anderer Ablauf)

INTERNETLINKS www.postauto.ch, www.hoellgrotten.ch

Am Busen der Natur

Die Region Hirzel-Menzingen verfügt über eine der schönsten Glaziallandschaften der Schweiz. Die sinnlich runden Moränenhügel, die nach Verschwinden des Gletschers entstanden, nennt man im Fachjargon Drumlins, im Volksmund schlicht «Brüste der Natur». Auf ihrem höchsten Punkt thront seit vielen Generationen jeweils eine Linde.

Die Region verwandelt sich bei Bodennebel in einen exotisch anmutenden Archipel. Dann kann es vorkommen, dass die Hügel wie Inseln aus dem Nebelmeer gucken und die Lindenbäume an Palmen erinnern. Feuchtigkeit ist oft genug vorhanden, denn die ungezähmte Sihl durchdringt das hügelreiche Gefilde und gibt der «linden» Landschaft ihre Würze.

Unsere Rundwanderung kann entweder von Hirzel oder von Menzingen aus angegangen werden. Zur Bushaltestelle «Hirzel Spitzen» – einer der beiden Startvarianten – kommt man mit dem Postauto, das vom Bahnhof Horgen oder von Wädenswil fährt. In Spitzen erhebt sich auf dem Spitzenrain wie ein Gipfelkreuz die erste alte Linde [1]. Der Bächenmoosstrasse folgend, vorbei am gleichnamigen Hof mit dem stattlichen Walnussbaum [2], geht es auf dem mittleren Weg zum Waldrand und weiter hinunter zur Sihl.

Eine Wilde zwischen sanften Kuppen

Im Tobel wechselt die Landschaft ihr Gesicht; schroffe Steinbrocken, die sich aus den Nagelfluhwänden gelöst haben, liegen hier kreuz und quer verteilt. Einige bilden im Flussbett mit Bäumen bewachsene Inseln und zwingen die Sihl zu Umwegen. Im Winter formieren sich an den unterspülten Vorsprüngen fletschende Eiszapfen, und wo Äste die Oberfläche des Wassers kitzeln, hängen Eisbirnen wie Weihnachtskugeln am Christbaum. In den feuchten, porösen Nagelfluhsteinen gedeiht der Braunstielige Streifenfarn, und man findet Moosnester der seltenen Wasseramsel.

Am Sihlsprung gelangen wir über eine Brücke auf die andere Flussseite. Mehrfach verschlingen dunkle Felsdurchgänge den Fussweg, dessen Fortsetzung sich aber dank eines entfernten Lichtpunkts erahnen lässt. Im Inneren dieser niedrigen Tunnels, die einst für Wasserleitungen der Stadt Zürich gebaut wurden, weicht die Kälte selbst im Hochsommer nicht. Geblendet kommen wir schliesslich aus dem letzten und längsten Tunnel zur Lichtung der ersten Sihlmatt (eine weitere Sihlmatt liegt flussabwärts).

Beim Restaurant «Sihlmatt» leben Schafe, Esel und Zwergziegen. Immer wieder kommen wir auf unserer Route an Höfen mit Tieren vorbei, die nur darauf warten, von Wanderern mit frischem Gras bewirtet zu werden. Am Suenersteg, dem zweiten Flussübergang, steigt rechts ein Betonweg zum Hof Schwand empor. Gleich zwei mächtige Vogelkirschen stehen hier mit Rekordmass. Die eine mass vor dem Stammabbruch sogar 4 m im Umfang [3], siehe Bild S. 147. Die Bauernfamilie Köpfli benannte die Bäume liebevoll mit Kosenamen. Jene der Sorte Lauerzer mit «Gigampfi» und «Vogellisi», und ein Exemplar [4] heisst schlicht die «Rote im Rank».

Von der reformierten zur katholischen Kantonsseite

Sobald wir beim ersten Bildstock vorbeikommen, merken wir, dass wir die Kantonsgrenze überschritten haben und uns dem katholischen Klosterdorf Menzingen nähern. Dazu nehmen wir eine Abkürzung und biegen bei der länglichen Talsenke nach dem winzigen Winzenbach in den ersten Feldweg nach rechts ein. Bei der nächsten Verzweigung geht es wenige Meter nach links, bis ein Wanderweg zum Waldrand rechts abbiegt. Auch diesem Weg folgen wir nur wenige Schritte und steigen dann, uns etwas links haltend, höher, wo wir oberhalb in der Ferne Wanderwegtafeln erspähen können. Der Wiesenweg hier ist wegen der Spuren der Wühlmäuse unkenntlich geworden, und der feuchte Boden hat ihn etwas aus seiner Form gebracht.

Über dem Hügelzug auf der anderen Seite des Waldes liegt Menzingen, das diverse kulinarische und kulturhistorische Attraktionen bietet. Ursprünglich nannte man diesen Ort zwischen Lorze und Sihl schlicht «am Berg». Das Wahrzeichen Menzingens ist das

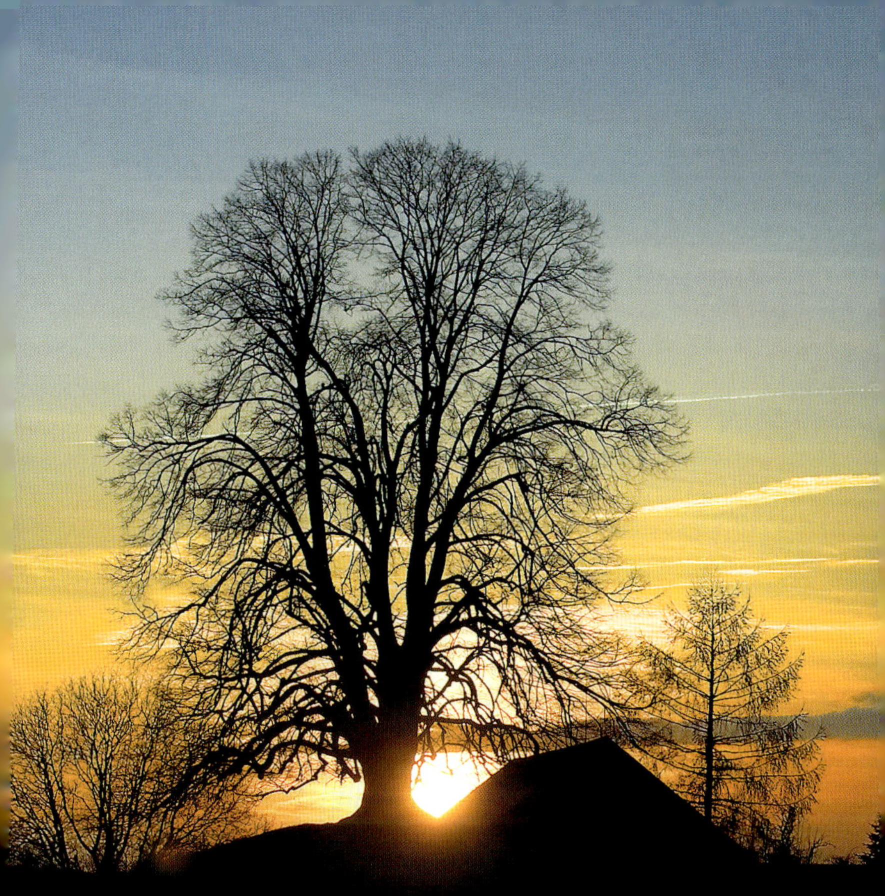

Die Königin der Linden steht in Erni

Mutterhaus der «Schwestern vom Heiligen Kreuz» mit der über dreissig Meter hohen Kuppel, das 1897 aus Bäumen der Region vollendet wurde.

Naturschutzgebiete inmitten der Agrarlandschaft

Wir lassen die Historien in und um Menzingen hinter uns und begeben uns, dem Wegweiser nach Sihlbrugg folgend, in nördliche Richtung. Am Dorfende lockt der Lindenberg [5] zu einem aussichtsreichen Abstecher mit Blick auf Zürich- und Zugersee. Auf der gegenüberliegenden Seite ist der Besuch im Alpengarten des Instituts Menzingen lohnenswert. Auf fast 200 m^2 werden hier 4500 Pflanzen zum Teil rarer Arten gehegt und gepflegt. Kostbar ist auch das benachbarte Hochmoor Egelsee. Das vor Torfabbau verschonte, für Besucher gesperrte Naturschutzgebiet ermöglicht Forschern Einblick in die Entstehungsgeschichte des Moores vor 17 000 Jahren. Seltene Pflanzen, aber auch Vögel wie Fitis und Baumpieper konnten sich hier niederlassen.

Zwischen den einzelnen Drumlins bilden sich in den Mulden immer wieder kleine Feuchtgebiete, die leider grösstenteils bewirtschaftet werden. Blickfang sind auch hier die einzelnen Linden, die auf den Hügeln thronen. Ein besonders bizarres Exemplar [6] steht im Weiler Lüthärtigen, nicht weit von unserer Strecke entfernt. Prinzipiell folgen wir nun aber immer dem Wegweiser nach Sihlmatt. Der Weg führt an Waldrändern vorbei, hinunter zur Talsenke mit dem Winzenbach und auf der anderen Seite auf einem mit Gras bewachsenen Weg wieder hinauf. In der Nähe wird Schutt und Kies

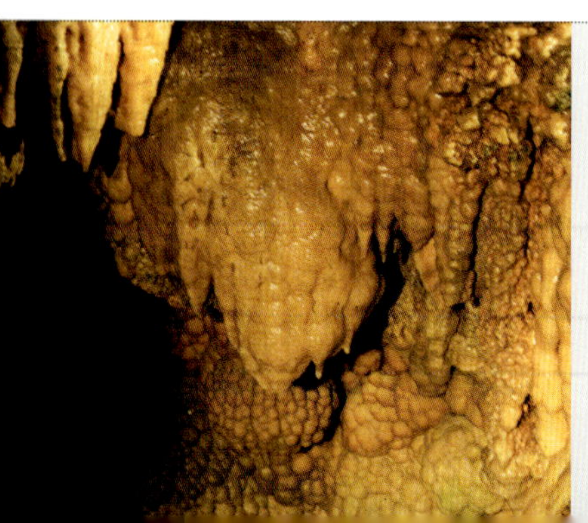

HÖLLGROTTE Wer in Menzingen noch nicht an die Rückkehr denken möchte, dem sei das in einer Dreiviertelstunde erreichbare Höhlensystem «Höllgrotte» im Lorzentobel ans Herz gelegt. Die Grotten sind klein, gehören aber zu den facettenreichsten Höhlen der Schweiz. Die «Höllgrotte» ist nur in den Monaten April bis Oktober geöffnet und kostet Eintritt. Rückreise über Bahnhof Baar.

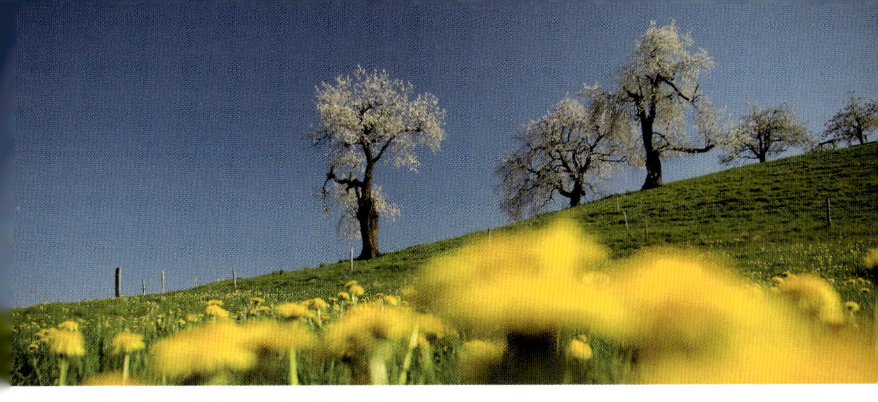

Alte Kirschbäume der Sorte Lauerzer

ausgebaggert, ein störender Anblick in dieser Landschaft. Wir kommen an kleinen Weilern mit historischer Bedeutung vorbei und nehmen bei Blachen den Wanderweg nach Ölegg.

Von Talseite zu Talseite

Nach dem Bauernhof Ölegg geht es hinunter zur Sihl, deren Rauschen man besonders bei Schneeschmelze im März von weitem hört. Zu dieser Jahreszeit spriessen unzählige Krokusse, Primeln und Schneeglöckchen in den Bauerngärten. Am Waldrand finden sich die ersten Knospen von Pestwurz oder gelb leuchtende Schlüsselblumen und Teeblümchen. Noch üppiger bemalt ist das Land in April und Mai, wenn neben den Obstbäumen Hahnenfuss und Löwenzahn blühen und den Feldern einen leuchtend gelben Anstrich

GOTTESHÄUSER IN MENZINGEN Historisch bedeutsam ist in Menzingen ausser dem Kloster auch die spätgotische Kirche «St. Johannes der Täufer» von 1477. Als eigene Pfarrei anerkannt, wurde die erste Pfarrkirche 1480 eingeweiht, bei der Schlacht am Gubel aber beschädigt und später abgerissen. Das heutige Gotteshaus stammt aus dem Jahr 1625 und besteht aus diversen Baustilen. Besonders kunstvoll ist das Hauptportal aus Lindenholz. Das Holz dieses Baumes eignet sich wegen seiner weichen Beschaffenheit bestens für Schnitzereien und gilt den Altar- und Madonnenschnitzern als heiliger Werkstoff, «lignum sacrum». An der Kapelle Gubel stand bis vor einigen Jahren die dickste Linde der Region, die leider gefällt wurde.

geben. An der Sihl weisen Schilder auf die Gefahr des plötzlich ansteigenden Wasserpegels hin. Andere Tafeln informieren den Wanderer, dass auf dieser Strecke Biber zu Hause sind. In Flussrichtung überqueren wir die Holzbrücke «Babenwag». In Sihlmatt, auf der anderen Seite flussaufwärts, befindet sich eine Besenbeiz, wo mancher Wanderer sich eine Pause und Erfrischung gönnt. Wer richtigen Hunger verspürt, dem sei die 20 Minuten entfernte Wirtschaft «Spreuermühle» empfohlen, die allerdings mittwochs und donnerstags ganztags und sonntags ab 21 Uhr geschlossen ist.

Die eminente Thronfolgerin im Erni

Bevor wir nach der Besenbeiz zum Weiler Sprüermüli kommen, passieren wir unweigerlich eine eindrückliche Linde. Dafür folgen wir der asphaltierten Strasse hinauf; nach der Serpentine und der Durchquerung des kleinen Waldstreifens nehmen wir den zweiten Feldweg nach rechts. Beim Hof Erni, wo die mächtige Linde [8] wächst, stand vor wenigen Jahren einer der dicksten veredelten Kirschbäume des Landes. Da der Sturm die Krone brach, wurde der Strunk 2010 leider entfernt. Auf dem Gelände von Hans Bär, dem Besitzer des Bauernhofes, gedeiht noch eine andere Sehenswürdigkeit. Es ist eine Birne [7] mit dem gewaltigen Stammumfang von 3,70 m, wie man sie nur noch sehr selten antrifft. Die markante Linde allerdings gehört jemand anderem, nämlich dem Bauern Edwin Zürrer auf dem Hof Föxen. Grossvater Zürrer soll früher den Bärs ein Fuder Mist pro Jahr geboten haben, damit sie die Linde, die wegen ihres Schattens das Wachsen des Grases behinderte,

SAGE Als zwei Bauern im Hirzel jammerten, sie hätten zu wenig Land, erschien ein kleiner schwarzer Teufel, der Hilfe anbot. Die Bauern verspotteten ihn, worauf der Gehörnte beleidigt in die Hölle fuhr und sich mit seinen Brüdern beriet. Kurze Zeit später trafen sich die Gebrüder unter dem Boden des Hirzels und drückten mit ihren Schultern die Erde empor. Die Bauern freuten sich anfangs über das neugewonnene Land, bis sie merkten, dass die Felder immer steiler wurden und bald nicht mehr zu bewirtschaften waren. Der Pfarrer riet ihnen, auf jede Ausdehnung eine Linde zu pflanzen, den christlichsten aller Bäume. Von da an verharrte das Land in seiner Form, und der Teufel ward nie mehr gesehen.

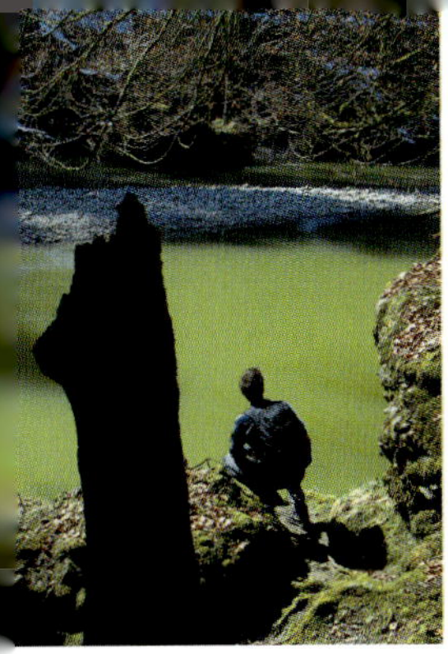
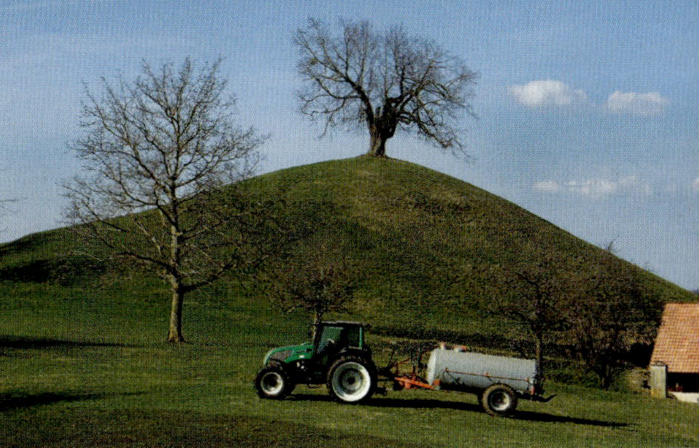

Die Sihl und die Linde in Lüthärtigen

nicht umhauten. Immerhin 200 Jahre hat der Baum nun zusammen mit nebenstehendem Bauernhof überstanden. Durch Viehtritte und Regengüsse wurde der Wurzelteller von über 20 m Umfang freigelegt. Der Stammumfang bringt es auf einem Meter Höhe über Boden noch auf 8,50 m, und selbst die vergleichsweise schlanke Taille misst 6,70 m.

Die makellose, symmetrische Krone wird bei Sonnenuntergang auf den benachbarten Hang projiziert. Das natürliche Freiluftkino dauert ein bis zwei Stunden. Ein langer Aufenthalt unter Linden soll überdies gesund sein – angeblich verspüren sogar Lungenleidende, die 150-mal unter einer Linde ein- und ausatmen, Linderung. Bekannt sind Linden ansonsten wegen der fiebersenkenden, schweiss- und harntreibenden Wirkung der Blüten. Noch um 1800 befahlen Priester im Hirzel den Leuten, bei Zahnweh eine Linde aufzusuchen. Ein kräftiger Biss in ihre Rinde, so meinten sie, würde alle Schmerzen heilen. Ob die Wirkstoffe des Bastes zum Tragen kamen oder der schmerzende Zahn dabei einfach ausgebissen wurde, sei dahingestellt. Heute gibt es glücklicherweise humanere Methoden, weshalb angenagte Stämme auf Biber oder das Wildfegen gehörnter Vierbeiner zurückzuführen sein dürften.

Von den Höfen Erni und Föxen ist es über Sprüermüli nur noch ein Katzensprung bis zur Bushaltestelle «Hirzel Spitzen», dem Ausgangspunkt unserer Wanderung.

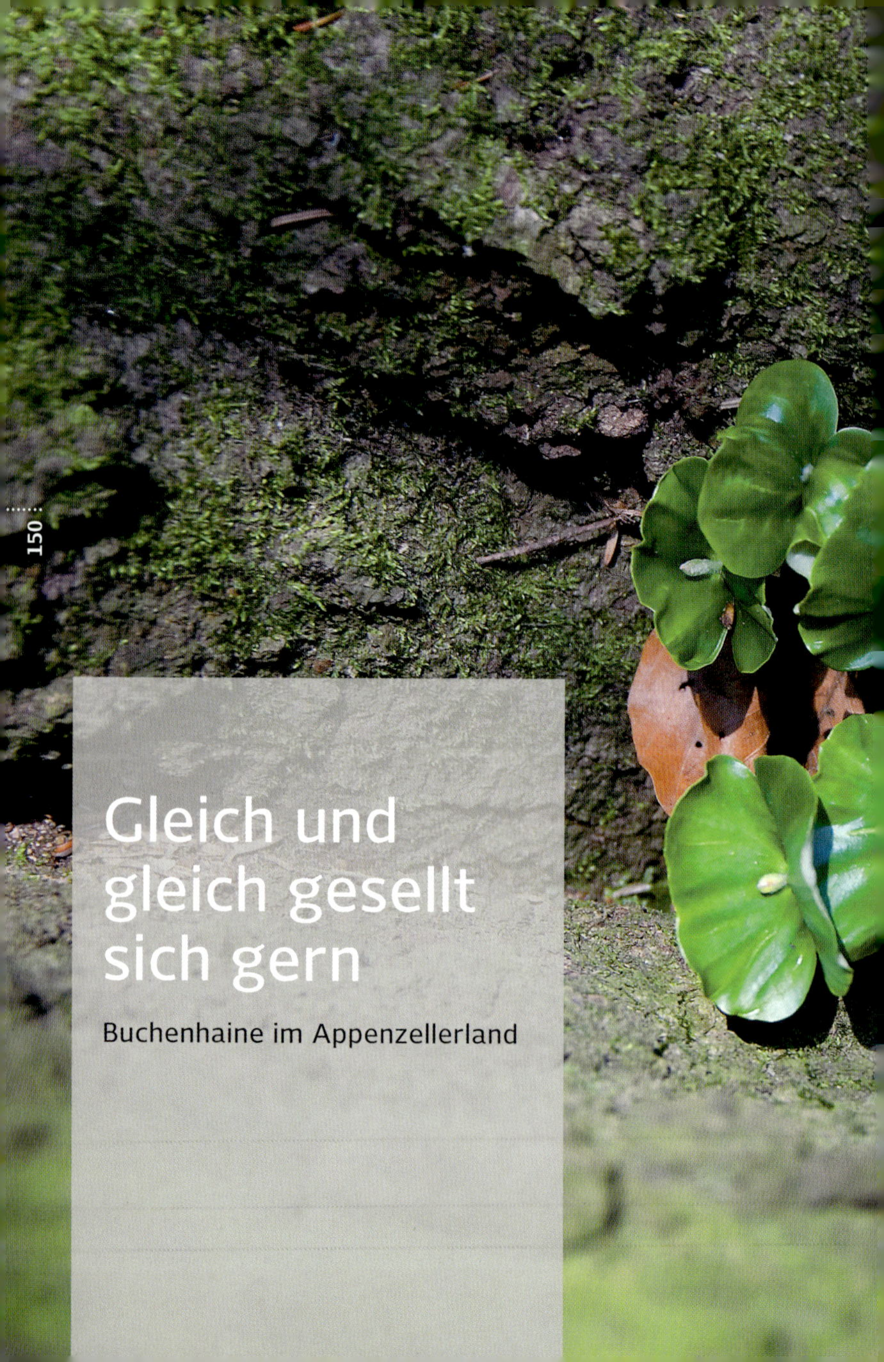

Gleich und gleich gesellt sich gern

Buchenhaine im Appenzellerland

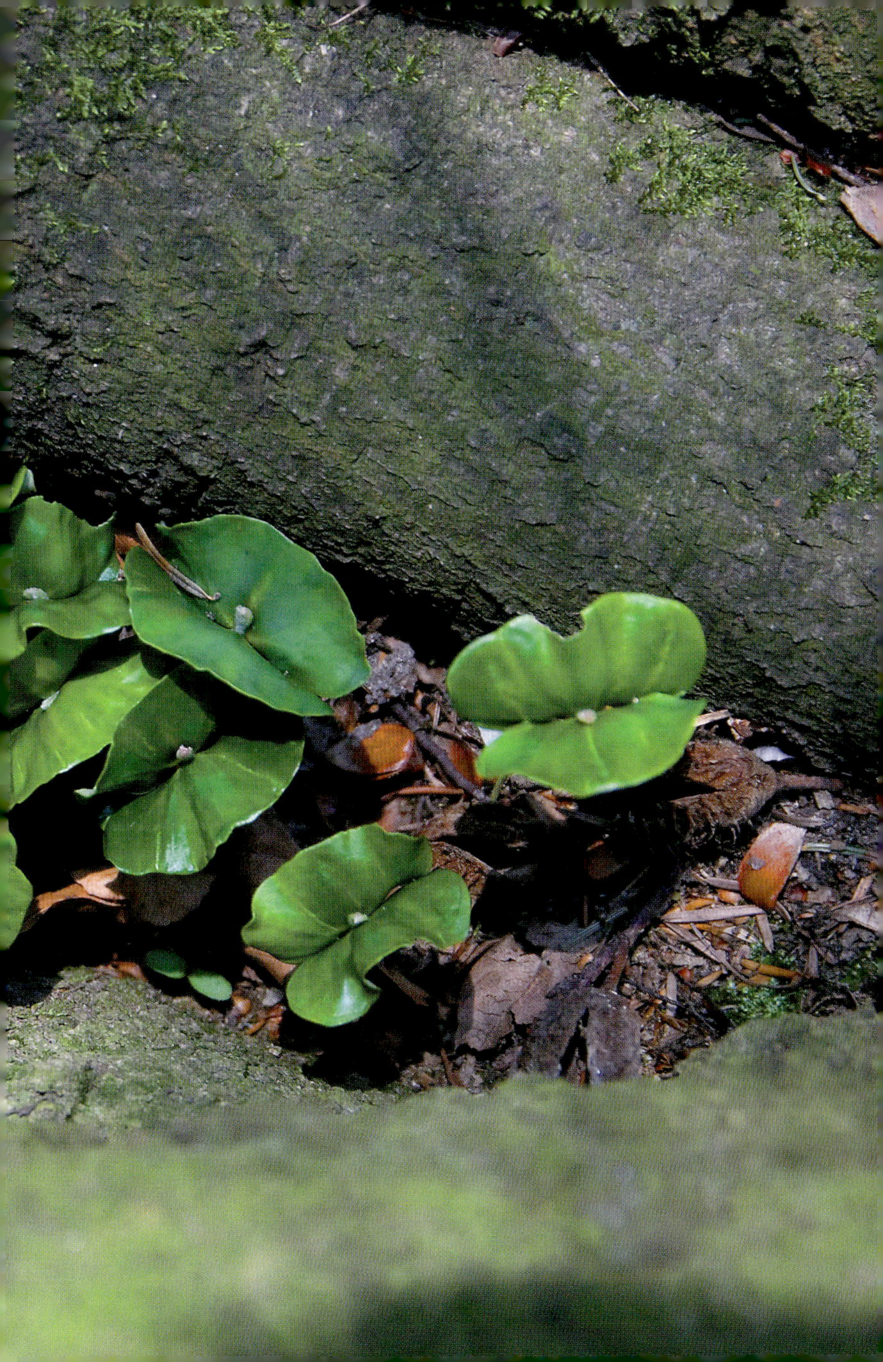

Von Walzenhausen AR via Rosenberg nach Oberegg AI

T1

3,75 h

11 km

1260 m

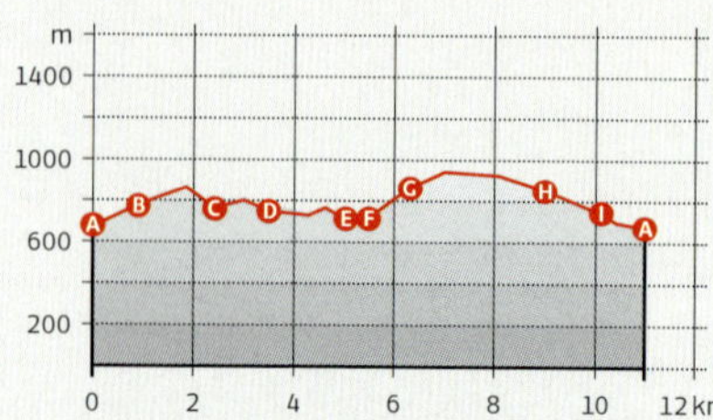

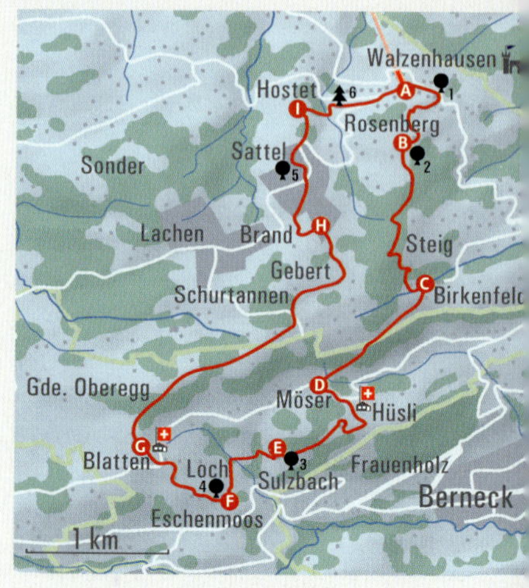

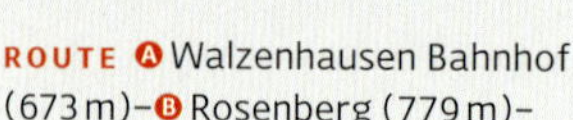

ROUTE Ⓐ Walzenhausen Bahnhof (673 m) – Ⓑ Rosenberg (779 m) – Ⓒ Birkenfeld (765 m) – Ⓓ Möser (751 m) – Ⓔ Spiberg (720 m) – Ⓕ Loch (720 m) – Ⓖ Blatten (865 m) – Ⓗ Brand (854 m) – Ⓘ Hostet (744 m) – Ⓐ Walzenhausen Bahnhof (673 m)

WANDERZEITEN 3,75 Std. mit jeweils 630 m Auf- und Abstieg

TOURENCHARAKTER/SCHWIERIGKEIT T1. Einfache Wanderung von Walzenhausen AR über Oberegg AI wieder zum Ausgangspunkt. Zwischendurch kurze Asphaltwege, ansonsten Wiesen- und Naturwege, teils innerhalb einer hohlen Gasse. Gelbe Wegweiser

BÄUME Wir wandern zu zwei besonders dicken Waldbuchen der Schweiz [2, 4]. Unterwegs sind viele stattliche Kiefern [6] und Moorbirken auffällig. Ein alter Apfel [3] steht im Weiler Spiberg. Ausserdem zwei Linden [1, 5]

BESTE JAHRESZEIT März bis November

UNTERKUNFT/VERPFLEGUNG Hotels in Walzenhausen und Rheineck; Restaurants in Walzenhausen, im Weiler Hüsli sowie in Blatten

KARTEN Landeskarte der Schweiz, 1:50 000, Blatt 218 «Bregenz»; 1:25 000, Blatt 1076 «St. Margrethen»

ANREISE/RÜCKREISE Mit der Bergbahn Rheineck–Walzenhausen RhW von Rheineck in wenigen Minuten zum höher gelegenen Walzenhausen

INTERNETLINKS
www.swissrails.ch/portrait/bergbahnen/rhw/rhw.htm,
www.sonne-blatten.ch

Bei alten Buchen zu Besuch

In wenigen Minuten erreichen wir mit der «RhW-Bergbahn», die vom Bahnhof Rheineck aus verkehrt, den höher gelegenen Ort Walzenhausen. An der Kirche mit der Linde und ihrer Rundbank vorbei, geht es auf dem Wanderweg nach Rosenberg aufwärts durch ein Wohnquartier, das teils aus schmucken Appenzellerhäusern, teils aus Neubauten besteht.

Vor dem Friedhof nehmen wir die Treppe und folgen dem Wanderwegzeichen. Eine Bank lädt oben zum Verweilen ein und bietet eine schöne Fernsicht auf den Bodensee. Unter uns liegt das Naturschutzgebiet Rheinspitz, in dem vor wenigen Jahren noch die dickste Birke Mitteleuropas stand. Sie hatte einen Umfang von 4,50 m, wurde aber gefällt. Auch ein anderer österreichischer Baumrekordhalter steht in Gaissau, nur wenige Meter neben der Schweizer Grenze. Es ist eine Silberweide mit 11,20 m Umfang, die einen gigantischen Hohlraum besitzt, wie man ihn nirgends sonst in Europa antrifft.

Mit dem Land stark verwurzelt

In Walzenhausen dagegen stand einst eine mächtige Chilenische Araukarie, die allerdings im harten Winter 1963, als sogar der Bodensee gefror, zu Grunde ging. Überlebt hat dafür eine der massenreichsten Waldbuchen der Schweiz. Sobald wir bei Rosenberg, im obersten Teil Walzenhausens, angelangt sind – dort, wo der Wegweiser erstmals nach Oberegg zeigt –, folgen wir dem Weg 30 Meter bis zum Hydrant und stechen links über die Wiese zum Waldrand hinunter. Unterhalb eines Misthaufens steht die mächtige Buche [2], deren Wurzeln sich talwärts wie ein tropischer Baum entfalten. Beim Besuch dieses Patriarchen müssen wir besonders vorsichtig sein und uns von den trittempfindlichen Wurzeln fernhalten. Drei gewaltige Arme erstrecken sich in die Höhe, teilweise wachsen die Äste wieder in andere ein und bilden ein Nadelöhr.

Blühende Felder und Obstbäume, so weit das Auge reicht

Wir folgen nun dem oben erwähnten Weg weiter Richtung Oberegg und gelangen über die Abzweigung Steigbüchel bald zu einem weiteren Rastplatz, der mit Grillstelle, Tisch und Bänken ausgerüstet ist und einen Blick auf das flache Rheintal erlaubt. Am Horizont türmen sich auf österreichischer Seite schroffe Berge auf. Das Appenzell ist sozusagen das Mittelmass beider Extreme und sehr hügelreich. Auf unserer Route marschieren wir übrigens von Appenzell Ausserrhoden zum Halbkanton Innerrhoden und treffen an seiner südlichsten Ecke knapp auf die St. Galler Kantonsgrenze. Dabei durchwandern wir in Richtung Birkenfeld idyllisch gelegene Weiler. Immer wieder taucht der Weg in eine kleine Waldung oder eine hohle Gasse, die sich durch Erosion des Sandsteins ergab. Bachläufe haben hier Furchen in die Erde gegraben, die als Wanderweg benutzt werden.

Wenn wir im Weiler Mösli die zweite Verzweigung nehmen, kommen wir Richtung Möser/Hüsli an einem grossen Findling vorbei. Hübsch ist der Hügel in der Nähe, der mit einer Linde bepflanzt wurde. Bald führt der Weg kurz in den privaten Garten eines abgelegenen Hauses, bevor er schliesslich bei einer Strasse endet. Dieser folgen wir links, bis rechts der nächste Feldweg zum Weiler Hüsli abbiegt. Wer bereits kräftigen Hunger verspürt, der hat in Hüsli die Gelegenheit, in der gemütlichen Wirtschaft «Lerchenfeld» etwas zu schnabulieren. Allerdings muss beachtet werden, dass das Restaurant dienstags und mittwochs geschlossen ist.

Ausserhalb des Weilers nehmen wir rechts den leichten Aufstieg nach Blatten unter die Füsse. Im Gegenuhrzeigersinn kommen wir bald um ein Haus. Die Wanderwegzeichen verbergen sich dort etwas versteckt weiter oben, hinter dem Haus. Der Weg bergab nach Spielberg führt uns Richtung Sulzbach. Ende April blühen Wilde Möhren, Lichtnelken, Löwenzahn, Pflaumen-, Kirsch- und Birnbäume. Auf den Zweigen piepsen Jungvögel, deren erste Flugmanöver noch unbeholfen sind. Beliebt ist vor allem ein einsamer, mächtiger Apfelbaum, der kurz vor dem Gehöft Spiberg steht (siehe Infobox S. 156). Seine breite Krone ist schon von weit oben eine

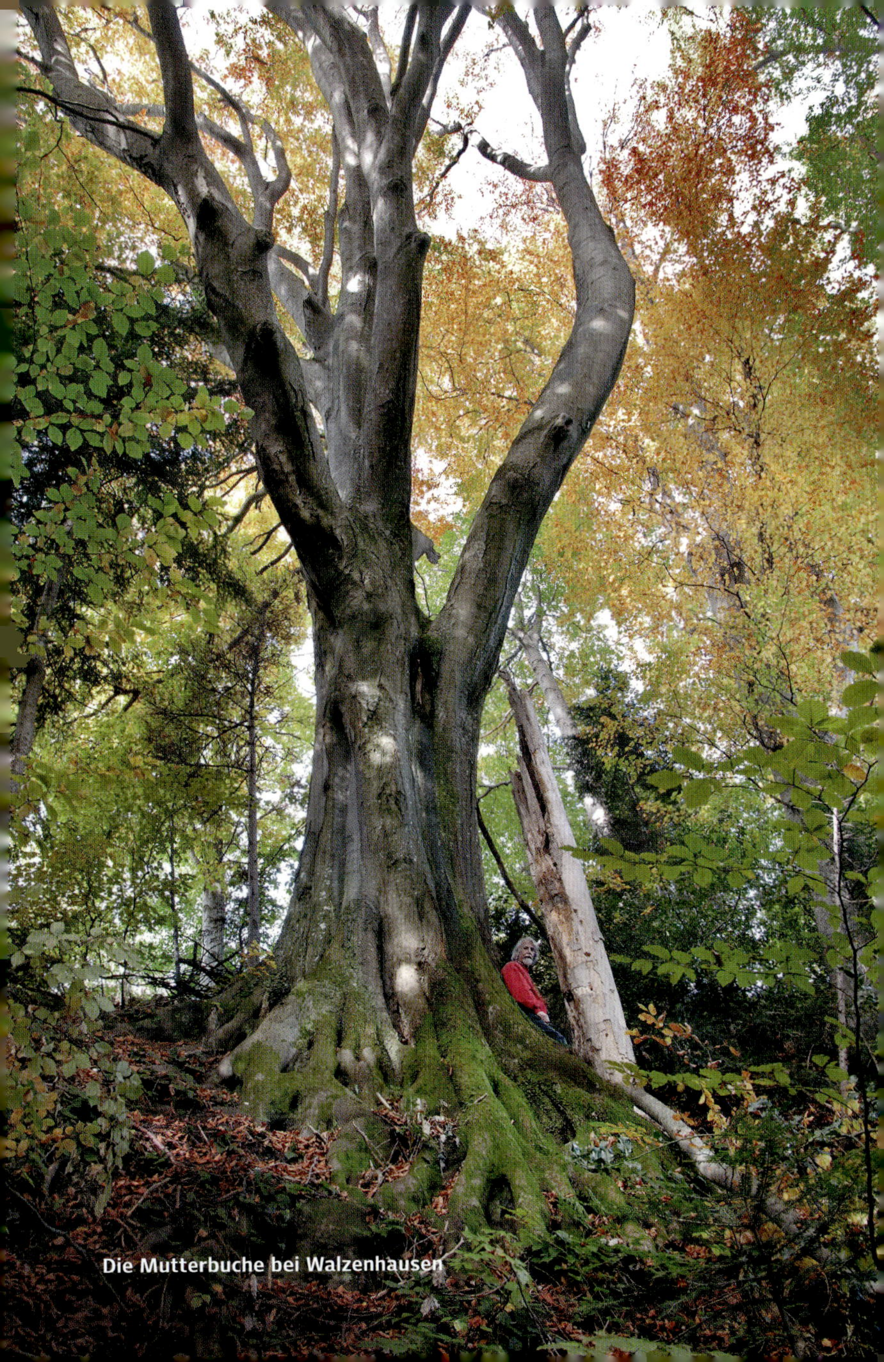

Die Mutterbuche bei Walzenhausen

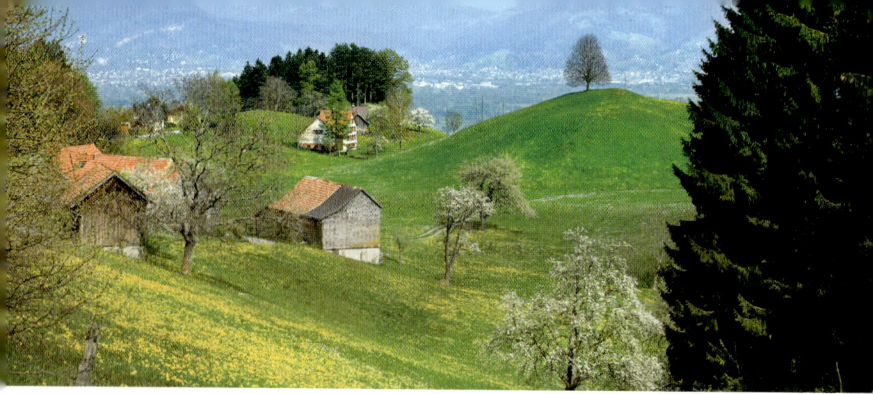

Liebliche Landzüge so weit das Auge reicht

Augenweide. Nach dem Apfel und dem Bauernhaus folgen wir nicht dem Wanderweg, sondern der Strasse nach unten. In einem linken Bogen, an einem kleinen Wasserfall vorbei, kommen wir bald zum Weiler Loch, wo ein Wanderwegzeichen den Weg nach Blatten weist.

Eigenständige Buchensippe und ein eigenwilliges Völkchen

Gleich nach dem Wanderwegzeichen kommen wir in eine hohle Gasse, gebildet durch eine Baumreihe. Im Schoss der Bäume haben sich kleine Jungbuchen mit ihren schmetterlingsartigen Keimblättern niedergelassen, siehe Bild S. 150. Ein Baum fällt ganz besonders auf. Es ist eine Buche [4] mit 6,15 m Umfang und einem gewaltigen Stamminhalt. Sie gehört damit ebenso zu den massenreichs-

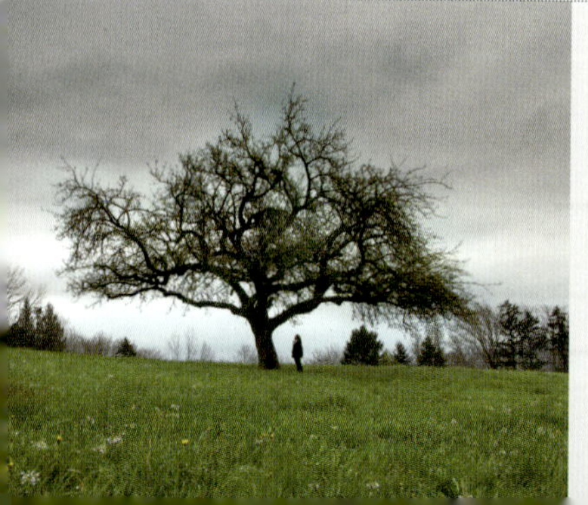

ALTER APFELBAUM Mit 2,5 m Stammumfang und 17,5 m Kronenbreite gehört der Apfel in Spiberg zu den ganz Grossen der Schweiz. Der Bauer Karl Geiger-Sonderegger kann sich erinnern, dass der Baum bereits vor 75 Jahren, als er noch ein Kind war, so gross gewesen ist. Ein Alter von über 100 Jahren ist bei diesem Exemplar der Sorte «Weinapfel» nicht undenkbar.

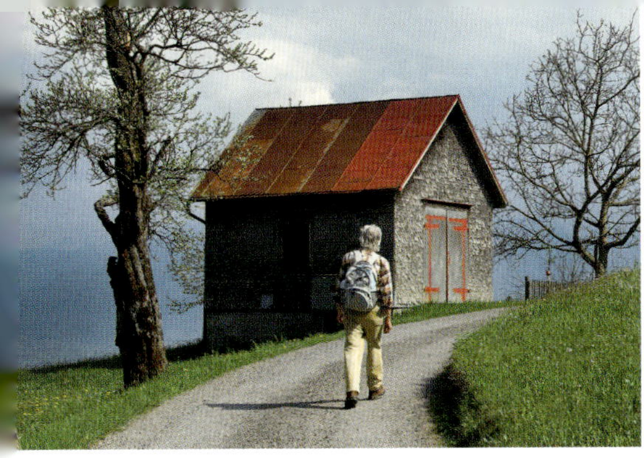
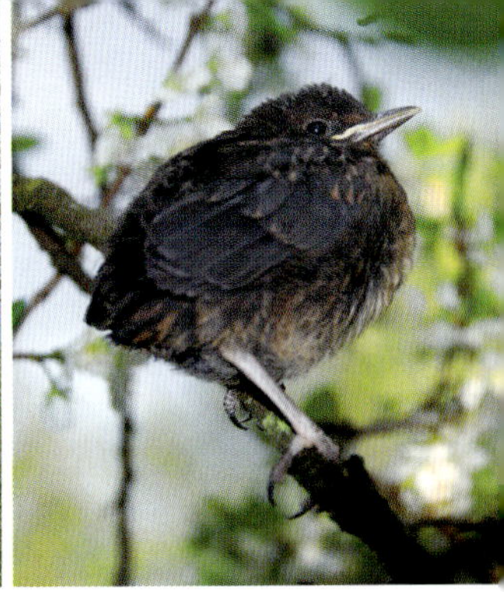

Im Weiler Hüsli werden Jungvögel flügge

ten des Landes, und die Ähnlichkeit mit der Buche in Walzenhausen ist verblüffend. Überhaupt kann man bei vielen Baumarten in einer Region immer wieder ähnliche Typen feststellen. Morphologie oder Baumarchitektur – die Pflanzen bilden, wie die Menschen, innerhalb derselben Art eigenständige Sippen, die sich von anderen unterscheiden. Ganz nach dem Motto «Gleich und gleich gesellt sich gern». Von den Appenzellern heisst es beispielsweise, sie seien tendenziell klein, zäh und mit viel Humor ausgestattet, wovon auch der «Witzweg» bei Walzenhausen Zeugnis ablegt. Er ist alle paar Schritte mit Tafeln ausgestattet, auf denen typische Appenzeller Witze zu lesen sind. Zu diesem gelangen wir aber erst am Ende der Wanderung.

Bevor wir soweit sind, geht es von der mächtigen Buche im Loch hinauf zum Aussichtsrestaurant «Sonne-Blatten». Dessen Ruhetage sind jeweils mittwochs und jeden letzten Sonntag im Monat. Ist es geöffnet, so ist hier jeder, der keinen Proviant mit dabei hat, bestens bedient. Die Wanderroute führt anschliessend zurück nach Walzenhausen-Dorf. Bei Gebert folgen wir aber nicht dem Schild nach Walzenhausen, sondern dem Wegweiser nach Brand und weiter nach Allmendsberg, Rheineck und Hostet. Zu guter Letzt wählen wir die kürzere Strecke nach Walzenhausen-Bahnhof. Unterwegs fallen immer wieder die überdurchschnittlich dicken Waldkiefern [7] und Moorbirken auf. Dem Baumfreund wird es bestimmt nie langweilig.

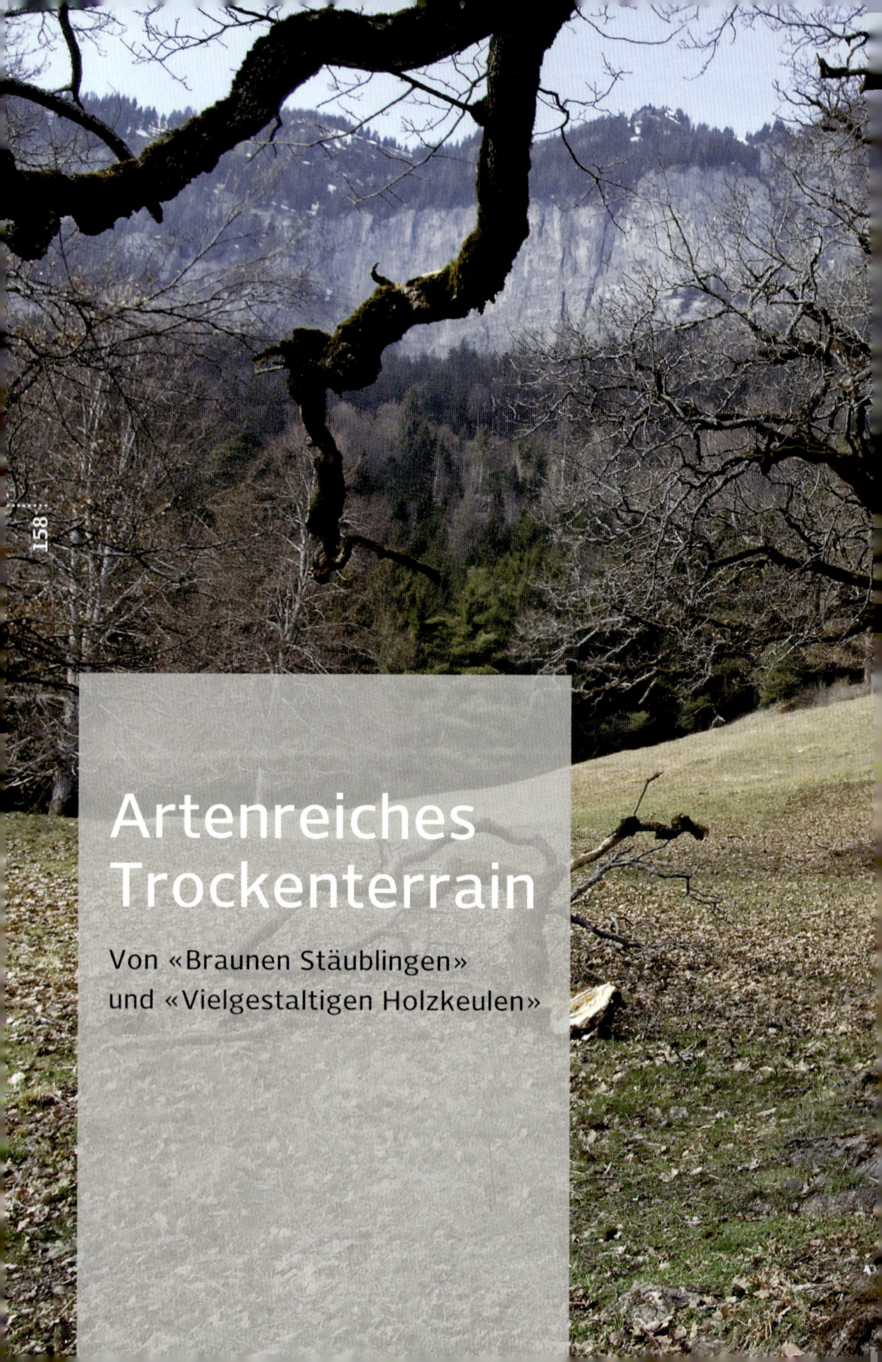

158

Artenreiches Trockenterrain

Von «Braunen Stäublingen» und «Vielgestaltigen Holzkeulen»

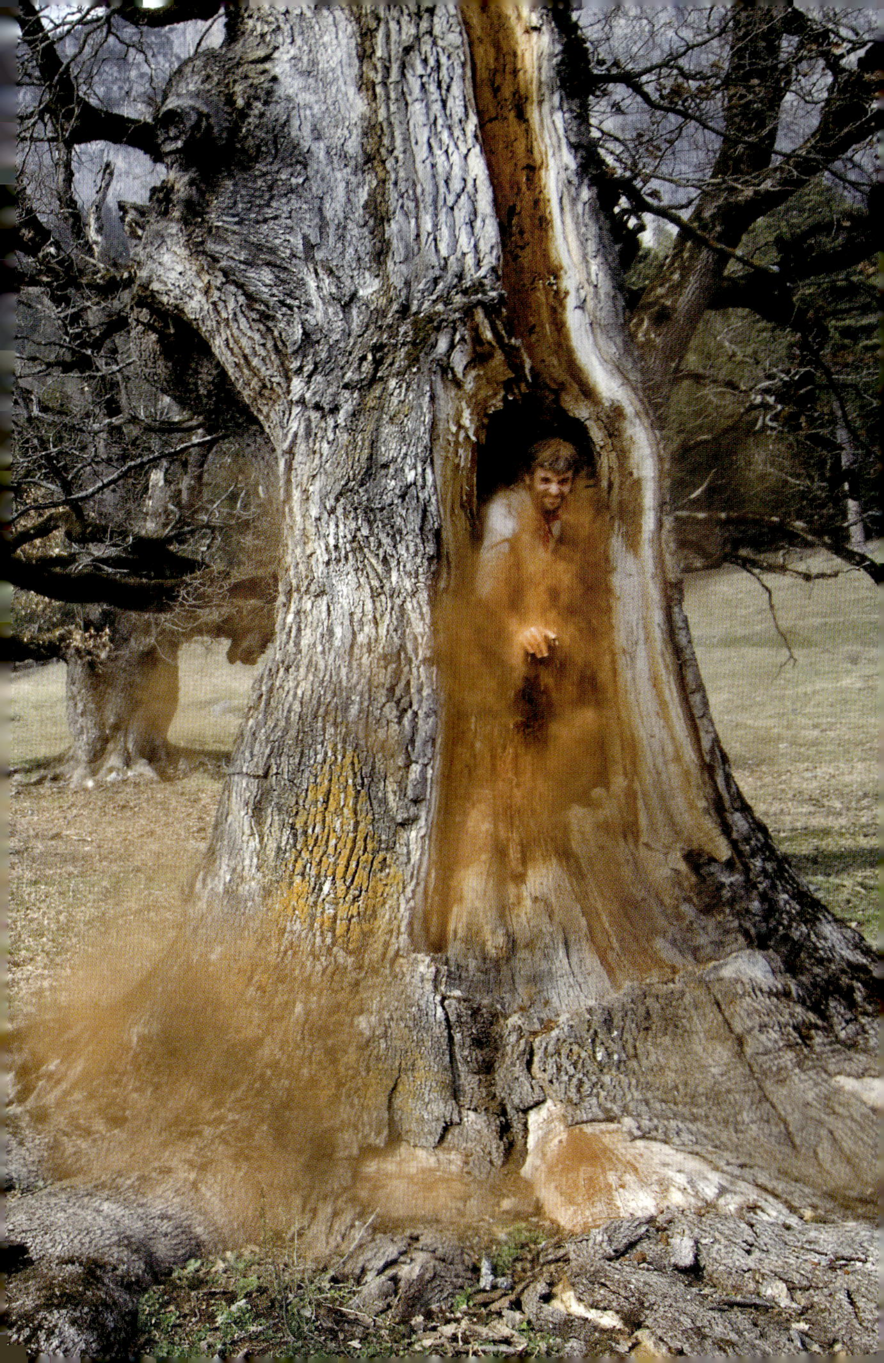

Von Reichenau via Tamins zur Alp Laschein GR

T2

⏱ 4,25 h

12 km

1360 m

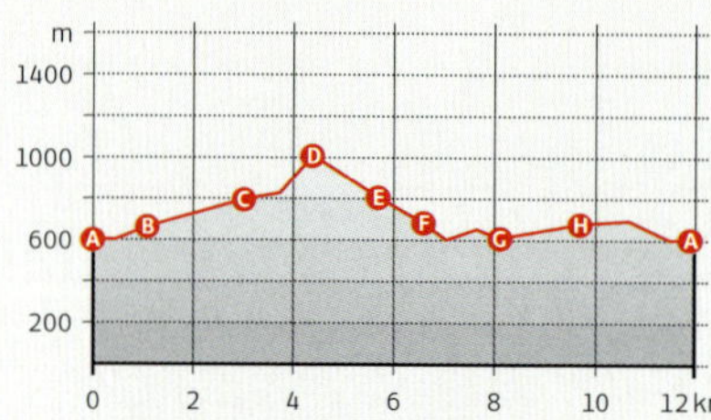
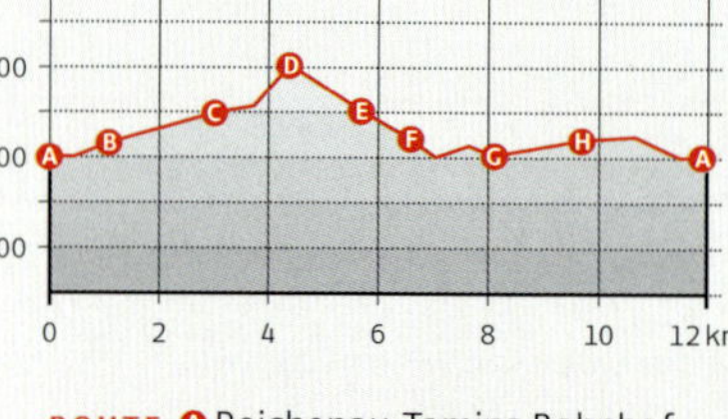

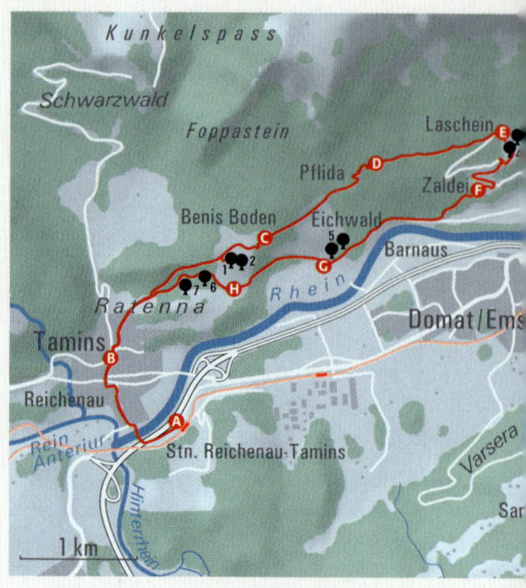

ROUTE Ⓐ Reichenau-Tamins Bahnhof (602 m)–Ⓑ Tamins Dorf (662 m)–Ⓒ Benis Boden (794 m)–Ⓓ Pflida (1009 m)–Ⓔ Laschein (806 m)–Ⓕ Zaldei (680 m)–Ⓖ Eichwald (608 m)–Ⓗ Ratenna (677 m)–Ⓐ Reichenau-Tamins Bahnhof (602 m)

WANDERZEITEN 4,25 Std. mit jeweils 680 m Auf- und Abstieg

TOURENCHARAKTER/SCHWIERIGKEIT
T2. Einfache Wanderung vom Bahnhof Reichenau-Tamins über Tamins und «Benis Boden» zur Weide «Muris Halden». Danach wird der Weg etwas schmaler und steiler, ist aber ausser bei Schnee gut begehbar. Bei der Alp Laschein kann der Zugang zu den Eichen durch einen einfachen Stromzaun erschwert sein, ansonsten ist die Weide meistens frei zugänglich. Zwischendurch Asphaltwege, ansonsten Wiesen- und Naturwege. Gelbe Wegweiser und rotweisse Bergwegweiser

BÄUME Eichen und Buchen sind das Ziel. Die dickste Eiche des Schutzgebietes steht 50 m unterhalb der Feuerstelle der «Schweizer Familie» [1]. Die älteste und dickste ausserhalb des Schutzgebietes wächst auf der Alp Laschein [3]. Dort steht auch eine Eiche mit geöffnetem Stamm [4], ansonsten Eichen [2, 5], Feldahorn [6] und eine Buche [7]

BESTE JAHRESZEIT März bis November

UNTERKUNFT/VERPFLEGUNG Schlosshotel Tamins und Restaurant in Tamins

KARTEN Landeskarte der Schweiz, 1:50 000, Blatt 247 «Sardona»; 1:25 000, Blatt 1195 «Reichenau»

ANREISE/RÜCKREISE Mit dem Zug zum Bahnhof Reichenau-Tamins oder von dort mit dem Postauto nach Tamins Dorf, um die Wanderung um 20 Minuten zu verkürzen

INTERNETLINK www.wsl.ch

Das Churer Rheintal und seine Eichenwälder

Nicht ganz so füllig wie in Maienfeld oder Liesberg sind die Eichen im bekannten Schutzgebiet bei Tamins. Ihr grobes Rindenkleid verrät zwar ein hohes Alter, wer aber eine wirklich mächtige Eiche sehen will, die Umstandsmode trägt, nimmt den Wanderweg nach «Benis Boden» / Felsberg unter die Füsse.

Vom Bahnhof Reichenau-Tamins geht es über die Brücke, wo Vorder- und Hinterrhein zusammenfliessen. Wer die zwanzig Minuten Fussmarsch auf die andere Rheinseite scheut, nimmt das Postauto nach Tamins Dorf – wo der Wegweiser nach «Benis Boden» bereits zum «Naturlehrpfad Eichwald» verweist. Oberhalb des Dorfes stehen an den trockenen Südhängen Eichen, die trotz ihres geringen Stammumfanges sehr alt wirken. Das mächtigste Exemplar [1] des Schutzgebietes misst 5,95 m im Stammumfang und befindet sich etwa 50 m unterhalb der Feuerstelle der «Schweizer Familie». Daneben fällt eine Eiche [2] auf, die tot ist. Stamm- und Krone sind dürr und bieten vielen Tieren eine ideale Wohnstätte. Sogar Wacholderbüsche, die mit trockenen Bedingungen gut leben können, wuchern hier eher strauchförmig am Boden. Das Gelände wird von der Eidgenössischen Forschungsanstalt für Wald, Schnee und Landschaft und vom Amt für Wald Graubünden genutzt, um u. a. zu ermitteln, wie die verschiedenen Baumarten auf Trockenheit reagieren und welche bei einem Klimawandel profitieren könnten.

Pilze, Baumpilze und pilzartige Bäume

Ausser den Eichen sieht man unterwegs eigenartige Buchengeschöpfe, einige davon mit horizontalen Stammachsen. In «Muris Halden» wird der Weg schmaler. Bald ist Pflida, der höchste Punkt unserer Wanderung, erreicht, wo es neben einem Felsen durch einen Wald geht, der hauptsächlich von Buchen bestimmt wird. Da die Buche wegen ihrer dichten Belaubung nur spärlich Licht auf den Boden lässt, wirkt der laubbedeckte Waldboden leer. Schaut man aber genauer hin, findet man mit Glück und zur richtigen Zeit den «Wurzelschwamm», den «Olivblättrigen Klumpfuss» oder die «Tannentramete» und die «Vielgestaltige Holzkeule». Wir sprechen hier nicht von Gehölzen, sondern von Pilzen.

Die unbekannte Alp Laschein mit ihren einmaligen Eichen

Warum Pilznamen oft an Bäume erinnern, sieht man bald. Dafür müssen wir aber die nächste Forststrasse überqueren und auf dem mittleren Kiesweg weitergehen, um wenige Meter danach zur Alp Laschein zu gelangen. Hier wachsen gleich zwei pilzartige Bäume auf freier Weide. Der eine [4] könnte wegen seiner Stammbasis als «Bocksdickfuss» bezeichnet werden. Die Bezeichnung muss man beim Näherkommen allerdings korrigieren, wenn man bemerkt, dass man wegen des 2010 ausgebrochenen Hauptastes ins Stamminnere sieht. Als «Buchen-Speitäubling» oder «Brauner Stäubling» ginge er besser durch, da im Hohlraum reichlich vom Pilz zersetzter Holzstaub liegt, der durch Aufwirbeln die Umgebung braunorange eindeckt. Zu Humus geworden, dient er dem Baum später als nährstoffreiche Erde. Die älteste Eiche [3], die wenige Meter oberhalb steht, hat einen fassartigen Stamm, der sich vermutlich entwickelte, da die unten befindlichen Triebe immer wieder von Vieh und Wild abgenagt wurden. Diese sogenannten schlafenden Adventivknospen bilden dann mit der Zeit einen Maserwuchs, der sich in Form eines Knollens bemerkbar macht.

HÖCHSTGELEGENE EICHEN EUROPAS?

Von den vier dicksten Eichen auf Laschein ist eine besonders alt. Man hat ihr Alter mittels Kernbohrung auf rund 600 Jahre datiert, was für eine Eiche mit nur 7,20 m Stammumfang sehr viel ist und zeigt, dass der Baum trotz des Knollens nur sehr langsam gewachsen ist. Man vermutet, dass die Standorte der Eichen um Tamins und Felsberg zu den höchstgelegenen Europas zählen. Die Eichen hier sind hauptsächlich Traubeneichen. Man nennt sie auch Wintereichen, da ihre dürren Blätter oft über den Winter am Baum hängen bleiben und erst im Frühjahr zu Boden fallen. Bei Traubeneichen ist der Blattstiel überdies lang, während die Eichelstiele kurz sind. Bei Stieleichen ist es umgekehrt.

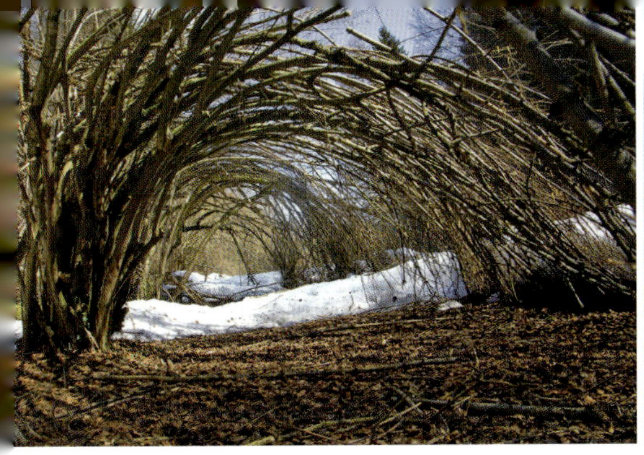
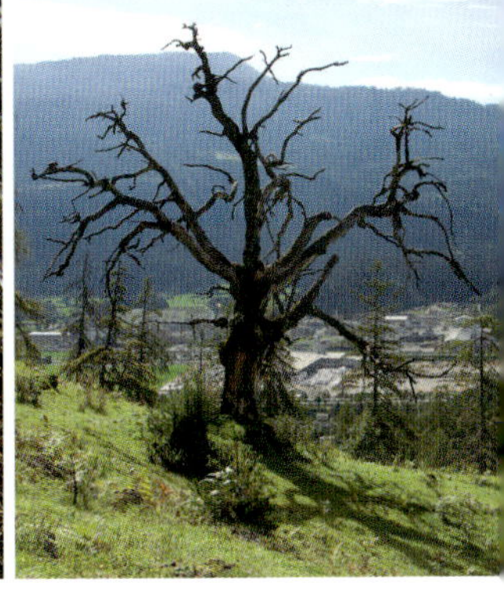

Lauben aus Hasel, vom Schnee gebogen, und Eichenskelett in Tamins

Das bezaubernde Tal bei Ratenna

Von Laschein wandern wir zum südwestlichen Weiderand und gehen dort den kleinen Waldpfad hinunter zur Strasse. Dieser Serpentine folgen wir so lange, bis der Wanderwegpfeil rechts Richtung Tamins zeigt. Verwunschen wirkte hier bis 2010 der Wald. Er war düster, und Waldreben verkleideten die Stämme der Bäume. Einige Haselnusssträucher bogen sich torartig über den Weg und erinnerten an die Flechtkünste eines Laubenvogels. Die Fällwut machte aber selbst vor solchen einmaligen Gebilden keinen Halt, weshalb seit 2012 grosse Teile ausgelichtet wurden. Wenn wir der Höhenkurve nach Tamins folgen, kommen wir bald wieder zu einem Eichenhain [5], der einige kuriose Bäume enthält. Unten auf dem Weg weiter westlich zeigt der Wegweiser die Senda Sursilvana und Tamins an. Ab hier fliesst ein kleines Bächlein suonenähnlich neben dem Weg. Statt dessen Bahn zu überqueren, biegen wir davor rechts in den «Naturlehrpfad Eichwald» nach Ratenna ein. Dieser führt uns zu märchenhaften Orten mit kleinen Bachläufen, Weihern und skurrilen Buchen [7], die durch das ehemalige «Schneiteln» (Entfernen der Äste für Viehfutter) wuchernde Kurztriebe gebildet haben und so gesehen als «Buchenstachelbart» – ebenfalls ein Pilzname – bezeichnet werden könnten. Bei der Holzbrücke halten wir uns rechts, kommen an einem stattlichen Feldahorn [6] vorbei und treffen auch hier auf Hasellauben und nach einer Viertelstunde auf den anfänglichen Weg zurück nach Tamins.

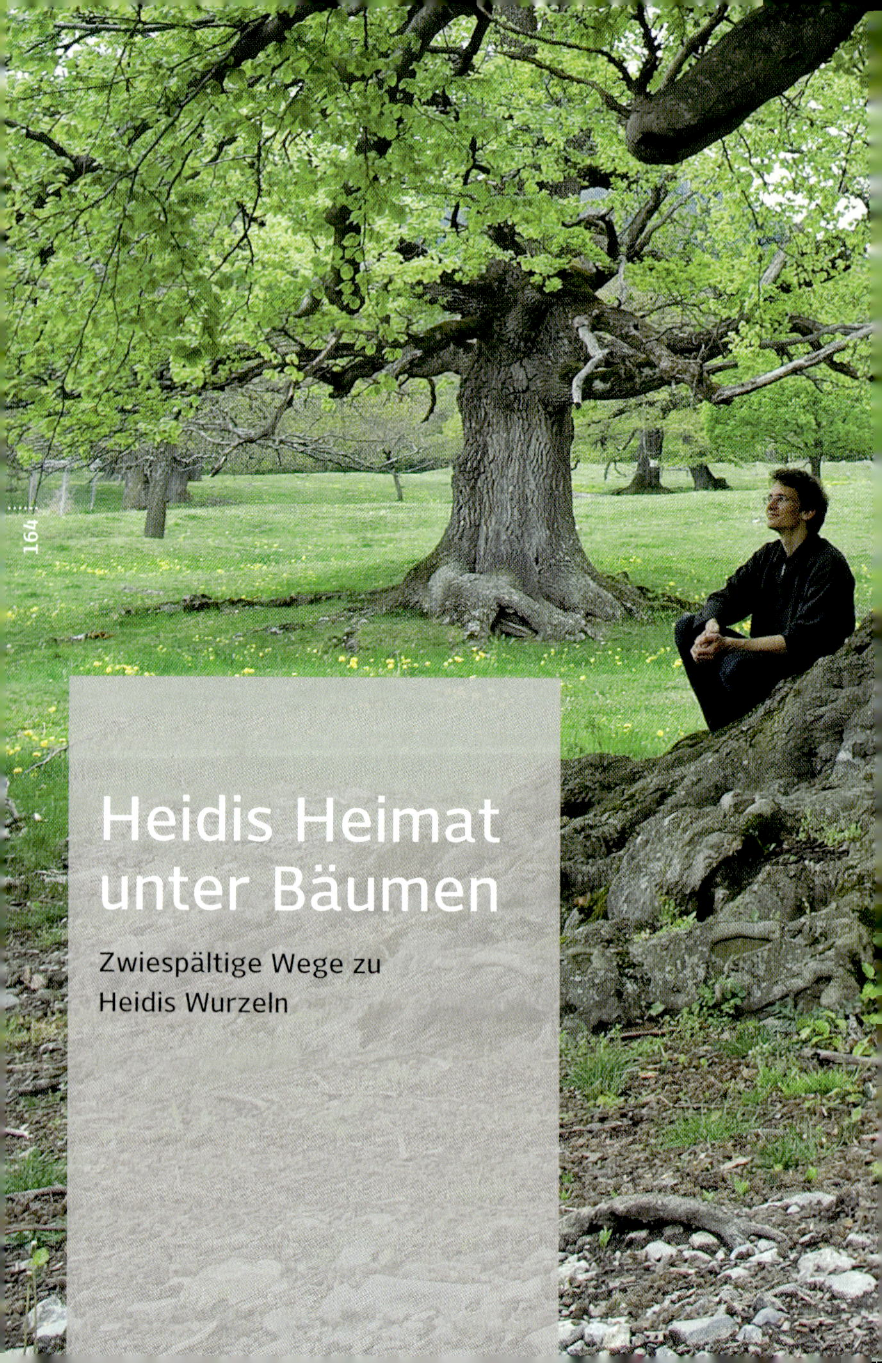

Heidis Heimat unter Bäumen

Zwiespältige Wege zu Heidis Wurzeln

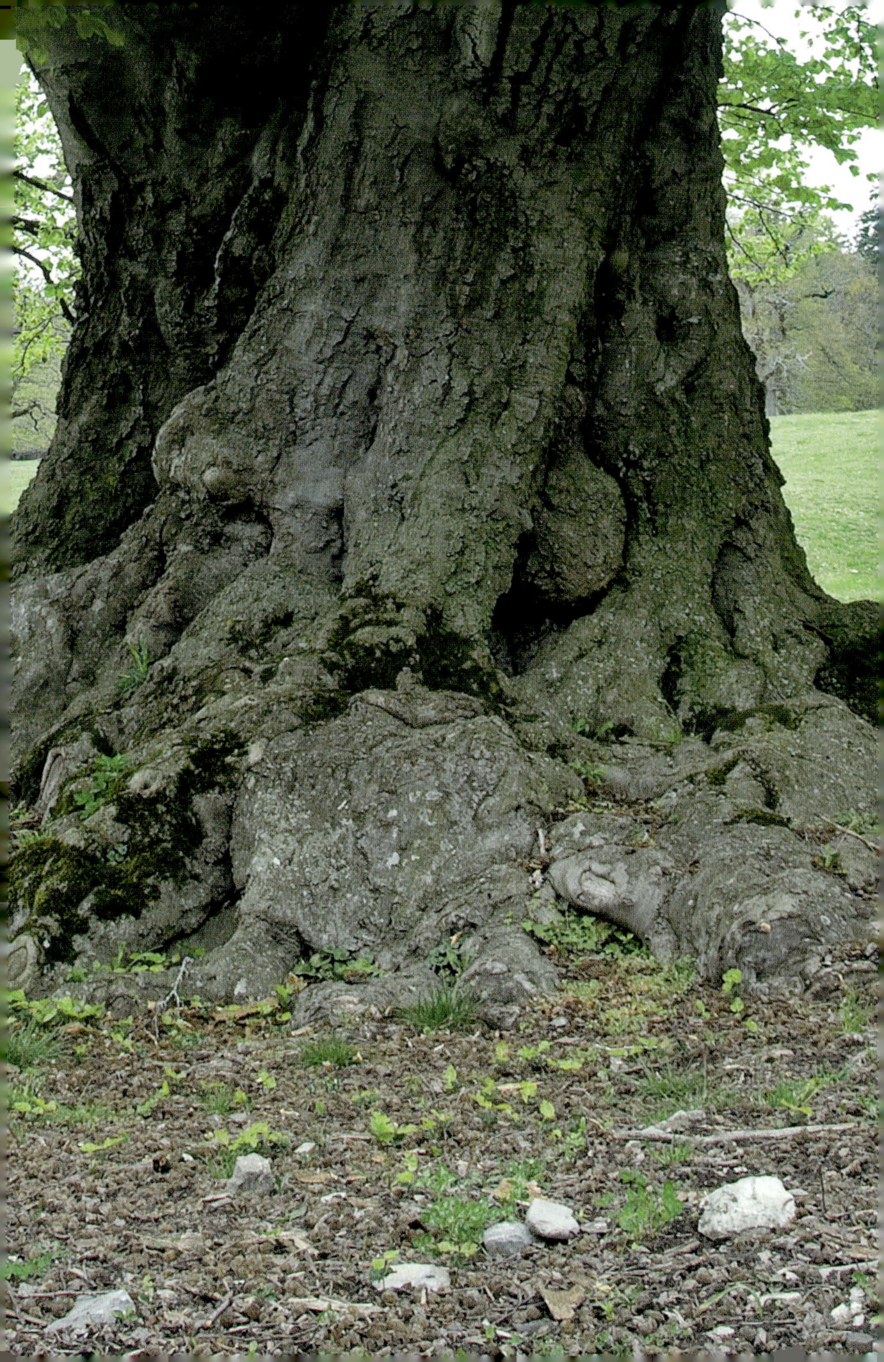

Von Maienfeld via Heidihütte nach Jenins GR

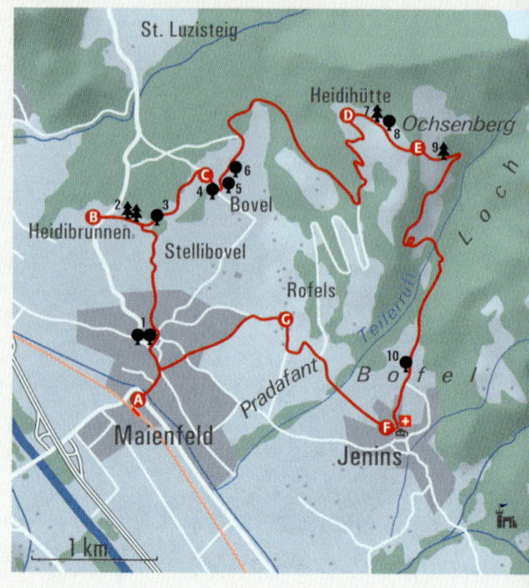

T1

4,5 h

14 km

1490 m

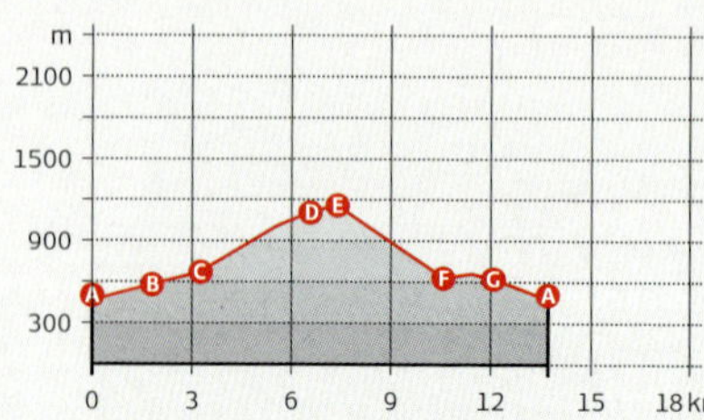

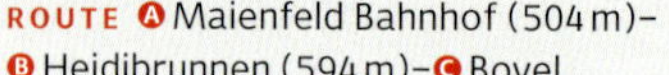

ROUTE Ⓐ Maienfeld Bahnhof (504 m)–Ⓑ Heidibrunnen (594 m)–Ⓒ Bovel (667 m)–Ⓓ Heidihütte (1111 m)–Ⓔ Kreuzung Ochsenberg (1180 m)–Ⓕ Jenins (630 m)–Ⓖ Unter Rofels (622 m)–Ⓐ Maienfeld Bahnhof (504 m)

WANDERZEITEN 4,5 Std. mit jeweils 745 m Auf- und Abstieg

TOURENCHARAKTER/SCHWIERIGKEIT
T1. Einfache Wanderung zum Heidibrunnen und auf den Ochsenberg zur Heidihütte. Von dort durchs Tobel «Loch» nach Jenins, Unter Rofels und zurück nach Maienfeld. Gelegentlich verlassen wir den Weg für kaum hundert Meter, um Bäume zu besichtigen. Stellenweise Asphalt, zum Grossteil Wiesen- und Naturwege. Gelbe Weg- und rotweisse Bergwegweiser

BÄUME Die als Eichenhain bekannte Weide oberhalb von Maienfeld zählt zusammen mit jenen bei Felsberg, Tamins, Liesberg und Wildenstein bei Bubendorf zu den bedeutendsten der Schweiz. Beachtlich sind hier insbesondere die Buchen [5, 8] und Waldkiefern [2]. Weiter oben treffen wir auf mächtige Fichten [7, 9], ansonsten auf Quitten [1], Eiche [3], Holunder [4], Waldrebe [6] und Linde [10]

BESTE JAHRESZEIT Mitte April bis November

UNTERKUNFT/VERPFLEGUNG Hotels in Maienfeld oder Jenins; Besenbeiz «Heidihütte» und Restaurants in Maienfeld oder Jenins

KARTEN Landeskarte der Schweiz, 1:50 000, Blätter 237 «Walenstadt» und 238 «Montafon»; 1:25 000, Blätter 1155 «Sargans» und 1156 «Schesaplana»

ANREISE/RÜCKREISE Mit der Bahn nach Maienfeld

INTERNETLINK www.maienfeld.ch

Die wahre Herkunft unserer Nationalheldin

Heidi, Geissenpeter und Alpöhi, das sind wir Schweizer! Zumindest in den Augen vieler Touristen. Die Geschichte von Heidi ist weltberühmt. Geschrieben wurde sie um 1880 von Johanna Spyri, die nicht etwa im Heidiland, sondern in Hirzel im Kanton Zürich aufgewachsen ist.

Vor kurzem überraschte ein Germanist die Öffentlichkeit mit der Aussage, die Schweizer Nationalheldin Heidi habe eigentlich einen deutschen Vater. Er hatte nämlich eine in den Grundzügen vergleichbare Erzählung des deutschen Pädagogen und Schriftstellers Hermann Adam von Kamp entdeckt, die fünfzig Jahre vor Spyris Text erschienen war. In dessen Geschichte ist es die «Adelaide, das Mädchen aus dem Alpengebirge», die von zu Hause aus den Bergen fort muss und in einer fremden Stadt bei einer fremden Familie Heimweh bekommt, als sie Bilder von Bergen sieht. Ob Spyri nun ihre Geschichte bei dem vierwöchigen Aufenthalt in Maienfeld frei erfunden hat oder vielleicht tatsächlich bei Hermann Adam von Kamp abkupferte – die Geschichte von Heidi ist und bleibt ein Mythos. Ein Mythos, der sich im In- und Ausland hervorragend verkaufen lässt und den die Gemeinde Maienfeld gezielt als Marketinginstrument einsetzt. Bereits am Bahnhof Maienfeld werden dem Besucher Heidiwörter in allen Variationen an den Kopf geworfen. Heidihotel, Heidirestaurant, Heidihof, Heidihütte, Heidiweg und nicht zuletzt der Heidibrunnen, dem wir später im «Städtli» immer folgen.

Eine mannigfaltige Weidelandschaft

Erstaunlicherweise wurde das Zentrum von Maienfeld vom Tourismus weitgehend verschont. Alte Häuserzeilen und dicke Quitten [1] in Vorgärten erwarten uns. Ausserhalb des Ortes dominieren die Reben. Den Grossteil der Rebensorten bildet seit ihrer Einführung im 17. Jahrhundert die Blauburgunderrebe (Pinot Noir). Gute Jahrgänge erwarten uns aber auch etwas weiter oben, wo sich eine offene Weide mit zum Teil alten Solitärbäumen auftut. Die Weidelandschaft ist für schweizerische Verhältnisse einmalig. Bekannt ist der Eichenhain, obschon hier vor allem Kiefern und Buchen bedeutende Ausmasse angenommen haben. Eine Kiefer – eine der schönsten des Landes – misst 3,70 m im Umfang und erinnert wegen ihrer breiten Astkonstellation an eine Zeder [2], siehe Bild S. 169. Sie steht kurz vor dem Heidibrunnen als Solitärbaum rechts vor dem Waldrand. Nach Betrachtung des Heidibrunnens gehen wir die fünf Minuten Fussmarsch wieder zurück zum Wanderweg und spazieren durch lichte Waldungen Richtung Rofels nach Bovel. Unseren Weg säumen alte Eichen [3], jede eine Persönlichkeit für sich. Dort, wo der Wegweiser nach Ochsenberg und Heidihütte zeigt (dem wir später folgen), steht ein Häuschen mit einem dicken Holunder [4]. Etwas weiter im Osten wächst die wohl imposanteste Buche [5] der Schweiz.

Eine Waldrebe mit dickem Stamm

Wenige Schritte nordwestlich der dicken Buche gedeiht ein Feldgehölz, worin sich eine der dicksten Waldreben der Schweiz befindet. Sie hat einen für ihre Art ungewöhnlichen Stammstrang entwickelt, der noch auf Brusthöhe fast einen halben Meter im Umfang misst. Von hier geht es auf den eine Stunde entfernten Ochsenberg zur Heidihütte. Die Route führt bald in den Wald. Noch im Jahr 2013 standen hier kurz vor dem Anstieg zwei ganz besondere Buchen.

BUCHENKOLOSS Der Stamm der mächtigen Weidbuche bei Bovel misst 7,60 m; der Wurzelteller, der durch die Abtragung der Erde durch Viehtritte entstand, hat einen Umfang von 21 m. Die dauernde Belastung durch Treten und Kratzen des Viehs hat die Stammbasis robust gegen äussere Einflüsse gemacht. Die Wurzeln sehen aus wie Felsen, und auch der Rest des Stammes ist steinhart geworden. Der Buchenkoloss ist somit sehr vital und zäh und könnte ein überdurchschnittlich hohes Alter erreichen. Im Wald, wo die Holzdichte durch das langsame Wachstum für Langlebigkeit sorgt, können Buchen in Einzelfällen bis zu 400 Jahre alt werden. Im Freistand erreichen sie jedoch selten mehr als 200 Jahre.

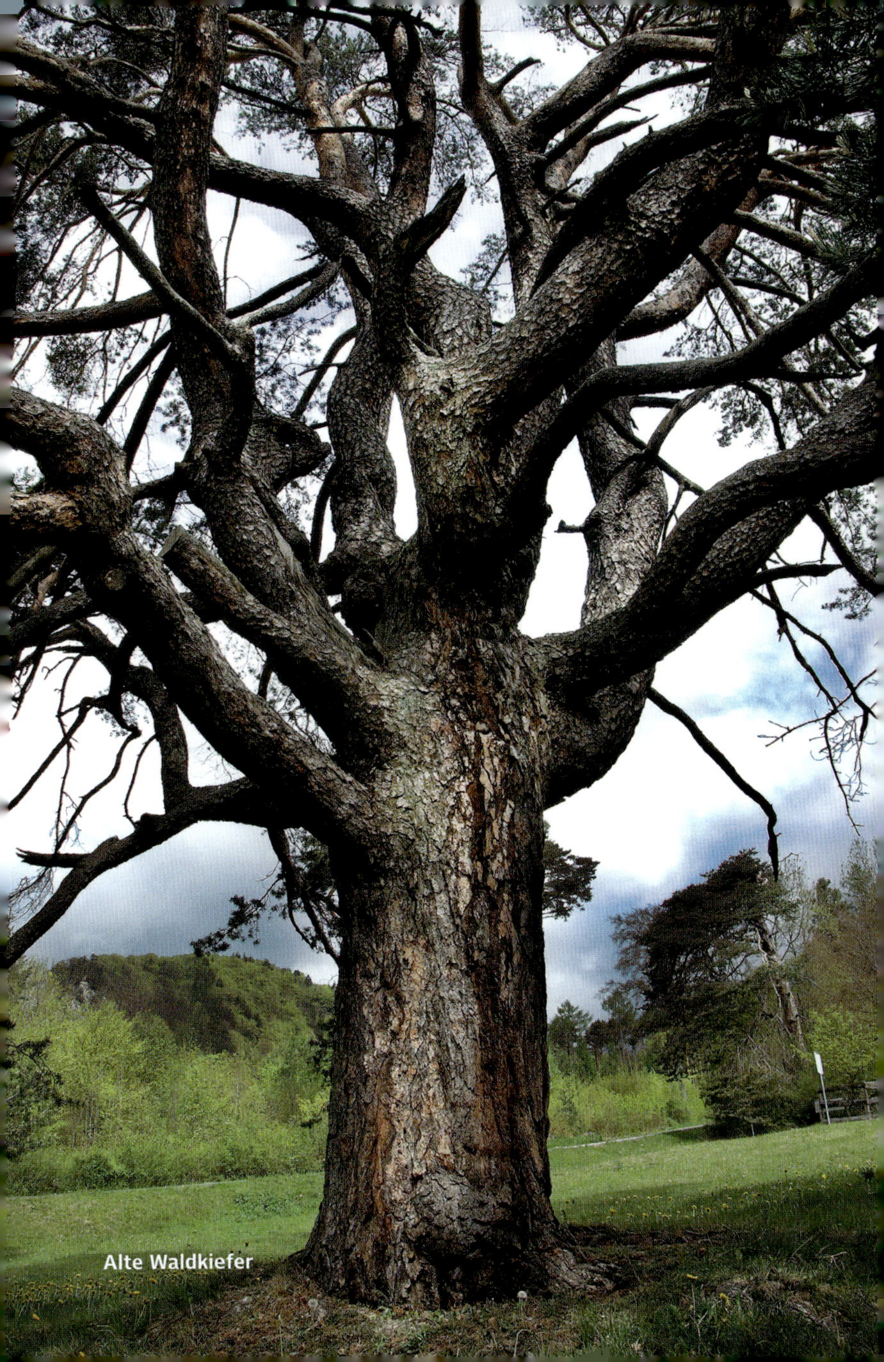
Alte Waldkiefer

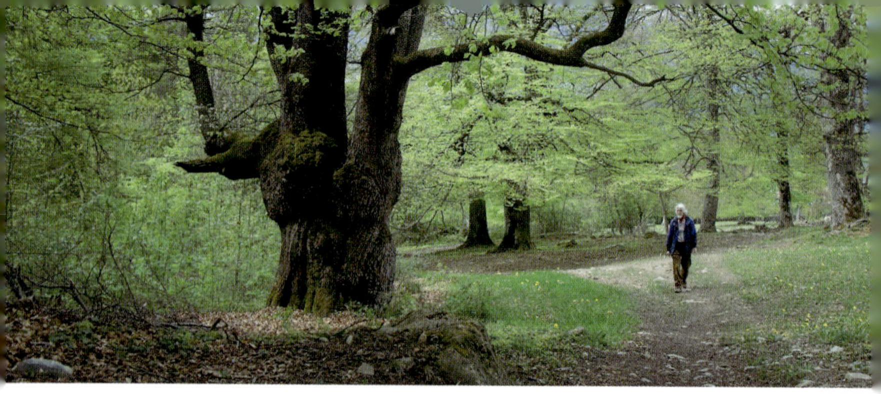

Knorrige Eichen bereichern unsere Route

Sie waren durch einen Seitenast miteinander verbunden und bildeten – wie könnte es anders sein – ein «H», den Anfangsbuchstaben unserer Heidi. Ein Forstwart gestand allerdings, dass diese Buchen bei einem Verjüngungsschlag 2013 gefällt wurden. Ausserhalb des Waldes geht es zügig zur Heidihütte, die sich genau auf 1111 m ü. M. befindet. Die Heidihütte ist vermutlich für manchen Gast eine Enttäuschung, denn von Heidi und Konsorten ist hier oben auch mit viel Fantasie nichts auszumachen. Dem Wanderer ist zu empfehlen, Essen und Trinken mitzunehmen, falls die Besenbeiz geschlossen hat.

Von der Heidihütte folgen wir nun immer dem Weg nach Jenins. Etwas weiter oben steht in der Nähe des Waldrandes eine kleine Baumgruppe, worin eine dicke Fichte [7] und eine mächtige Buche [8] gedeihen. Die Buche misst in der Taille 5,45 m Umfang. Leider ist die eine der beiden Hauptdolden im Winter 2009 abgebrochen und hat den Baum schwer beschädigt. Von diesen beiden Bäumen ist es nicht mehr weit zum höchsten Punkt unserer Route.

Vom Bachtobel «Loch» nach Jenins

Der Abstieg gibt einige herrliche Panoramablicke frei und dauert bis Jenins eine Stunde. Anfangs kommen wir an einer eindrücklichen Baumgestalt vorbei, deren schräger Stamm fast horizontal aus dem Hang wächst und bei der es von weitem so aussieht, als

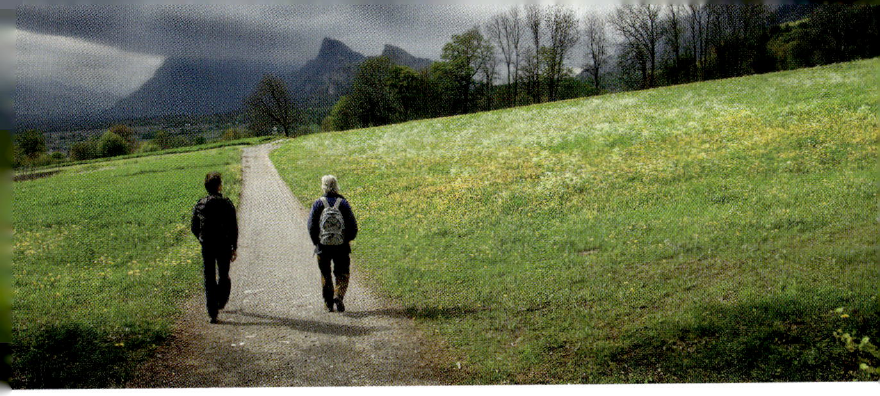

Von Pradafant Richtung Fläscher Berg

trage sie eine Kuhglocke um den Hals. Es handelt sich um eine Fichte [9], der man zur Beförderung von Baumstämmen ein Zugseil umgebunden hat. Das Stahlseil hat sich so stark in das Holz geschnitten, dass die Rinde stark beschädigt wurde. Mit einem Holzstück oder einem Stück Pneu hätte man dies verhindern können. Rundherum liegen frisch gehauene Stämme von ebenso mächtigen Fichten. Ein trauriger Anblick.

Ein Wasserfall stürzt in der Nähe ins sogenannte Loch. Nach einer Weile erreichen wir eine kleine Lichtung mit Feuerstelle. Holz zum Feuern wurde bereitgestellt, und auch sonst ist alles sehr gepflegt. Daneben befindet sich ein kleiner Waldlehrpfad, wo einzelne Baumarten beschrieben werden. Sobald wir den Wald hinter uns gelassen haben, liegt vor uns das Dorf Jenins. Nach der markanten Solitärlinde [10], an der wir vorbeikommen, verlassen wir die asphaltierte Wanderroute und gehen geradewegs auf dem mittleren Feldweg via Bovelgasse zur Kirche von Jenins. Im Restaurant «Rätia» nebenan können wir unseren Durst und Hunger stillen.

Von dort führen zwei Wanderwege zurück nach Maienfeld. Wir nehmen den rechten, der einige Minuten länger dauert, dafür umso schöner ist. Bald wandern wir nämlich auf der grosszügigen Weidwiese namens Pradafant. In Unter Rofels führt der Weg an alten, gemütlichen Häusern und kleinen Steinmauern vorbei. Die Abkürzung nach Maienfeld ist ausgeschildert, und nach wenigen Minuten treffen wir wieder dort ein, wo die Wanderung begonnen hat.

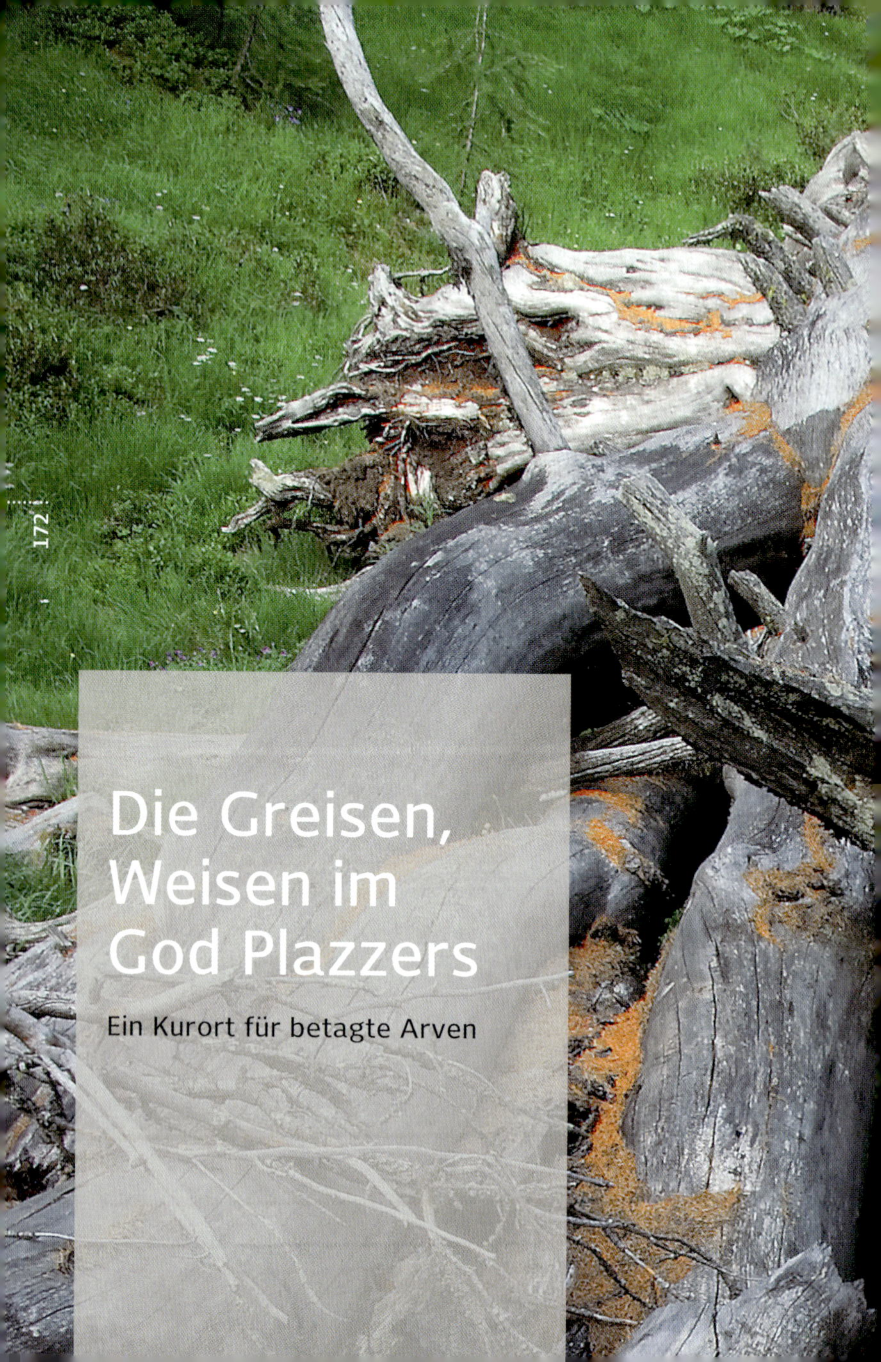

Die Greisen, Weisen im God Plazzers

Ein Kurort für betagte Arven

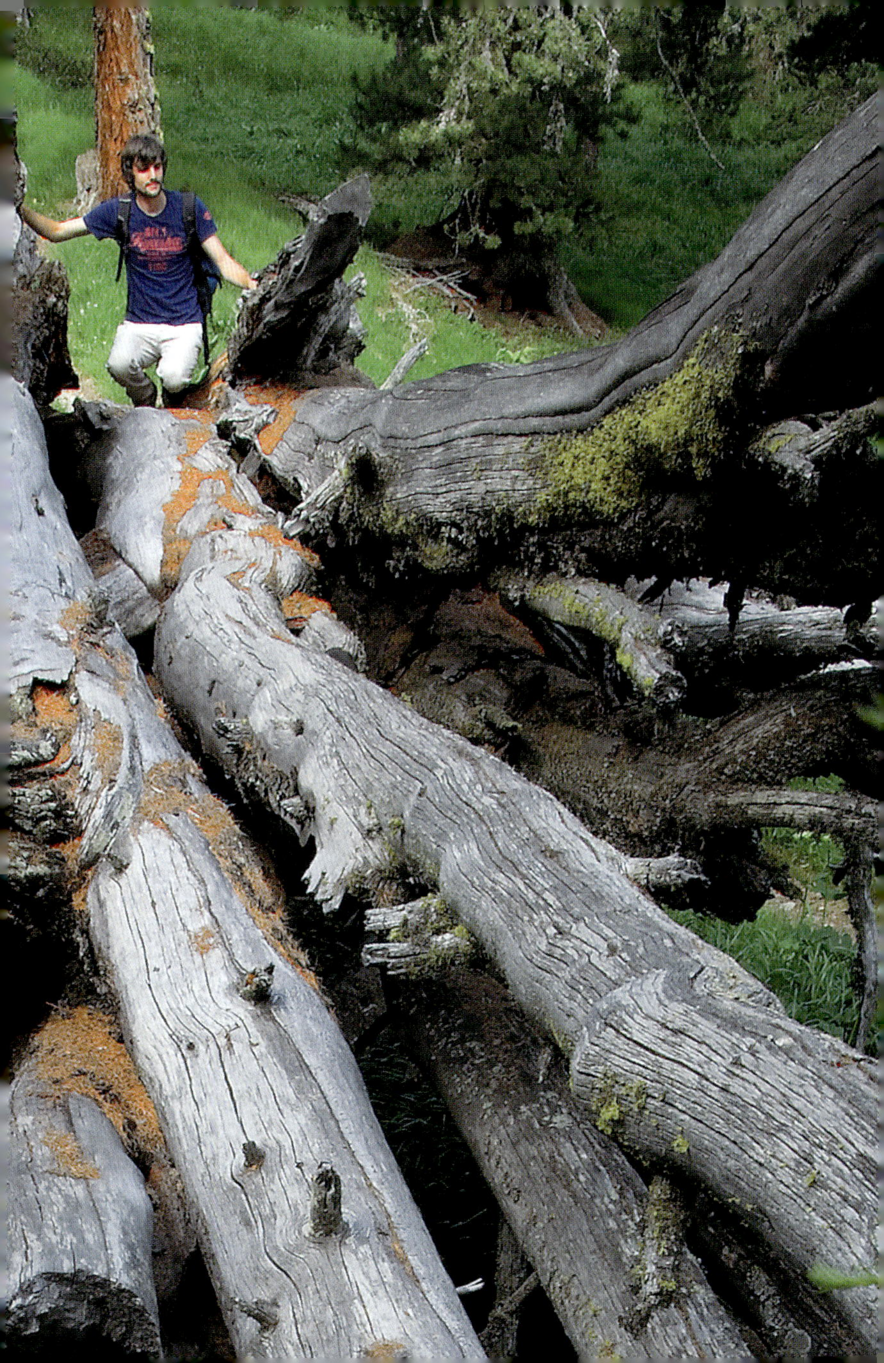

Von Pontresina via Alp da Staz zum Lej da Staz GR

T2

⏲ 4,75 h

13,5 km

▲ 1430 m

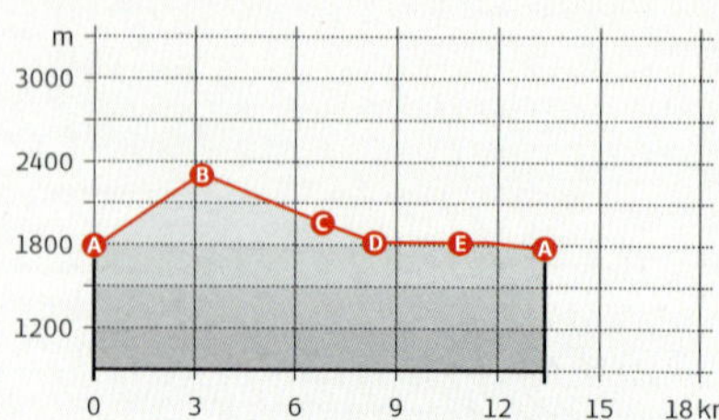

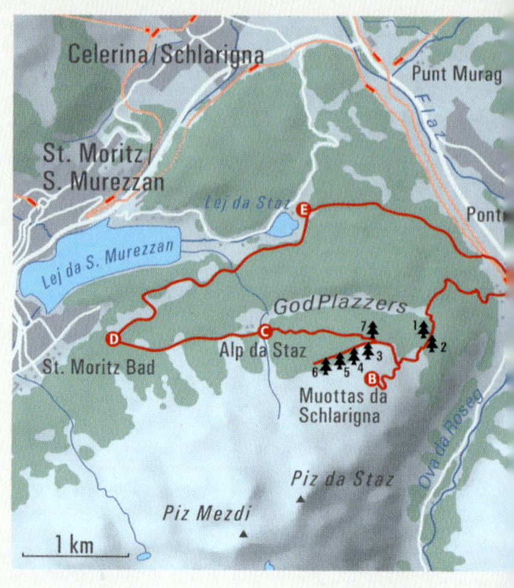

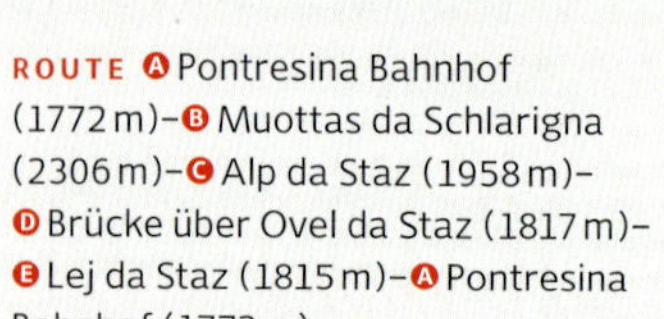

ROUTE Ⓐ Pontresina Bahnhof (1772 m)–Ⓑ Muottas da Schlarigna (2306 m)–Ⓒ Alp da Staz (1958 m)–Ⓓ Brücke über Ovel da Staz (1817 m)–Ⓔ Lej da Staz (1815 m)–Ⓐ Pontresina Bahnhof (1772 m)

WANDERZEITEN 4,75 Std. mit jeweils 715 m Auf- und Abstieg

TOURENCHARAKTER/SCHWIERIGKEIT
T2. Einfache Wanderung von Pontresina auf die Alp da Staz. Der Abstecher auf den Höhepunkt Muottas da Schlarigna dauert nur wenige Gehminuten. Unter Umständen liegt hier noch im späten Frühling viel Schnee, ansonsten ist der Weg einfach begehbar und gut ausgeschildert. Naturwege. Gelbe Wegweiser und rotweisse Bergwegweiser

BÄUME Die Arve spielt auf dieser Wanderung die Hauptrolle und bildet wie so oft in Graubünden die natürliche Waldgrenze [1–7]. Auf der Alp da Staz findet man die dicksten Vertreter der Erde. Hier wachsen auch die beiden bekannten Exemplare mit ausgesprochen sehenswerten Kandelaberästen, siehe Baumnummer 2 und 7

BESTE JAHRESZEIT Juni bis September

UNTERKUNFT/VERPFLEGUNG Restaurants in Pontresina oder unterwegs das «Hotel Restorant Lej da Staz» am Stazersee; weitere Hotels oder gepflegte Jugendherberge in Pontresina (siehe Internetlink)

KARTEN Landeskarte der Schweiz, 1:50 000, Blatt 268 «Julierpass»; 1:25 000, Blatt 1257 «St. Moritz / S. Murezzan»

ANREISE/RÜCKREISE Mit dem Zug nach Pontresina

INTERNETLINK
www.youthhostel.ch/de/hostels/pontresina

Unweit vom Touristenstrom und doch fernab

Der Wanderer kommt mit der Rhätischen Bahn – Weltkulturerbe der Unesco – oder übernachtet in der Jugendherberge direkt neben dem Bahnhof Pontresina, um den Tag möglichst ausnutzen zu können. Hinter den Bahngleisen sticht der Weg hoch nach Muottas da Schlarigna zügig in den Wald und ebnet sich erst nach einer Stunde Fussmarsch wieder.

Oberhalb von Pontresina ist ein lichter Arvenbestand allgegenwärtig. Die Heidelbeersträucher am Boden sowie die immergrünen Arvennadeln geben dem Waldbild etwas Weiches. Nur die teilweise schwarzgefärbten Arvenstämme wirken kross, als wären sie in der brütenden Hitze der Bergsonne angebrannt. Selbst die unzähligen Bartflechten sind oft schwarz und hängen an den Ästen oder kleben an der Borke der Bäume.

Der Weg – eigentlich ein grösserer Trampelpfad – weist immer wieder kleinere Abkürzungen auf und passt in der ersten Etappenhälfte schön ins Landschaftsbild. Bald kommen wir an einer Arve [2] mit einer Vielzahl von Kandelabern vorbei. Bereits in Johann Coaz' «Baum-Album der Schweiz» aus dem Jahr 1896 wird dieses herrliche Exemplar beschrieben. Die Baumform und die dendrometrischen Angaben haben sich seit damals nur gering verändert. Einzig die horizontalen Äste sind heute stark beschädigt, da Leute auf den Baum hochgeklettert sind, was eine Arve nicht erträgt. Diesem rund 450-jährigen Baum mit einem Stammumfang von 4,75 m sollte man deshalb nicht zu nahe kommen.

Im Wald «God Plazzers» auf 2200 m Meereshöhe

Kurz nach der Abzweigung zur Alp da Staz teilt sich der Weg nochmals. Wer direkt zu den alten Arven will, nimmt zunächst den oberen Weg nach St. Moritz Bad, wo man zu den ersten mächtigen Bäumen der Region gelangt. Einige der Bäume [4, 5] messen über

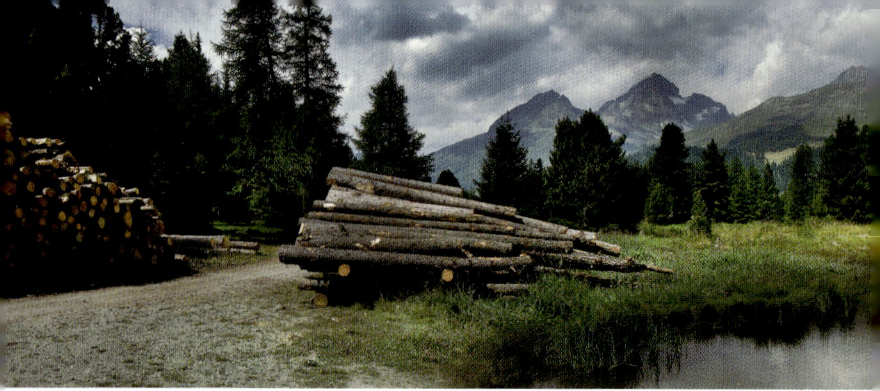

Hochmoorsee bei Mauntschas

6 m im Umfang, die meisten liegen direkt am Weg oder sind von diesem aus zu sehen. Dabei ist jedoch unbedingt darauf zu achten, dass man nicht auf die Wurzeln der Arven tritt, und Klettereien verträgt diese Baumart im Vergleich zu anderen nicht.

Das Ende dieser ältesten Bäume signalisiert ein mächtiger, am Boden liegender Arvenstrunk [6]. Auch er weist eine Unmenge an Kandelaberästen auf. Wie eine riesige, tote Krake aus der Tiefsee, die von einem Unwetter ans Ufer gespült wurde, liegt der von der Witterung nackt geschälte Stamm am Boden. Der tote Baum darf ausnahmsweise erklettert werden, aber auch hier sollte man Vorsicht walten lassen, um diesen Zeitzeugen so lange wie möglich der Nachwelt zu erhalten. Erst auf Augenhöhe kann man ermessen, wie viel Gewicht ein einzelner Baum zu tragen vermag. Dabei handelt es sich hier nicht einmal um den dicksten Vertreter – der durch

SCHÖNE AUSSICHTEN Wo der Baumwuchs kleiner wird und blanker Felsen die Bodenflora ersetzt, verzweigt sich der Weg zur Alp da Staz. Wer genug vom Aufsteigen hat, verpasst nicht viel, wenn er den höher liegenden Aussichtspunkt Muottas da Schlarigna auslässt. Von dort oben sieht man prinzipiell nicht mehr als von der Abzweigung zur Alp da Staz. Die Sicht auf die Berge von Julier- und Albulapass ist ohnehin nur bei klarem Wetter gewährleistet. Einzig der Bergteich wenige Minuten von der Abzweigung ist in jedem Fall einen Besuch wert. Er liegt in einer kleinen Senke, und bei schönem Wetter leuchten Grashalme aus dem tiefen Blau des Wassers.

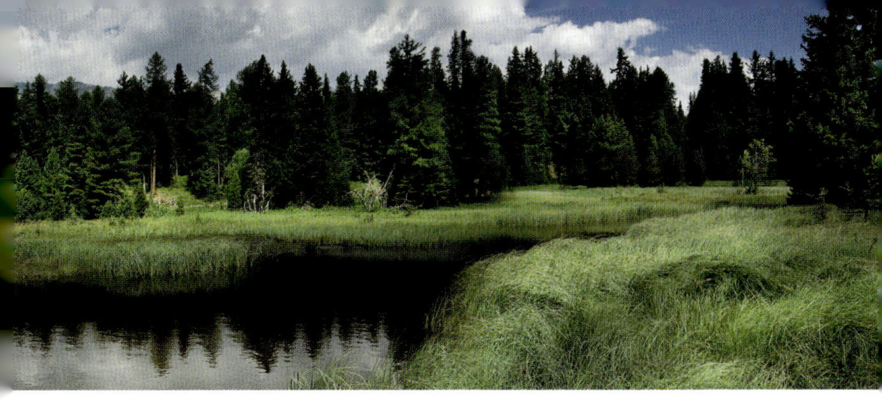

den Fall gespaltene Stamm wirkt wesentlich breiter, als er ist. Ursprünglich hatte er nur knapp 5 m Umfang.

Von dieser toten Arve gehen wir die zehn Minuten wieder zurück zur Abzweigung und nehmen nun den unteren Weg nach St. Moritz Bad. Kaum 50 m danach gedeiht die schönste Arve [7] des Bestandes. Nachdem wir zwei kleine Holzbrücken passiert haben, verläuft parallel zu unserem Pfad eine neue planierte Forststrasse und begleitet uns bis zum Knotenpunkt auf 1816 m ü. M., wo der Wanderweg ein zweites Mal zum Lej da Staz abzweigt. Hier zerschneidet eine Anzahl von Themenwegen den Wald in einzelne Parzellen. Es gibt Wege für Biker oder Reiter und eine Art Hindernistrail für Fitnessfreaks. Alles ist aber so vorbildlich ausgeschildert, dass man sich nicht verlaufen kann.

Unsere Aufmerksamkeit gilt jetzt nur noch der Beschilderung nach Pontresina. Dabei bewegen wir uns neben den urtümlichsten Hochmooren der Zentralalpen. Sie gehören zu den höchstgelegenen Europas und sind ebenso bedeutend wie die Arven von God Plazzers. Die Entstehungsgeschichte der Moore erfährt man auf Tafeln oder aus dem Buch «Wanderungen durchs Moor» von Luc Hagmann. Bald erreichen wir den Badesee Lej da Staz mit dem «Stazersee Kiosk» und einem Restaurant. Von hier dauert es noch eine halbe Stunde zurück zum Bahnhof in Pontresina. Am einfachsten nimmt man ausserhalb des Waldes den ersten Weg rechts nach der Unterführung den Gleisen entlang.

Ortsregister

Baumregister

Quellenverzeichnis

BRUNNER, M. (2009): Baumriesen der Schweiz. Werd, Zürich

BRUNNER, M. (2009): Si les arbres pouvaient parler – Considération critique sur le traitement des traitements. Der Gartenbau (2), S. 27–28

BRUNNER, M. (2007): Bedeutende Linden – 400 Baumriesen Deutschlands. Haupt, Bern

COAZ, J. (1908): Baum- und Waldbilder aus der Schweiz 1–3. Serie. Schweizerisches Departement des Innern, Abteilung Forstwesen, A. Francke, Bern

COAZ, J. (1896): Baum-Album der Schweiz – Bilder von Bäumen, die durch Grösse und Schönheit hervorragen oder ein besonderes geschichtliches Interesse bieten. Departement des Innern, Schmid, Francke & Co., Bern

DERUNGS, K. (2008): Baumzauber – Die 22 Kultbäume der Schweiz. AT, Aarau

DOMONT, P. / MONTELLE, E. (2008): Baumgeschichten – Von Ahorn bis Zeder. Fakten, Märchen, Mythen. Hep, Bern

EGGMANN, V. (1996): Zürcher Baumgeschichten. Werd, Zürich

EGGMANN, V. (1995): Baumzeit – Magier, Mythen und Mirakel. Neue Einsichten in Europas Baum- und Waldgeschichte. Werd, Zürich

HAGMANN, L. (2009): Wanderungen durchs Moor. Auf 16 Wegen durch Feuchtgebiete in der Schweiz. Werd, Zürich

KREBS, P. (2004): Inventario dei castagni monumentali del Canton Ticino e del Moesano. Istituto federale di ricerca WSL, Repubblica e Cantone Ticino. S. 1–668

KÜCHLI, C. (2000): Auf den Eichen wachsen die besten Schinken. AT, Aarau

LAUDERT, D. (2001): Mythos Baum – Was Bäume uns Menschen bedeuten. Geschichte, Brauchtum, 30 Baumporträts. BLV, München

LINDT, N. (1984): Die Linner Linde und die Jahrhunderte. NZZ (238), Zürich, S. 42–44

LUDWIG, K. (1905): Charakterbilder mitteleuropäischer Waldbäume (1). Gustav Fischer, Jena

MATTER, K. (1925): Vom Schatten der Linner Linde. Brugger Neujahrsblätter (35), S. 33–36

PRO NATURA SOLOTHURN (2010): 50 Bäume für 50 Jahre. Jubiläumsbuch Pro Natura Solothurn. Lehrmittelverlag Kanton Solothurn, Solothurn

ROSENBERG, D. / EGGMANN, V. (1980): Die Linner Linde. Schweizerische Technische Zeitschrift (15), S. 794–799

ROSENBERG, D. / EGGMANN, V. (1980): Arve im God Plazzers. Schweizerische Technische Zeitschrift (15), S. 1155

ROSENBERG, D. (1977): Von Baum zu Baum. Über Leben und Bedeutung monumentaler Bäume in der Schweiz. Gärtnermeister, Jg. 80 (38), S. 686, (42), S. 776, (51), S. 948–949

VOGT, W. (1987): Sagen um die Linner Linde. Brugger Neujahrsblätter, S. 123–131

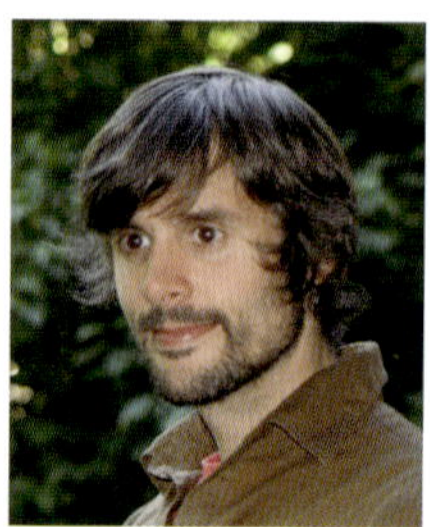

Michel Brunner (*1978), Grafiker und Wissenschaftlicher Illustrator, ist Gründer des Schweizerischen Bauminventars «pro arbore» und Buchautor. Als Fotograf arbeitete er für Pro Natura Solothurn. Der Baumexperte ist Fachreferent für Dendrowissenschaften, Protagonist in Filmen zum Thema «Wald und Baum» und schreibt als freier Journalist für das «Schweizer Garten»-Magazin. Zusammen mit Baumpflegern und Förstern setzt er sich aktiv für einen nachhaltigen Baumschutz ein.

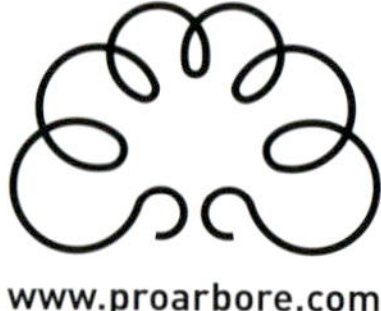

www.proarbore.com

Der Bildband zum Wanderbuch

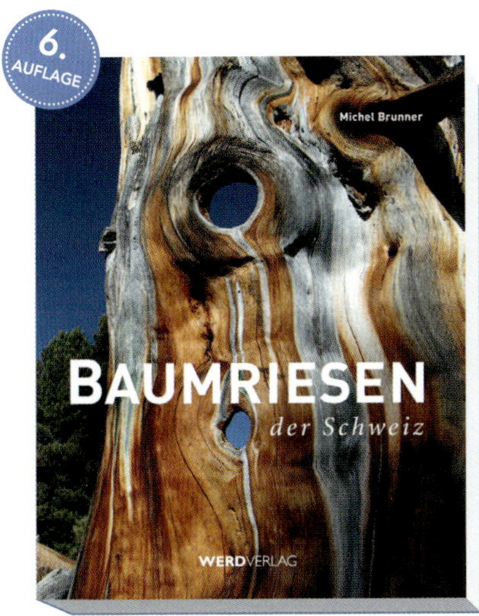

MICHEL BRUNNER

Baumriesen der Schweiz

Wussten Sie, dass in den Schweizer Alpen die mächtigsten Arven, Lärchen und Fichten der Welt stehen? Hätten Sie gedacht, dass der älteste Baum der Schweiz, eine Eibe, bereits 1500 Jahre alt sein könnte? Warum ist eine der mächtigsten Eschen Europas unbekannt, obschon sie neben einem Bahnhof steht? Was ist eine «Schlangenfichte» oder eine «Harfentanne»? In diesem Pionierwerk erfahren Sie von Mythos und Kult über Historie bis zu Forst alles, was Sie über Bäume wissen möchten, und lernen die «sanften Giganten» von einer neuen, faszinierenden Seite kennen.

ISBN 978-3-85932-629-3
CHF 59.– / EUR 47.–
Preisänderungen vorbehalten

Die Baumriesen als Kalender

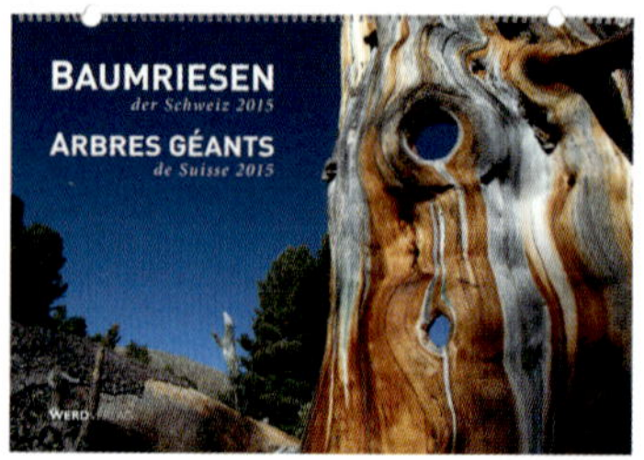

MICHEL BRUNNER

Baumriesen der Schweiz

Monatskalender 2015

Von über 1000 untersuchten Baumriesen der Schweiz werden in diesem Wandkalender die mächtigsten, ältesten und kuriosesten porträtiert. Zwölf eindrückliche Fotografien lassen Sie Monat für Monat von uralten Zeitzeugen träumen. Jedes Bild mit einer Legende in Deutsch und Französisch.

ISBN 978-3-85932-728-3
CHF 19.90 / EUR 16.–
Preisänderungen vorbehalten

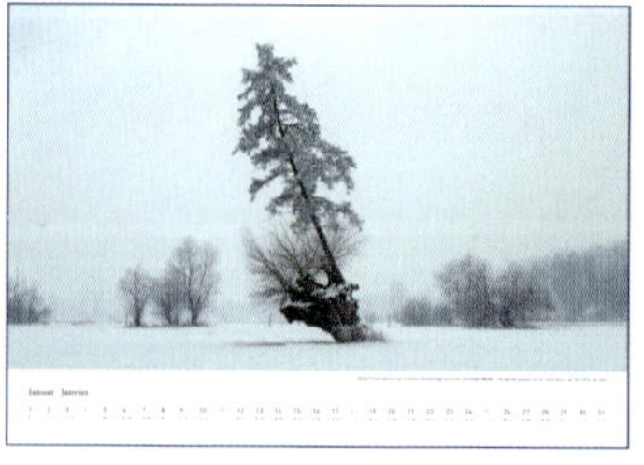

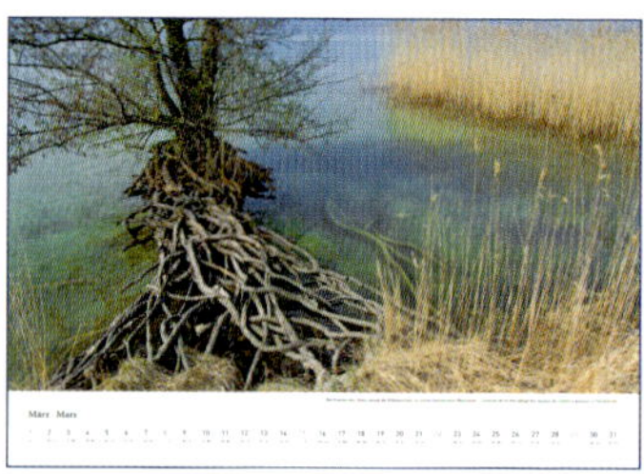

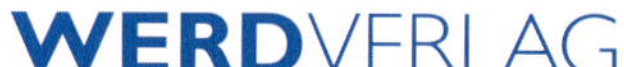

buecher@werdverlag.ch, T 033 336 55 55 (CH), T 07154 13 270 (D)

Besuchen Sie unseren Buchshop: www.werdverlag.ch

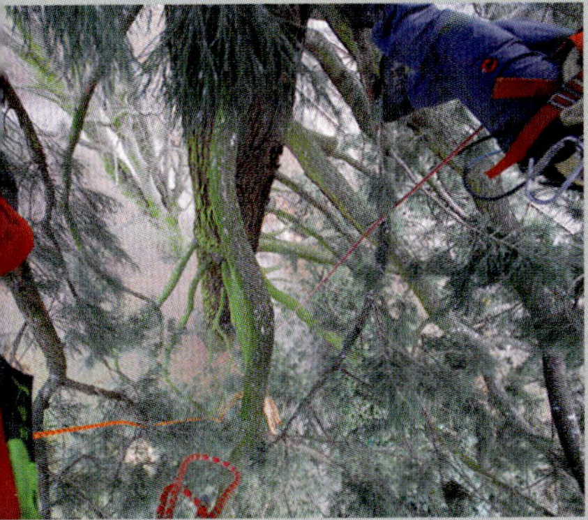

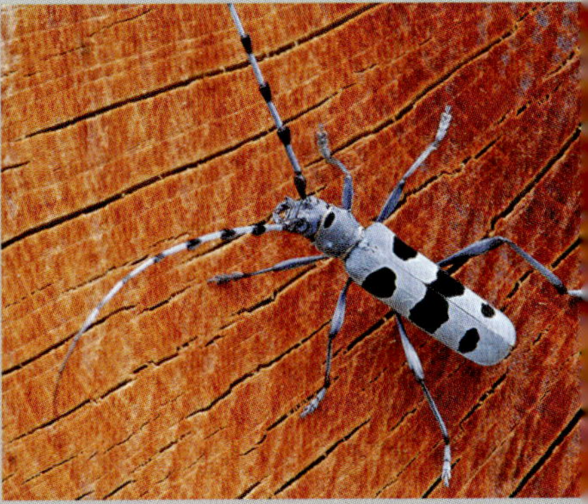

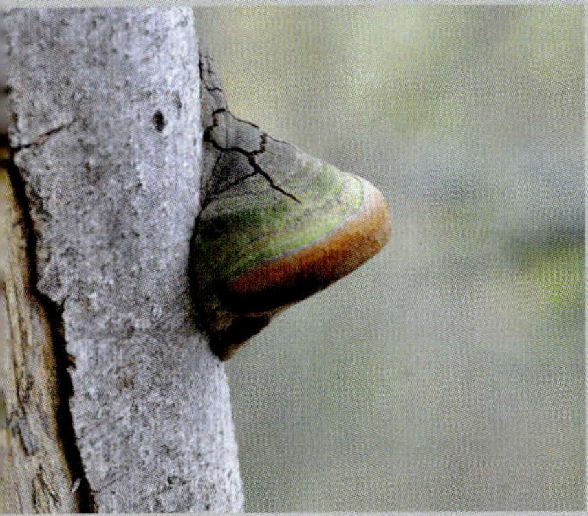

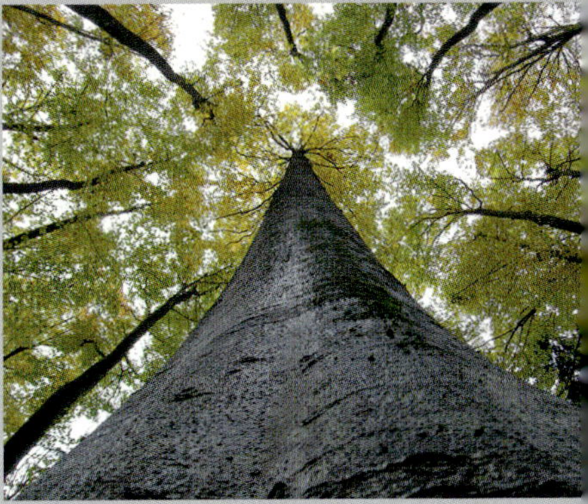

SOCIETE SUISSE DE DENDROLOGIE

SCHWEIZERISCHE DENDROLOGISCHE GESELLSCHAFT

SOCIETA SVIZZERA DI DENDROLOGIA

Die Schweizerische Dendrologische Gesellschaft (SDG) befasst sich mit der Gehölz- und Baumkunde und setzt sich für den Schutz von Baumdenkmälern und seltenen Baumarten ein.

Für seine 350 Mitglieder organisiert die SDG Inlandexkursionen und alle zwei Jahre eine Auslandreise mit Besichtigungen von Grünanlagen, Arboreten, Parks und Privatgärten. Praktische Erkenntnisse werden in Tagungen und Kursen vermittelt.

Die zweisprachige (d/f), reich bebilderte Fachpublikation «Schweizerische Beiträge zur Dendrologie» erscheint alle zwei Jahre und enthält Artikel über Bäume und Sträucher, Baumsammlungen, Baumveteranen, Holzverwendung, Baumkrankheiten, Exkursionsberichte, Buchbesprechungen u.v.m.

Die SDG unterstützt die grösste Baumsammlung der Schweiz (rund 200 ha), das Nationale Arboretum von Aubonne, mit einem Holzmuseum und einer reich bestückten dendrologischen Bibliothek.

www.dendrologie.ch

Präsident:
Roger Beer
c.p. 262
CH-1211 Genève 8
roger.beer@bluewin.ch

Hinweise zu Baumdenkmälern:
Christoph Wicki
Riehenring 32
4058 Basel
christoph.wicki@gmx.ch